Pearson Edexcel GCSE

Spanish

Foundation

Silvia Gómez, Christopher Lillington, Leanda Reeves

Published by Pearson Education Limited, 80 Strand, London, WC2R 0RL.

www.pearsonschoolsandfecolleges.co.uk

Copies of official specifications for all Pearson qualifications may be found on the website: qualifications.pearson.com

Text © Pearson Education Limited 2024
Edited by Pearson and Newgen
Designed and typeset by Kamae Design
Original illustrations © Pearson Education Limited 2024
Illustrated by Beehive Illustrations (Andrew Pagram, Alan Rowe and Matt Ward) and Johanna Crainmark
Cover design by Kamae Design
Cover photo © Pierre Maheux/Getty Images
Audio recorded at Chatterbox Studios, London, with thanks to Rowan Laxton

Written by Silvia Gómez, Leanda Reeves and Christopher Lillington.
Additional material written by Denise Currie.

The rights of Silvia Gómez, Leanda Reeves and Christopher Lillington to be identified as authors of this work have been asserted by them in accordance with the Copyright, Designs and Patents Act 1988.

This publication is protected by copyright, and permission should be obtained from the publisher prior to any prohibited reproduction, storage in a retrieval system, or transmission in any form or by any means, electronic, mechanical, photocopying, recording, or otherwise.

For information regarding permissions, request forms and the appropriate contacts, please visit https://www.pearson.com/us/contact-us/permissions.html Pearson Education Limited Rights and Permissions Department.

Pearson Education Limited is an exclusive trademark owned by Pearson Education Limited and/or Pearson or its affiliates in the United Kingdom and/or other countries.

Unless otherwise indicated herein, any third party trademarks that may appear in this work are the property of their respective owners and any references to third party trademarks, logos or other trade dress are for demonstrative or descriptive purposes only. Such references are not intended to imply any sponsorship, endorsement, authorisation, or promotion of Pearson Education Limited products by the owners of such marks, or any relationship between the owner and Pearson Education Limited or its affiliates, authors, licensees or distributors.

First published 2024

28 27 26 25 24

10 9 8 7 6 5 4 3 2 1

British Library Cataloguing in Publication Data
A catalogue record for this book is available from the British Library
ISBN 978 1 292 466613

Copyright notice
All rights reserved. No part of this publication may be reproduced in any form or by any means (including photocopying or storing it in any medium by electronic means and whether or not transiently or incidentally to some other use of this publication) without the written permission of the copyright owner, except in accordance with the provisions of the Copyright, Designs and Patents Act 1988 or under the terms of a licence issued by the Copyright Licensing Agency, 5th Floor, Shackleton House, 4 Battle Bridge Lane, London, SE1 2HX (www.cla.co.uk). Applications for the copyright owner's written permission should be addressed to the publisher.

Printed in the UK by Bell & Bain Ltd, Glasgow

Acknowledgements
We would like to thank Silvia Gómez, Leanda Reeves, Christopher Lillington, Denise Currie, Adam Lamb, Samantha Alzuria, Cristina Díaz Varela, Christi du Toit, Gillian Eades, Penny Fisher, Luz Kettle, Wendy Law, Ruth Manteca, Fiona Pryce, Mario Rogic, Anastasiia Varaeva, Kelly Walker, the teams at Newgen and Kamae, and everyone else involved, for their invaluable work in the development of this course. We would also like to thank Rowan Laxton and the team at Chatterbox Studios: Montserrat Roig de Puig, Marina Palomo, Javier Pérez, Raquel Gómez, Fran Canals, Mario Méndez Pereiro, Natalia Domínguez Sanudo, Julia Zucchelli Roig and Álex Pérez Escamilla. Christopher Lillington would like to thank Daniel Fox and the staff and students at Prince Henry's Grammar School, Otley. Leanda Reeves would like to thank Dan, Sam, Joel and Maya Reeves. Silvia Gómez would like to thank her family, especially her husband, Kut, and her mother, Pilar. Adam Lamb would like to thank his partner Matthew, the Languages Learning Area, and the students of Mossbourne Community Academy.

All Credits
The author and publisher would like to thank the following individuals and organizations for permission to reproduce photographs.

Non-Prominent Photo Credit(s):
123RF: pkazmierczak 31, hansgeel 35, studioaccendo 56, luckybusiness 58, wihtgod 59, kadettmann 59, Noriko Cooper 76, lenyvavsha 80, lenagh 80, cokemomo 80, manubeach 80, lblinova 80, patrickhastings 81, danielb4nda 81, Kaew6566 89, Wavebreak Media Ltd 99, Yuliang11 100, Ferli 107, Wavebreakmediamicro 110, Uatp2 110, Olga Dmitrieva 117, Fizkes 125, Kamchatka 133, Moovstock 139, Nomadsoul1 146, Scott Griessel 151, Dmytro Zinkevych 159, Wavebreak Media Ltd 163, Ammentorp 164, Pitinan 166, Diego Vito Cervo 172, Sevalv 186, Kyrien 189, Gstockstudio 191, Stockbroker 221, Goodluz 226; **Alamy Images:** Addictive Stock, ADDICTIVE STOCK CREATIVES 8, Eric Gay/Associated Press 22, Westend61 GmbH 30, Rupert Sagar-Musgrave 31, Nicholas Stubbs 31, Richard Bradley 32, Alistair Laming 34, Travelscape Images 34, Rene Wassenbergh 36, Claude Paris, Associated Press 56, Image Press Agency, NurPhoto SRL 56, Aaron Chown, PA Images 61, Associated Press/Chris Pizzello 61, CTK, CTK 61, Alexander Baluev 64, Photo Media Express/VWPics 72, Cal Sport Media, Cal Sport Media 82, Frantic 85, Dennis MacDonald 107, Fernanda Reyes 108, Ingolf Pompe 94 114, Jared Milgrim, The Photo Access 133, Marek Poplawski 134, Peter Devlin 142, Juan Fernando Velez 145, Luis Javier Sandoval Alvarado, RGB Ventures 156, Granger, NYC., GRANGER - Historical Picture Archive 180, Jeffrey Mayer 180, ZUMA, ZUMA Press, Inc 181, Allan Cash Picture Library 191; **Fundacion Affinity**: Fundacion Affinity 111; **Getty Images:** Bruno Bade/Stringer/Velo 6, Naomi Baker/Staff/Getty Images Sport 6, Christopher Morris - Corbis/Contributor/Corbis Sport 6, James Gilbert/Stringer/Getty Images Sport 6, Anna Frank 8, BananaStock 8, Maja Hitij - FIFA/Contributor 11, FG Trade/E+ 12, Jacob Wackerhausen/iStock/Getty Images Plus 13, Anastasia Pelikh/Moment 15, Thomas Janisch 32, NurPhoto/Contributor 34, John Elk 46, Laurent KOFFEL/Contributor 34, Carol Yepes 56, Strelciuc Dumitru/iStock/Getty Images Plus 60, JackF 63, darkovujic 65, triloks 66, Yelena Rodriguez Mena 80, Javier Ghersi 80, Inna Dodor 81, Andreswd/E+ 82, Asia-Pacific Images Studio/iStock/Getty Images Plus 83, FG Trade/E+ 84, Maskot/DigitalVision 86, Tatsiana Volkava 95, Edwin Tan/E+ 106, SDI Productions 110, Izusek 110, David C Tomlinson/The Image Bank Unreleased 114, Photon-Photos/iStock/Getty Images Plus 115, SolStock/E+ 124, NurPhoto/Contributor 133, Stu Forster/Staff 133, Ernesto Ryan/Stringer 133, David Ramos/Staff 135, Maximiliano Blanco/Stringer 135, Egoitz Bengoetxea Iguaran 137, LifestyleVisuals 137, CoffeeAndMilk 138, Maskot 138, Cavan Images 138, Olga Mosman 140, Hispanolistic/iStock/Getty Images Plus 141, Dave G Kelly/Moment 142, MesquitaFMS/E+ 142, Sura Ark 147, MarioGuti/iStock/Getty Images Plus 153, Claudio Sieber 156, Santiago Urquijo 157, Rawpixel/iStock/Getty Images Plus 158, Cavan Images 159, SolStock/E+ 159, Jose Luis Pelaez Inc/DigitalVision 159, SDI Productions/E+ 159, Peepo/E+ 160, Westend61 161, VioletaStoimenova/E+ 162, OMAR TORRES/Contributor 167, Tristan Fewings/Stringer 180, Penske Media/Contributor 180, Gary Gershoff/Contributor 181, Manuel Arias Duran 183, Michele Pevide/E+ 183, Alexander Spatari 184, Tony Anderson 184, Dave G Kelly 186, Jesus Calonge 186, RgStudio 186, Brothers91 189, Grafissimo 190, Valerii Apetroaiei 193, Isa Foltin/Contributor/WireImage 195, Westend61 196, Hispanolistic 196, iStock/Getty Images Plus 197, Jean meyntjens 214, NBC/Contributor 216, Kali9/E+ 217, Martin-dm 222; **Joaquín Verdeja:** Joaquín Verdeja/Undood Argentina 171; **Parquemet:** Parquemet 165; Pearson Education Ltd: MindStudio 59, Gareth Boden 110, Jules Selmes 162, 125; **Shutterstock:** COULANGES 7, ALX1618 9, Gorodenkoff 9, Shutterstock 12, Daniel Hoz 14, Stock-Asso 16, Belikova Oksana 16, Csaba Peterdi 17, Carballo 19, Fotokostic 19, Sergey Novikov 25, Rawpixel.com 26, Paradise production 26, 10topvector 27, Marques 31, cristovao 32, AJR_photo 34, imagestockdesign 34, Kite_rin 35, hlphoto 35, Stefano Ember 37, elRoce 37, Unai Huizi Photography 37, Travel Faery 37, Roberto Sorin 37, Pabkov 37, Lorenza Marzocchi 37, Hitdelight 39, ChiccoDodiFC 40, Ingus Kruklitus 40, Scharfsinn 40, holbox 40, Tamil Selvam 40, Moab Republic 40, Julia-Bogdanova 40, KinoMasterskaya 41, sunsinger 41, kavalenkau 42, Balate Dorin 42, Stefano Ember 42, Migel 47, View Apart 49, santypan 51, New Africa 54, Shutterstock 58, Sorapop Udomsri 60, MANDY GODBEHEAR 62, Ground Picture 63, Africa Studio 63, MJTH 64, Irma eyewink 66, PeopleImages.com - Yuri A 66, Shutterstock 67, fizkes 69, 4 PM production 69, Jacob Lund 69, oneinchpunch 73, LightField Studios 75, Shutterstock 76, 10topvector 77, Snowboy 80, Ildi Papp 81, Timolina 84, Mark Nazh 90, Cheapbooks 91, Chomplearn 95, Ground Picture 96, Shutterstock 100, 10topvector 101, Orange Line Media 104, Rawpixel.com 105, Pyzata 105, Bangun Stock Productions 109, Gpointstudio 109, SeventyFour 110, Perfect Wave 112, Railway fx 117, Chonrawit boonprakob 117, Vasyl Onyskiv 117, Sergey Peterman 117, Africa Studio 117, VH-studio 123, 10topvector 125, Matthieu Berrone 134, Fotos593 134, Alexander Canas Arango 136, AJR_photo 138, Dragon Images 138, Nitiphonphat 139, Daniel M Ernst 140, 13ching13 142, Oscar garces 142, 143, Frontpage 146, Asier Villafranca 146, CREATISTA 148, ESB Professional 152, 10topvector 153, Globe Guide Media Inc 156, Alejojimenezyt 156, Gigonthebeach 164, SpeedKingz 164, Addkm 164, FloridaStock 164, Jacob Lund 164, Costazzurra 173, Lisa S 175, 10topvector 177, Image Press Agency/NurPhoto 181, Shutterstock 183, Odua Images 184, Samuel Borges Photography 184, WhiteMocca 192, Tracy Whiteside 192, Shutterstock 192, Grafvision 196, Panuwat phimpha 196, Shahrul Azman 198, Ground Picture 199, Odua Images 201, 10topvector 203, Carballo 212, Gansstock 213, Shutterstock 213, Moab Republic 215, Zakharova_Elena 217, LightField Studios 218, Beats1 218, Shutterstock 219, DGLimages 220, Jacob Lund 224, Dragana Gordic 225, Pressmaster 227, Fizkes 232, Ground Picture 235, Prostock-studio 235.

Cover Photo:
Wundervisuals/Getty Images.

Notes from the publisher
Pearson has robust editorial processes, including answer and fact checks, to ensure the accuracy of the content in this publication, and every effort is made to ensure this publication is free of errors. We are, however, only human, and occasionally errors do occur. Pearson is not liable for any misunderstandings that arise as a result of errors in this publication, but it is our priority to ensure that the content is accurate. If you spot an error, please do contact us at resourcescorrections@pearson.com so we can make sure it is corrected.

Contenidos

Módulo 1 ¡Diviértete!
Thematic contexts: My personal world; Media and technology

Zona de cultura: El mundo hispanohablante — 6
- Talking about Spanish-speaking sports stars
- Using adjectives in Spanish

Unit 1: Mi vida digital — 8
- Talking about life online
- Revising the present tense
- Using expressions of frequency

Unit 2: ¡Disfrutamos al máximo! — 10
- Talking about sports and free-time activities
- Revising irregular present tense verbs
- Using opinion verbs and expressions

Unit 3: Nos juntamos — 12
- Arranging to go out
- Using the near future tense
- Planning a cinema visit

Unit 4: El fin de semana pasado — 14
- Saying what you did at the weekend
- Using the preterite tense
- Pronouncing the letter 'c' correctly

Unit 5: ¡Un día fatal! — 16
- Talking about days that went wrong
- Practising different verbs in the preterite tense
- Combining three tenses

Gramática 1 — 18
Gramática 2 — 20
Leer y escuchar — 22
Prueba oral — 24
Prueba escrita — 26
Palabras — 28

Módulo 2 Viajes
Thematic context: Travel and tourism

Zona de cultura: ¡Descubre Andalucía! — 30
- Using *me gusta(n) / me gustaría* + infinitive
- Describing a photo

Unit 1: En ruta — 32
- Discussing travel plans
- Using comparatives
- Using *se puede* + infinitive

Unit 2: La cultura en la calle — 34
- Talking about festivals in the Spanish-speaking world
- Using *hay* and *hay que*
- Using extended sentences with 'if'

Unit 3: Mis últimas vacaciones — 36
- Saying what you did on holiday
- Practising the 'I' and 'we' forms of preterite tense verbs
- Using a range of structures to give opinions in the past

Unit 4: ¿Dónde te quedaste? — 38
- Describing where you stayed
- Using the imperfect tense for descriptions
- Asking questions

Unit 5: Mi aventura por Latinoamérica — 40
- Talking about holidays using different tenses
- Using three different time frames
- Using strategies to work out meaning

Gramática 1 — 42
Gramática 2 — 44
Leer y escuchar — 46
Prueba oral — 48
Prueba escrita — 50
Palabras — 52

Repaso de gramática: Módulos 1–2 — 54

Módulo 3 Mi gente, mi mundo
Thematic contexts: Media and technology; My personal world

Zona de cultura: ¡No hay dos familias iguales! — 56
- Reading about different families
- Using possessive adjectives

Unit 1: Esta es mi gente — 58
- Describing people
- Using the present continuous to describe a picture
- Using *ser* for physical descriptions and *estar* for location

Unit 2: ¿A quién sigues? — 60
- Talking about who you follow on social media
- Using the 'he/she/it' form of the preterite tense
- Using the personal *a*

Unit 3: ¡Amigos para siempre! — 62
- Talking about friendships and relationships
- Using reflexive verbs
- Choosing which tense to use

Unit 4: Así soy yo — 64
- Talking about your identity and what matters to you
- Using direct object pronouns
- Listening for gist

Unit 5: Necesito ayuda, ¿qué puedo hacer? — 66
- Talking about problems and giving advice
- Using *estar* to express moods
- Using *poder* and *querer* + infinitive

Gramática 1 — 68
Gramática 2 — 70
Leer y escuchar — 72
Prueba oral — 74
Prueba escrita — 76
Palabras — 78

Contenidos

Módulo 4 — Mi estilo de vida
Thematic context: Lifestyle and wellbeing

Zona de cultura: ¡Qué rico! — 80
- Learning about typical foods in Spanish-speaking countries
- Using adjectives of nationality

Unit 1: ¿Llevas una vida sana? — 82
- Describing healthy daily routines
- Using indefinite adjectives
- Using *tener* + noun

Unit 2: ¿Somos lo que comemos? — 84
- Talking about mealtimes and food trends
- Using *se necesita* and *hay que* + infinitive
- Practising listening skills

Unit 3: ¡Los tiempos cambian! — 86
- Comparing old and new habits
- Using the imperfect tense to say what you used to do
- Translating into Spanish accurately

Unit 4: ¡Qué mal estoy! — 88
- Talking about illnesses and injuries
- Using reflexive verbs in the preterite tense
- Giving advice using *debes* and *tienes que* + infinitive

Unit 5: Mi salud, de la cabeza a los pies — 90
- Future plans for health and wellbeing
- Using the simple future tense
- Using 'if' clauses

Gramática 1 — 92
Gramática 2 — 94
Leer y escuchar — 96
Prueba oral — 98
Prueba escrita — 100
Palabras — 102

Módulo 5 — ¡A clase!
Thematic context: Studying and my future

Zona de cultura: La vida escolar en España — 104
- Learning about schools in Spain
- Using absolute superlatives

Unit 1: Un día en el insti — 106
- Talking about a typical day at school
- Forming questions
- Translating into English effectively

Unit 2: ¿Qué tal tus estudios? — 108
- Talking about your studies
- Talking about the opinions of others
- Using correct spelling

Unit 3: ¿Cómo cambiarías tu instituto? — 110
- Talking about how you would change your school
- Using the conditional tense
- Using impersonal verbs with an infinitive

Unit 4: La gente de mi insti — 112
- Talking about students and teachers at school
- Using negatives
- Forming 'yes/no' questions

Unit 5: El viaje de fin de curso — 114
- Describing a school trip in the past
- Using adjectives and adverbs
- Identifying false friends

Gramática 1 — 116
Gramática 2 — 118
Leer y escuchar — 120
Prueba oral — 122
Prueba escrita — 124
Palabras — 126
Repaso de gramática: Módulos 1–5 — 128

Módulo 6 — Mi barrio y yo
Thematic context: My neighbourhood

Zona de cultura: En Colombia todo es posible — 132
- Finding out about Colombia
- Talking about your area

Unit 1: Medellín, ciudad inteligente — 134
- Describing cities
- Using the perfect tense
- Using prepositions of place for directions

Unit 2: Medellín ahora y antes — 136
- Describing how a city or town has changed
- Using demonstrative adjectives for descriptions
- Comparing now and then in the imperfect tense

Unit 3: ¡A comprar! — 138
- Describing shopping preferences
- Revising direct object pronouns
- Choosing the correct tense when translating

Unit 4: ¿Dónde prefieres vivir? — 140
- Giving preferences about where you live
- Making comparisons
- Using different tenses to describe your area

Unit 5: Un intercambio cultural — 142
- Talking about where you live
- Using irregular preterite verbs
- Having conversations using different tenses

Gramática 1 — 144
Gramática 2 — 146
Leer y escuchar — 148
Prueba oral — 150
Prueba escrita — 152
Palabras — 154

Contenidos

Módulo 7 Un mundo mejor para todos
Thematic context: My neighbourhood

Zona de cultura: Espacios naturales maravillosos 156
- Learning about natural wonders of Spanish-speaking countries
- Revising multiple sounds

Unit 1: ¡Actúa ya! 158
- Talking about how you help in your community
- Using the imperative
- Using the present and preterite tenses

Unit 2: El planeta en peligro 160
- Talking about climate change
- Using the imperfect continuous tense
- Using two tenses to talk about the weather

Unit 3: Protegemos el planeta 162
- Talking about actions to help the environment
- Using three tenses in the 'I' and 'we' forms
- Writing about what you do for the environment

Unit 4: Nuestro mundo, nuestra responsabilidad 164
- Talking about social and climate issues
- Using (no) se debería + infinitive
- Working out the meaning of new words

Unit 5: El futuro está en nuestras manos 166
- Developing effective comprehension skills
- Consolidating the 'he/she/it' form of the preterite
- Using the 'he/she/it' form in the present and preterite

Gramática 1 168
Gramática 2 170
Leer y escuchar 172
Prueba oral 174
Prueba escrita 176
Palabras 178

Módulo 8 El futuro te espera
Thematic context: Studying and my future

Zona de cultura: Pioneros latinos 180
- Learning about Latino trailblazers
- Using different tenses to talk about the past

Unit 1: Sueños y esperanzas 182
- Talking about your hopes and dreams
- Using different ways to express future plans
- Transcribing unfamiliar words

Unit 2: ¡A trabajar! 184
- Talking about getting a job
- Using para/sin + infinitive
- Giving advice using hay que / tienes que

Unit 3: Un trabajo para todos 186
- Talking about future career intentions
- Using masculine and feminine nouns for jobs
- Using and understanding the suffix -dad/-idad

Unit 4: Las lenguas te abren las puertas 188
- Talking about the importance of learning languages
- Using modal verbs
- Using the 24-hour clock

Unit 5: El trabajo antes, ahora … y mañana 190
- Talking about changes in the world of work
- Understanding more complex texts
- Listening for percentages

Unit 6: El futuro sin límites 192
- Talking about the impact of artificial intelligence
- Using the simple future tense in the 'he/she/it' form
- Using articles ('the', 'a', 'some') correctly

Gramática 1 194
Gramática 2 196
Leer y escuchar 198
Prueba oral 200
Prueba escrita 202
Palabras 204

Repaso de gramática: Módulos 1–8 206

¡A repasar!

Módulo 1 ¡Diviértete!	212	
Módulo 2 Viajes	214	
Módulo 3 Mi gente, mi mundo	216	
Módulo 4 Mi estilo de vida	218	
Módulo 5 ¡A clase!	220	
Módulo 6 Mi barrio y yo	222	
Módulo 7 Un mundo mejor para todos	224	
Módulo 8 El futuro te espera	226	

Speaking support

Speaking exam revision: Conversation questions 228
Speaking exam revision: Spanish phonics 230
Speaking exam revision: Role-play skills 232
Speaking exam revision: Picture task 234
Verb tables 236

Módulo 1

¡Diviértete! El mundo hispanohablante

- Talking about Spanish-speaking sports stars
- Using adjectives in Spanish

Escuchar 1 Look at the map and listen to the information about four famous Spanish-speaking sports stars. Fill in the gaps with a word or number from the box to complete the missing details for each person. There are more words and numbers than gaps.

fútbol	3	tímido
baloncesto	2	feliz
natación	12	tranquila
ciclismo	23	

Nombre: Gustavo Sánchez Martínez
Deporte: la **a**
Nacionalidad: mexicano
Nació: el **b** de mayo de 1994
Personalidad: seguro y trabajador

¿Dónde se habla español?

el/la deportista — sports person
el atletismo — athletics
nació — he/she was born

Nombre: Margarita (Mavi) García
Deporte: el ciclismo
Nacionalidad: española
Nació: el **c** de enero de 1984
Personalidad: **d** y práctica

Nombre: Lionel Messi
Deporte: el **g**
Nacionalidad: argentino
Nació: el 24 de junio de 1987
Personalidad: **h** y creativo

Nombre: Caterine Ibargüen
Deporte: el atletismo
Nacionalidad: colombiana
Nació: el **e** de febrero de 1984
Personalidad: **f**

Years in Spanish are said like a normal number.
1984 — *mil novecientos ochenta y cuatro*
2011 — *dos mil once*

When giving your birthday or saying a date, the day is said as a number.
10/01 = *Mi cumpleaños es el **diez** de enero.*
01/03 = *Mi cumpleaños es el **uno** de marzo.*

Zona de cultura — Módulo 1

 Escuchar 2 Listen to these young people. For each person, note down their personality and which sports star they relate to. (1–4)

Example: 1 calm / Mavi García

> **Adjectives** need to agree with the noun they describe. **G**
>
> divertid**o**   divertid**a**   divertid**os**   divertid**as**
> interesant**e**   interesant**e**   interesant**es**   interesant**es**
> social   social   social**es**   social**es**
>
> El fútbol es divertid**o**.   Me llamo Isabel y soy tímid**a**.
> El baloncesto es interesant**e**.
> Los países latinoamericanos son increíbl**es**.

 Hablar 3 Practise saying these sentences in Spanish, paying close attention to your pronunciation of the vowels. Then listen to check your pronunciation.

> ¿Cómo eres?

1 Me ll**a**mo **A**n**a** y soy simp**á**tic**a**.
2 M**e** llamo **E**nriqu**e** y soy div**e**rtido.
3 M**i** nombre es **I**sabel y soy **i**ntel**i**gente.
4 Me llam**o** **Ó**scar y s**o**y tranquil**o**.
5 Me llamo **Ú**rsula y soy **u**na persona b**ue**na.

> In Spanish, there are <u>five</u> vowel sounds and the sound of each vowel is always pronounced the same way. Listen and repeat the sounds and words. Pay attention to the vowel sounds.
> a → n**a**tación, simp**á**tic**a**
> e → t**e**nis, int**e**resant**e**
> i → c**i**clismo, d**i**vertido
> o → bal**o**ncest**o**, tranquil**o**
> u → f**ú**tbol, seg**u**ro
>
> When a word contains <u>two</u> vowels, you usually pronounce each one separately: nat**ació**n, b**ue**na.

 Hablar 4 In pairs, give <u>two</u> true details and <u>one</u> false detail about <u>one</u> of the Hispanic sports stars from exercise 1. Your partner has to guess the correct person and correct the false information.

> Su deporte **es** el fútbol, **es** colombiano y **es** tímido.

> Es Lionel Messi, pero no es colombiano, es argentino.

 Leer 5 Read the information about Spanish and complete the facts in English.

¡Hablamos español!

 Más de 500 millones de personas hablan español y es la lengua oficial de 21 países. El español es la segunda lengua más hablada después del chino.

 En México hay más personas que hablan español que en otros países latinoamericanos.

 El español es una lengua muy popular en Internet. Más del 7,9% de la población digital prefiere el español y en las redes sociales es la segunda lengua más usada.

 En Estados Unidos mucha gente habla español. En 2060, va a ser el segundo país hispanohablante del mundo.

Statistics from the Instituto Cervantes (2023).

1 Spanish is spoken by more than …
2 There are 21 countries with Spanish as …
3 The highest number of Spanish speakers in Latin America are in …
4 In 2060, the second highest number of Spanish speakers will live …

| la segunda lengua más hablada | the second most spoken language |
| la población | population |

Fun facts about Latin America

1 Hay *delfines rosados* en el río Amazonas.
2 La cascada más grande está en Venezuela. Se llama *el Salto del Ángel*.
3 En Lima, la capital de Perú, está *la Estatua del Oso de Paddington*.

Can you name the capital cities of the Spanish-speaking countries on the map? Can you find a fun fact about each city/country?

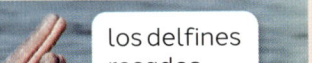 los delfines rosados

| la cascada más grande | the biggest waterfall |
| el oso | bear |

1 Mi vida digital

- Talking about life online
- Revising the present tense
- Using expressions of frequency

1 Listen to and read the texts. Translate the title and the **bold** phrases into English.

¿Qué haces con tu móvil?

Yolanda

Vivo en España. **A menudo escucho música** y **a veces mando mensajes**. Mis amigos y yo sacamos fotos en Snapchat. **No tengo ordenador** en casa y paso dos horas al día con el móvil.

Mateo

Vivo en México. Mis amigos y yo **siempre subimos vídeos** a YouTube. ¡Me encanta! De vez en cuando **leo las noticias**, pero nunca **mando correos electrónicos**. Paso tres horas al día con el celular.

Olivia

Soy chilena y **tengo un portátil** y una videoconsola en casa. **Casi nunca hago compras por Internet**, pero **a veces chateo en línea**. Siempre uso aplicaciones como TikTok y paso una hora al día con mi ordenador.

> **el celular** mobile phone (used in Latin America instead of **el móvil**)

2 Read the texts from exercise 1 again. Copy and complete the table in English. (1–3)

	Activity on phone / computer	Frequency	Daily phone / screen time
Yolanda	listens to music, …	often, …	2 hours

3 In pairs, take turns to ask your partner about their online habits.

- ¿Cuánto tiempo pasas con tu móvil?
- Paso … horas al día con mi móvil.
- ¿Qué haces con tu móvil / ordenador / portátil?
- A menudo … / A veces … / No tengo ordenador.

G Remember how the **present tense** works. Take the <u>infinitive</u> (verb ending in **-ar**, **-er** or **-ir**, which is **not** conjugated). Remove **-ar**, **-er** or **-ir** and add these endings:

	us**ar** (to use)	le**er** (to read)	sub**ir** (to upload / to get on / to go up)
(yo)	us**o**	le**o**	sub**o**
(tú)	us**as**	le**es**	sub**es**
(él/ella/usted)	us**a**	le**e**	sub**e**
(nosotros/as)	us**amos**	le**emos**	sub**imos**
(vosotros/as)	us**áis**	le**éis**	sub**ís**
(ellos/ellas/ustedes)	us**an**	le**en**	sub**en**

Some verbs are irregular in the 'I' form only:
hacer → **hago** (to do/make), **ver** → **veo** (to see/watch).

Page 18

siempre / a menudo / a veces / de vez en cuando / casi nunca / nunca

Siempre uso un portátil. I **always** use a laptop.
Nunca leo libros en mi móvil. I **never** read books on my phone.

4 Listen to Pablo and complete the dictation task. Fill in the gaps (1–3) and then write down the whole sentences. (4–6)

1 Leo las … todo el …
2 Pero … mando … electrónicos.
3 No … fotos porque es …
4 …
5 …
6 …

> Some verbs are **stem-changing** in the present tense.
> pref**e**rir → pref**ie**ro (I prefer)
> j**u**gar → j**ue**go (I play)
>
> **G** Page 18

> When completing a dictation task, remember to use your phonics knowledge to help you spell words correctly. In exercise 4, focus on the vowel sounds.

5 Read the text and answer the questions in English.

Los riesgos de la vida digital

Los jóvenes prefieren aplicaciones como WhatsApp, Instagram o TikTok para recibir mensajes, compartir imágenes y ver vídeos. También muchos jóvenes juegan a los videojuegos. Los medios sociales son populares porque son una forma excelente de hablar con los amigos. Muchos jóvenes pasan demasiado tiempo en línea. Es peligroso porque a menudo comparten información privada y a veces tienen muchos seguidores.

¿Qué piensan los jóvenes? Aquí hay unas opiniones de unos adolescentes de las Islas Baleares.

En mi opinión, muchas aplicaciones son divertidas, pero también son peligrosas porque no son privadas. Prefiero jugar a los videojegos con mis amigos. **Ana (16 años)**

Creo que Internet es bueno porque es fácil buscar información, pero prefiero ver series en la televisión. **Diego (17 años)**

1 Name <u>three</u> things teenagers do with apps.
2 Why is social media popular?
3 What do young people do too much?
4 Why does Ana think many apps are dangerous?
5 What does Diego think is positive about being online?

> Use an <u>infinitive</u> after **preferir** to say what you **prefer** to do:
> **Prefiero** <u>buscar</u> música.
> **I prefer** <u>to search for</u> music.

6 Listen to these young people. Copy and complete the table in English. (1–5)

	I prefer to …	I never / don't …
1	watch programmes on TV	shop online

Todos los días	**uso** aplicaciones / mi móvil.	
Siempre	**mando** mensajes / correos electrónicos.	
A menudo	**subo** vídeos.	
A veces	**hago** compras por Internet.	
De vez en cuando	**leo** las noticias.	
Casi nunca	**busco** / **escucho** música.	
No	**juego** a los videojuegos.	
Nunca	**chateo** con mis amigos.	
Prefiero	usar … mandar … subir … hacer …	leer … buscar … escuchar … jugar …
porque es	divertido. emocionante.	seguro. privado.

7 Write a letter to your Mexican friend. Explain:

- what you do online and how often (*Todos los días …*)
- what you prefer to do and why (*Prefiero … porque …*)
- what you don't do (*No … / Nunca …*).

2 ¡Disfrutamos al máximo!

- Talking about sports and free-time activities
- Revising irregular present tense verbs
- Using opinion verbs and expressions

  1 Listen and write the correct letters (a–f) to identify the activity. Add a tick or a cross to show likes and dislikes. (1–5)

Example: 1 c ✓, b ✗

¿Qué actividades te gustan?

 **a** El fútbol es mi pasión.

 **b** No me gusta el baile.

 **c** Me interesa la natación.

 **d** El baloncesto es difícil y aburrido.

 **e** Las películas son interesantes.

 **f** Me encanta la lectura.

 2 Which activities do you like and dislike and why? Have a conversation with your partner.

- ¿Qué actividades te gustan o no te gustan? ¿Por qué?
- Me gusta **el** fútbol porque es divertid**o**.
- Me gustan **los** libros porque son muy relajant**es**.
- Odio **la** natación porque es aburrid**a**.

(No) Me gusta … el [tenis] la [natación]	porque es	divertido/a. aburrido/a. difícil. fácil. relajante. mi pasión.
(No) Me gustan … los [conciertos] las [películas]	porque son	divertidos/as. aburridos/as. difíciles. fáciles. relajantes. guay.

Si tengo tiempo, En mi tiempo libre,	(no) voy	al [cine] a la [piscina]	todos los días. los fines de semana. una vez a la semana. dos veces a la semana.
	juego al … leo … escucho …	hago … bailo … veo …	
porque es	divertido. mi pasión.	emocionante. aburrido.	increíble. peligroso.
porque me ayuda a	estar en contacto con mis amigos. estar en forma.		

Lots of sports in Spanish are cognates (the same in both languages): **el rugby, el hockey, el golf, el judo, el kárate**. Sometimes cognates are similar but with spelling differences: **el tenis, el fútbol, el voleibol, el boxeo, las artes marciales**. Remember that the pronunciation is different too.

 3 Listen. Copy and complete the table in English. (1–5)

	Activities they like	Reason
1	going to concerts	fun

G Use the verbs **gustar, encantar** and **interesar** + noun(s) to express an opinion.

Singular
Me encanta el fútbol.
No me interesa nada el baile.

Plural
Me gusta**n** las películas de aventura.
Me encanta**n** el baloncesto y el ciclismo.

Remember to change the pronoun:
me gusta (**I** like)
te gusta (**you** like)
le gusta (**he/she/it** likes)

Use an **opinion verb** + infinitive to talk about activities.
Me gusta jugar al baloncesto porque es divertido.
I like to play/playing basketball because it is fun.

Page 19

10 *diez*

4 Read and complete the sentences below in English. Then translate **two** of the texts (*Colombia* and *República Dominicana*) into English.

Módulo 1

¡Los adolescentes latinoamericanos y sus intereses!

 **Argentina**
¿Qué deportes haces?
Disfruto del deporte porque me ayuda a estar en forma. Juego al baloncesto dos o tres veces a la semana y también me gusta jugar al voleibol.

 **Colombia**
¿Eres aventurero?
Creo que sí porque monto a caballo, nado en el mar y hago ciclismo. ¡Es guay! Para mí, el deporte es muy importante.

 **México**
¿Qué te gusta hacer en tu tiempo libre?
Leo libros porque son relajantes y soy aficionado a los cómics. También escucho canciones de reguetón. ¡Son muy buenas!

 **República Dominicana**
¿Eres miembro de un club o equipo?
Soy miembro de un club de natación y voy a la piscina a menudo. También los sábados voy al estadio para ver a mi equipo favorito.

1 In Argentina, the teenager plays basketball … a week.
2 In Mexico, the teenager is a fan of …
3 In Colombia, the teenager is adventurous as they …
4 In the Dominican Republic, the teenager is asked if they …

 5 Read the text about Spanish footballer, Alexia Putellas, and translate the words in purple. Then identify the **three** correct sentences.

Alexia Putellas, futbolista española

En su tiempo libre, **le gusta pasar tiempo con** su familia y amigos. Claro que también **le encanta jugar al fútbol, ya que es su pasión** y su vida. Piensa que es un deporte emocionante y divertido. Alexia **es una jugadora española de nivel internacional** y le encanta el ambiente del campo de fútbol. Es verdad que **muchas niñas tienen las mismas oportunidades que los niños**, pero ahora es necesario luchar por la igualdad de todos los equipos femeninos.

el ambiente atmosphere
luchar por to fight for
la igualdad equality

1 Alexia only likes to spend time with her family.
2 Football is a fun and exciting sport for her.
3 She plays football for the national team.
4 The atmosphere on the pitch makes her nervous.
5 Few girls have the same chances as boys.
6 Now we must promote equality for all girls' teams.

 6 Write a short paragraph about your free-time activities by answering these questions.

- ¿Qué actividades haces en tu tiempo libre?
  En mi tiempo libre hago … / Si tengo tiempo, juego al …
- ¿Qué te gusta hacer y por qué?
  Me encanta leer … porque es …
- ¿Qué no te gusta hacer y por qué?
  No me gusta nada hacer …, ya que es …

G These verbs are **irregular** and they do **not** follow the normal patterns of regular *-ar*, *-er*, and *-ir* verbs.

	ir (*to go*)	**ser** (*to be*)	**tener** (*to have*)
(yo)	voy	soy	tengo
(tú)	vas	eres	tienes
(él/ella/usted)	va	es	tiene
(nosotros/as)	vamos	somos	tenemos
(vosotros/as)	vais	sois	tenéis
(ellos/ellas/ustedes)	van	son	tienen

Page 19

once 11

3 Nos juntamos

- Arranging to go out
- Using the near future tense
- Planning a cinema visit

 1 Read the conversation. Then translate the coloured phrases into English.

Gabriel: ¿**Quieres ir** al centro comercial el sábado, Diego?

Diego: Lo siento, no puedo porque no tengo dinero. También **voy a hacer los deberes** y **tengo que limpiar mi habitación**.

Gabriel: ¡Qué aburrido! ¿Tienes planes para el domingo? **Voy a jugar al fútbol**. ¿Quieres venir?

Diego: ¡Claro que sí! Siempre me encanta jugar al fútbol, pero **solo puedo ir por la mañana** porque **mis padres y yo vamos a salir** por la tarde.

Gabriel: Vale. Entonces, ¿a qué hora quedamos el domingo?

Diego: ¿A las diez y media en la cafetería del parque?

Gabriel: ¡Perfecto!

> The verbs **querer** (to want) and **poder** (to be able) are both stem-changing verbs in the present tense:
> querer → qu**ie**ro
> poder → p**ue**do

 2 Read the conversation again. Select the correct option to complete each sentence in English.

1. On Saturday Diego isn't going to **go out** / **do homework** / **stay at home**.
2. Diego can't go to the shopping centre because **he doesn't have time** / **he doesn't have money** / **he is going out for coffee**.
3. On Sunday Diego and Gabriel are going to **do sport** / **go to a match** / **watch a film**.
4. Diego and Gabriel are meeting in the park at **10 a.m.** / **10.15 a.m.** / **10.30 a.m.**

> Use the **present tense of tener** + **que** + infinitive to say what you **have to** do.
> **Tengo que** salir con mis padres.
> **I have to** go out with my parents.
> **No tenemos que** hacer deberes.
> **We don't have to** do homework.

 3 Listen to some friends arranging to go out. Identify where they will go and when they will meet, using the times from the box. There are more times than answers. (1–5)

10.45 a.m.	6.15 p.m.
11.15 a.m.	7.30 p.m.
12 p.m.	7.45 p.m.
4 p.m.	~~8.30 p.m.~~

Example: 1 cinema / 8.30 p.m.

> **G** To talk about what you are going to do, use the **near future tense**. Use the **present tense of ir** + **a** + infinitive.
>
> | voy | | |
> | vas | | jugar |
> | va | a | comer |
> | vamos | | salir |
> | vais | | |
> | van | | |
>
> Mis amigos **van a** ver un musical.
> My friends **are going** to watch a musical.
>
> Page 20

 4 In pairs, play the trapdoor game. Secretly select your answers. Then your partner reads out the text with their choices. Every time they read out a different option to yours, say '¡Trampilla!' (Trapdoor!). Restart until your answers match.

¿Tienes planes?

Sí, tengo planes para el viernes   la semana que viene   mañana .

Primero, voy a hacer mis deberes   mandar mensajes   jugar a los videojuegos . Luego, mis padres y yo   mis amigos y yo   mis abuelos y yo vamos a ver una serie   una película   un programa . No voy a ir al centro comercial   al cine   a la cafetería porque tengo que trabajar   hacer mis deberes   limpiar mi habitación .

¡Trampilla!

Módulo 1

 5 Read the text and find the phrases below in Spanish.

Este fin de semana tengo planes divertidos con mi novia Martina en Buenos Aires. Primero vamos a ir al centro, donde vamos a caminar por las calles, y luego voy a comprar unos libros. ¡Me encantan los libros! El domingo Martina va a hacer yoga y yo voy a nadar. En mi opinión, los deportes te ayudan con el estrés. Nos gusta vivir en Buenos Aires porque es una ciudad abierta. En mi opinión, es un lugar perfecto para vivir.

nos gusta we like (it)

Ana y Martina

1 I have some fun plans
2 where we are going to walk
3 she is going to do yoga
4 sports help you with stress
5 it is an open city

 6 Read the text again. Answer the questions in English.

1 Who is Martina?
2 What is Ana going to buy?
3 Which sport is Ana going to do on Sunday?
4 What is Ana's opinion on sport?

For the **near future tense**, remember to look carefully at the verb *ir* to see who is doing the action.
vamos (we go) → **Vamos a** caminar.
We are going to walk.

 7 Write a short text about your plans for next weekend. Use a range of **connectives** and **persons of the verb**.

Tengo planes para el fin de semana que viene.
- **Primero**, *voy a* …
- **Luego**, mis amigos y yo *vamos a* …
- Mis amigos *van a* …, **pero** yo *voy a* …
- **No** *voy a* … porque tengo que …

(no) voy a	salir
tengo que	caminar por las calles
mis amigos y yo vamos a	tomar un café
mis amigos van a	jugar al fútbol
	hacer deberes
voy a ver una película de	acción ciencia ficción
	aventuras terror

 8 Listen to two conversations. For each one, fill in the gaps with the correct word(s) for both speakers in Spanish. (1–2)

- *Quiero ir al cine. ¿Qué películas ponen esta* **a** *?*
- *Una película de* **b** *del director mexicano Alfonso Cuarón.*
- *¿A qué hora empieza?*
- *Empieza a las* **c** *.*
- *Vale. ¿Cuánto cuesta la entrada?*
- *Cuesta* **d** *euros.*
- *¿A qué hora termina?*
- *Termina a la(s)* **e** *.*
- *Perfecto. Después de la película, voy a ir a un* **f** *.*

Remember to contract *a* and *el*, and also *de* and *el*.
Voy a ir al parque.
I am going to go **to the** park.
Es una película del director español Almodóvar.
It is a film **from the** Spanish director Almodóvar.

 9 In pairs, practise the conversation from exercise 8 using the following information for each gap.

a morning
b horror film
c 3 a.m.
d 14 euros
e 5 p.m.
f park

 **¿Qué hora es?   What time is it?**
Es la una.   It's one o'clock.
Son las dos.   It's two o'clock.
Son las seis y cuarto/media.
It's quarter/half past six.
Son las ocho menos cuarto.
It's quarter to eight.

trece **13**

4 El fin de semana pasado

- Saying what you did at the weekend
- Using the preterite tense
- Pronouncing the letter 'c' correctly

 1 Listen to these people talking about what they did at the weekend. Write the two correct letters (a–h) for each person. (1–4)

¿Qué hiciste?

a **Hablé** con mi amigo en el parque.

b **Gané** una competición de natación.

c **Compré** una entrada para un partido de fútbol.

d **Salí** al centro comercial con mi novio.

e **Jugué** a los videojuegos en mi habitación.

f **Fui** a un restaurante con mi familia.

g **Vi** a mi banda favorita en el estadio.

h **Hice** un maratón de películas.

 2 Translate the statements from exercise 1 into English.

Example: a *I talked to my friend in the park.*

 3 In pairs, read out the statements from exercise 1, adding a time phrase and an opinion.
Pay particular attention to your pronunciation of the letter **c**.

Examples: a <u>El sábado pasado</u> hablé con mi amigo en el parque. <u>No me gustó</u> porque <u>fue aburrido</u>.

b <u>Hace una semana</u> gané un**a** competición de natación. <u>Me encantó</u> porque <u>fue divertid**a**</u>.

¿Qué tal fue?

Me encantó … / Me gustó …	
(porque) fue	guay. genial. increíble. emocionante. relajante. divertid**o/a**. fantástic**o/a**.
No me gustó (nada) …	
(porque) fue	aburrid**o/a**. terrible.

 Time phrases help us to understand **when** something happens.

ayer	yesterday
la semana pasada	last week
el fin de semana pasado	last weekend
el mes pasado	last month

To translate 'ago' use **hace**:
Hace dos días fui al cine.
Two days **ago**, I went to the cinema.
Hace una semana montamos en bici.
A week **ago**, we rode bikes.

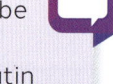 Listen to and repeat the words below. The letter **c** in Spanish can be pronounced in <u>three</u> different ways:

- The **soft c** (in Spain it often sounds like 'th' as in 'thing' and in Latin America it sounds like 's' as in 'sit') with vowels **e** and **i**:
cine, nata**c**ión, **c**entro, hi**c**e
- The **hard c** (as in 'cat') with vowels **a**, **o** and **u**, and if it comes before a consonant:
canté, músi**c**a, **c**omí, **c**uatro, **c**lima
- The **ch** sound (as in 'chin') when **c** is followed by **h**:
chico/a, escu**ch**é

Now, can you read out this tricky tongue-twister?
Comí chocolate con churros con Carlos y Cecilia en Cáceres.

14 *catorce*

Módulo 1

 4 Listen to and read about Spanish teenager, Lola, and her Sundays. Translate the preterite phrases in **purple** into English.

Example: disfruté de una mañana tranquila – I enjoyed a calm morning

Los domingos en España son un día muy especial, cuando mucha gente practica una variedad de pasatiempos o también descansa.

Me encanta el domingo porque es un día importante para descansar y para ver a familiares y amigos. Me gusta pasar los domingos en casa. El domingo pasado **disfruté de una mañana tranquila** con mi familia. Luego **fuimos al mercado**. **¡Fue increíble!** Por la tarde **volvimos a casa** y **vi unos programas** en la televisión con mi madre y mi perra Sancha. Por la noche mi madre y yo **comimos en un restaurante peruano** y después **hice mis deberes**.

Lola

 5 Read the text from exercise 4 again and complete the sentences in English.

1 Some people in Spain do a wide variety of … on Sundays.
2 Lola likes spending Sundays at …
3 Last Sunday she went to the market after …
4 She went out to eat and then …

6 In pairs, have a conversation about Sundays.

- ¿Qué haces los domingos normalmente?
- Normalmente …
- ¿Y qué hiciste el domingo pasado?
- Primero … Luego … Finalmente …
- (No) Me gustó porque fue …

Normalmente	voy al cine / a la piscina. escucho música. veo vídeos en YouTube. como con mi familia. bebo té. hago deporte. salgo con mis amigos. descanso en casa.
El domingo pasado	fui a … escuché … vi(a) … comí … bebí … hice … salí … descansé …
(No) Me gustó porque fue	genial. terrible.

 7 Translate the sentences into Spanish.

Singular or plural of gustar?

How do you create a negative?

1 Normally, I don't like weekends.
2 A week ago, I went out with my friends.
3 We did not go to the cinema.
4 We ate pizza in the shopping centre.
5 Next weekend, I am going to play video games at home.

Think about word order with this time phrase.

What tense is this?

G

Use the **preterite tense** to talk about completed actions in the past.

habl**ar** (to speak)	com**er** (to eat)	sal**ir** (to go out)	Irregular verbs: **ir** (to go) **ser** (to be)
habl**é**	com**í**	sal**í**	fui
habl**aste**	com**iste**	sal**iste**	fuiste
habl**ó**	com**ió**	sal**ió**	fue
habl**amos**	com**imos**	sal**imos**	fuimos
habl**asteis**	com**isteis**	sal**isteis**	fuisteis
habl**aron**	com**ieron**	sal**ieron**	fueron

Other irregulars in the preterite include:
hacer → **hice** (I did/made)   **tener** → **tuve** (I had)   **ver** → **vi** (I saw)

Some irregulars have a spelling change in the 'I' form only:
jugar → jug**ué** (I played)   llegar → lleg**ué** (I arrived)   sacar → sa**qué** (I took)

5 ¡Un día fatal!

- Talking about days that went wrong
- Practising different verbs in the preterite tense
- Combining three tenses

1 The Sánchez family had a bad day. Listen to what happened, and then select the correct answer. (1–4)

1 Me llamo **Emilio** y tuve un día malo porque …
 a no comí hamburguesas.
 b no encontré la llave del coche.
 c perdí el móvil.

2 Soy **Sofía** y mi día fue estresante porque …
 a no vi la televisión.
 b hablé con el director del colegio de Javier.
 c no compré nada en el centro comercial.

3 Soy **Javier** y tuve un día difícil porque …
 a no hice mis deberes.
 b perdí a mi perro Zorro.
 c no comí nada.

4 Soy **Monika** y tuve un día terrible porque …
 a perdí la trompeta.
 b no leí nada.
 c me caí en la cocina.

estresante stressful

2 Write out the complete sentences for exercise 1. Then translate them into English.

Example: Me llamo Emilio y tuve un día malo porque perdí mi móvil.
My name is Emilio and I had a bad day because I lost my mobile.

3 Read the text and translate the phrases in **bold** into English. Then answer the questions below.

¡Una visita al cine horrorosa!

Soy Carla y vivo en La Paz, Bolivia. Normalmente **no veo películas de terror porque no me gustan**, pero ayer decidí ir al cine con mi novio y vimos una. ¡Qué desastre! **Primero, perdí mi móvil con las entradas** del cine. Por eso, tuve que volver a casa y **encontré mi móvil en mi habitación**.

Volví al cine, pero **no vimos la película porque llegué muy tarde**, y por lo tanto compré dos entradas nuevas. Luego mi novio compró palomitas de maíz, pero la mitad se cayó al suelo. ¡Fue terrible! **Finalmente, vimos la película, pero comenzó muy tarde y fue mala**. La próxima vez no voy a ver una película de terror.

¡Qué desastre! — What a disaster!
las palomitas de maíz — popcorn
el suelo — floor

1 What did Carla decide to do and who with?
2 What did she lose?
3 Where did she find it?
4 What happened to the popcorn?
5 What will she do next time?

Use time expressions to write in different tenses.
Normalmente no juego a los videojuegos, pero **esta tarde** jugué a Call of Duty® con mi hermano y **mañana** vamos a jugar otra vez.
Normally I don't play video games, but **this afternoon** I played Call of Duty® with my brother and **tomorrow** we are going to play again.

Read about a disastrous trip to a football match and select the correct words to complete the text. Listen to check your answers. Then translate the text into English.

¿Qué pasó el fin de semana pasado?

Ayer **fui / voy** a un partido con mi padre porque le encanta el fútbol. Entramos en el **estadio / mercado** a las tres menos cuarto. El partido **comenzó / comienza**, pero mi padre se durmió y mi jugador favorito se cayó y, por lo tanto, no **jugaron / jugó** el resto del partido. **Ganamos / Perdimos** y volvimos a casa tristes. El sábado próximo no voy a **ir / ver** al estadio.

In pairs, create a dialogue about a disastrous weekend. Use time expressions and <u>three</u> tenses.

- ¿Qué haces los fines de semana normalmente?
- Normalmente …
- ¿Qué pasó el fin de semana pasado?
- El sábado … Luego, el domingo …
- ¿Qué vas a hacer el fin de semana próximo?
- El fin de semana próximo voy a …

Try to include **time expressions** and **sequencers** in your speaking and writing answers.

Remember that **time expressions** indicate the <u>tense</u> required.
Normalmente <u>voy</u> al cine, pero **ayer** <u>fui</u> al parque.
Normally I go to the cinema, but **yesterday** I <u>went</u> to the park.

Try to use a variety of **sequencers**:
primero (first), **después** (after), **luego** (then), **más tarde** (later), **finalmente** (finally)

Write a short text about a disastrous situation (a or b) where you lost something. Use <u>three</u> tenses and use the concert text below as a model.

Normalmente <u>me gusta</u> ir a conciertos, pero el sábado pasado <u>fui</u> a un concierto de música pop y <u>fue</u> terrible. Primero, el cantante <u>cantó</u> mal. Luego, <u>perdí</u> a mis amigos y más tarde <u>perdí</u> mi móvil en el tren. El fin de semana próximo <u>voy a ir</u> al cine con mi familia porque es más tranquilo.

El fin de semana pasado
El sábado/domingo pasado
La semana pasada
	fui/fuimos …
	  al cine.
	  a un concierto.
	  a un partido de fútbol.	

Sin embargo,	perdí el móvil / la cámara. perdí a mis amig**os/as**. perdimos / mi equipo perdió. el concierto fue terrible. el cantante cantó mal. la película fue mala.	
La próxima vez El sábado próximo El fin de semana próximo	(no) voy a ir a … (no) voy a ver …	porque … / ya que …

Look out for negatives such as **no** and **nada**.
No veo películas de terror.
I **don't** watch horror films.
No compró **nada**.
He/She didn't buy **anything**.
No voy a ir.
I'm **not** going to go.

Gramática 1

Regular verbs in the present tense (Unit 1, page 8)

Translate these sentences into English.
1 Nunca **mandan** correos electrónicos.
2 No **subo** vídeos porque es peligroso.
3 Mi madre **saca** muchas fotos.
4 Casi nunca **chateo** porque es aburrido.

Choose and conjugate six regular infinitives from the word cloud to make sentences about hobbies in the present tense. Use a time phrase and a different person of the verb each time (e.g. I, you, he/she/it, we, you (pl), they).
Example: Siempre **mando** mensajes.

Use the **present tense** to say what you do or what you are doing.

	escuch**ar** (*to listen*)	com**er** (*to eat*)	viv**ir** (*to live*)
(yo)	escuch**o**	com**o**	viv**o**
(tú)	escuch**as**	com**es**	viv**es**
(él/ella/usted)	escuch**a**	com**e**	viv**e**
(nosotros/as)	escuch**amos**	com**emos**	viv**imos**
(vosotros/as)	escuch**áis**	com**éis**	viv**ís**
(ellos/ellas/ustedes)	escuch**an**	com**en**	viv**en**

 Look out for verbs with an irregular 'I' form only:
hacer ⟶ *hago* (I do/make)
salir ⟶ *salgo* (I go out)
ver ⟶ *veo* (I see/watch)
dar ⟶ *doy* (I give)
saber ⟶ *sé* (I know)
conocer ⟶ *conozco* (I know/meet)

Stem-changing verbs (Unit 1, page 9 and Unit 3, page 12)

Select the correct verb. Then listen to check your answers. (1–6)
1 En mi tiempo libre **prefiero** / **preferimos** hacer deporte.
2 Mi amiga **puedes** / **puede** pasar mucho tiempo en las redes sociales.
3 Es verdad que algunos jóvenes **juegan** / **jugáis** a los videojuegos todos los días.
4 También, muchos jóvenes no **queremos** / **quieren** salir mucho.
5 Mi hermana nunca **juegas** / **juega** en línea porque no le gusta.
6 A veces mis amigos y yo **jugamos** / **juego** a los videojuegos de fútbol.

Verbs with **stem changes** have endings that are formed in the same way as regular present tense verbs.

 Stem changes follow different spelling patterns:

u/o ⟶ ue	
jugar ⟶ j**ue**go	**poder** ⟶ p**ue**do
j**ue**gas	p**ue**des
j**ue**ga	p**ue**de
jugamos	podemos
jugáis	podéis
j**ue**gan	p**ue**den

e ⟶ ie	
preferir ⟶ pref**ie**ro	**querer** ⟶ qu**ie**ro
pref**ie**res	qu**ie**res
pref**ie**re	qu**ie**re
preferimos	queremos
preferís	queréis
pref**ie**ren	qu**ie**ren

 Stem-changing verbs can be called '1-2-3-6 verbs' due to there being no stem changes for *nosotros/as* (4) or *vosotros/as* (5).

Opinion verbs (Unit 2, page 10)

4 Complete these statements in Spanish by adding an opinion verb from the box. Remember to change the verb ending before singular or plural nouns, but use the singular if it is followed by an infinitive.

*Example: **No me gusta** el tenis porque es bastante aburrido.*

1 ▒ el tenis porque es bastante aburrido.
2 ▒ los libros porque pueden ser emocionantes o relajantes.
3 ▒ las aplicaciones como TikTok porque son divertidas.
4 ▒ el baile porque es un deporte increíble.
5 ▒ mandar mensajes porque es fácil.

Many opinion verbs need **pronouns** and change their endings for **singular** and **plural**.

Me interes**a** el baloncesto.	I am interested in basketball. (singular)
¿**Te** gust**an** el fútbol y el tenis?	Do you like football and tennis? (plural)
A Miguel **le** encant**a** la natación.	Miguel loves swimming.

💡 Verbs added after opinion verbs must be infinitives.
Me encanta leer.   I love to read.
Me gusta mucho ir a conciertos.   I really like to go to concerts.

gustar
encantar
interesar

Irregular present tense verbs (Unit 2, page 11)

5 Match the questions to the answers. Then practise the conversation with a partner.

1 ¿Qué te gusta hacer en tu tiempo libre?
2 ¿Qué deportes haces?
3 ¿Te gusta jugar al fútbol?
4 ¿Eres miembro de un club?

a No, no soy miembro de un club porque no tengo tiempo.
b Hago deportes como el baloncesto y el fútbol, pero prefiero la natación.
c Voy al cine, o a veces mis amigos y yo vamos al centro comercial.
d Sí, es muy divertido y siempre voy a los partidos de mi equipo favorito.

6 Read out the messages below. Note down **two** irregular verbs used in each message. Then translate each verb into English.

¿Qué haces en tu tiempo libre?

1 El deporte es mi pasión. Hago ciclismo todos los días.
2 Mis amigos y yo vamos al cine, pero en casa yo veo muchas series.
3 Siempre voy al centro comercial porque tiene muchos restaurantes buenos.
4 Salgo mucho con mis amigos, pero también tengo amigos en las redes sociales.

Ser, **tener** and **ir** are important irregular verbs in the present tense. Learn them carefully.
ser (to be): soy, eres, es, somos, sois, son
tener (to have): tengo, tienes, tiene, tenemos, tenéis, tienen
ir (to go): voy, vas, va, vamos, vais, van

 Notice that **ser** and **ir** have no accents in the present tense. **Estar** is also irregular in the present tense. See verb tables on page 236–239.

Gramática 2

The near future tense (Unit 3, page 12)

1 Choose the correct form of the verb *ir* to complete the near future sentences. Then translate the sentences into English.

1. Yo **vas** / **vamos** / **voy** a tomar un café con mi amiga.
2. ¿Tú **van** / **vas** / **voy** a visitar a tus abuelos?
3. El sábado próximo mis padres y yo **van** / **vais** / **vamos** a ir de compras.
4. Creo que **voy** / **vas** / **va** a ir al cine con mi novio esta tarde.

> The **near future tense** is used to describe what is going to happen and is the most common tense in Spanish for describing future plans.
>
> Remember that this tense consists of three parts:
> ***ir*** (in the present tense) + ***a*** + <u>infinitive</u>
>
> | | |
> |---|---|
> | (yo) | **Voy a** <u>ver</u> una obra de teatro. |
> | (tú) | **Vas a** <u>bailar</u> mucho. |
> | (él/ella/usted) | **Va a** <u>salir</u> a las tres y media. |
> | (nosotros/as) | **Vamos a** <u>tocar</u> la guitarra. |
> | (vosotros/as) | **Vais a** <u>ir</u> a un espectáculo. |
> | (ellos/ellas/ustedes) | **Van a** <u>hacer</u> deporte. |

2 Read out the sentences starters and complete them using a near future tense phrase from the box. Remember to use the correct person of the verb.

1. Mañana voy a ir al cine, pero tú …
2. Ayer no hice nada, pero mañana …
3. Si tenemos tiempo, mis amigos y yo …
4. Más tarde, mi hermano …
5. El fin de semana próximo mis padres …

> va a escuchar música.
> vas a ir a un concierto.
> vamos a ir de compras.
> voy a jugar al baloncesto.
> van a salir.

The preterite tense 1 (Units 4–5, pages 14–17)

3 Listen to Jalil talking about his weekend. Complete the <u>two</u> gaps in each sentence with the correct preterite verbs from the box. (1–5)

1. El fin de semana pasado ___ muchas cosas en casa y también ___.
2. Primero, mis amigos y yo ___ por la tarde y ___ a un concierto de mi banda favorita.
3. Luego, ___ pizza en un restaurante con mi madre y ___ el móvil.
4. El domingo por la mañana ___ al parque y ___ al baloncesto.
5. Más tarde ___ música en casa y después ___ unas fotos a Instagram.

> | | |
> |---|---|
> | jugué | perdí |
> | hice | subí |
> | escuché | comimos |
> | fui | salimos |
> | salí | fuimos |

4 Write some sentences about what you did last weekend. Use the verbs from exercise 3, the sentence starters below and the pictures to create your text. Include as much detail as you can.

> El sábado pasado …
> Primero, … Luego, …
> Después, mis amigos y yo …
> Finalmente, …

Módulo 1

The preterite tense 2 (Units 4–5, pages 14–17)

 5 Rewrite the sentences below replacing the underlined present tense verbs with the preterite tense.

1 <u>Voy</u> al centro comercial y <u>saco</u> fotos de mis amigos.
2 Primero, <u>toco</u> el piano y luego <u>hago</u> mis deberes.
3 <u>Tengo</u> que volver a casa porque no <u>veo</u> a mi amigo.
4 Mi hermano y yo <u>vamos</u> al partido y <u>vemos</u> a nuestro equipo de fútbol.

> The **preterite tense** is used to talk about completed actions in the past.
>
> Remember that regular **-er** and **-ir** verbs in the preterite have the same endings, which are different to **-ar** verb endings.
> *Por la tarde sal**í** y beb**í** un café y luego habl**é** con mi amiga.*
>
> Accents for regular preterite verbs are important as they can change the tense of a verb:
> *gano* (I win) → *ganó* (he/she won)

 6 Maya has had a boring day. Translate the sentences into English.

1 Ayer tuve un día muy malo porque no hice nada interesante.
2 Por la mañana hice mis deberes y mi padre fue al centro comercial.
3 Perdí mi móvil en casa y no pude mandar mensajes a mis amigos.
4 Por la tarde, mi padre volvió y encontró mi móvil en el sofá.

> Some of the most common verbs are irregular in the preterite. Remember that the verbs **ser** and **ir** are the same in the preterite.
> **ser/ir**: fui, fuiste, fue, fuimos, fuisteis, fueron
>
> *Juan **fue** a la clase de baile y **fue** bastante difícil.*
> Juan **went** to the dance class and **it was** quite difficult.
>
> Other common irregulars include **hacer**, **tener** and **ver**. See verb tables on page 236–239.
>
> Irregular verbs do not take accents in the preterite. Some verbs are irregular in the first person singular: ju**gu**é (I played), lle**gu**é (I arrived), sa**qu**é (I took), to**qu**é (I played).

¡En marcha! (Units 1–5)

 7 Copy and complete the sentences with the correct form of the **two** missing verbs. Use the time markers in **purple** to help.

1 En mi tiempo libre **normalmente** (nadar) o (jugar) al hockey dos veces a la semana.
2 En casa, mis hermanos y yo **siempre** (escuchar) música nueva o (usar) aplicaciones.
3 **El domingo pasado** (ir) al estadio y (ver) un partido de fútbol increíble.
4 **El fin de semana que viene** mis padres y yo (tomar) un café y después (ir) al cine.

 8 In pairs, use the table to help you ask and answer these questions. You can use other verbs and phrases from Module 1 too.

¿Qué te gusta hacer en tu tiempo libre?
¿Qué hiciste el fin de semana pasado?
¿Qué vas a hacer el sábado que viene?

En mi tiempo libre ...	El fin de semana pasado ...	El sábado que viene ...
(no) me gusta ...	fui al / a la ...	voy a ...
me encanta ...	mis amigos/as y yo fuimos al / a la ...	mis amigos/as y yo vamos a ...
jugar al ...	jugué al ...	jugar al ...
ir al / a la ...	comí ...	ir al / a la ...
hacer ...	vi ...	hacer ...
mandar	hice ...	escuchar ...
leer ...	escuché ...	leer ...
ver ...	usé ...	ver ...
	bailé ...	

veintiuno **21**

Módulo 1 — Leer y escuchar

Reading

Leer 1

Weekend plans. Read what Diego says in his email to Jalil. Complete the sentences below. Write the correct letter, A, B or C, for each question.

> Hola Jalil:
>
> ¿Qué planes tienes para el sábado? Yo normalmente escucho música en mi móvil en casa o veo un partido en la tele. Esta semana, voy a ir al cine porque ponen una buena película. ***Empieza*** a las cuatro de la tarde. ¿Quieres venir?
>
> Hasta pronto,
>
> Diego

a Diego normally spends his Saturdays at …
 A the cinema.
 B a concert.
 C home.

b This Saturday he is going to watch …
 A a film.
 B a match.
 C the television.

c Which of these words is the best translation for ***empieza***?
 A it starts
 B it ends
 C it changes

> Read the statements in English before reading the Spanish text. This will help you to identify the relevant information in the text.

Leer 2

A sports star. Read the article about Alba Torrens. Complete the gap in each sentence using a word from the box below. There are more words than gaps.

> El baloncesto es la pasión de muchos españoles. Una jugadora muy famosa es Alba Torrens. Juega en el equipo de Valencia y también en el equipo nacional. Nació el 30 de agosto de 1989. Es una persona muy positiva y divertida. En su tiempo libre le interesa viajar y también disfruta de salir con amigos. A veces, sube fotos en Instagram pero no pasa mucho tiempo en su móvil.

1 Alba Torrens plays in the national ▭ team.
2 In her spare time, she likes to spend time with her ▭.
3 She doesn't spend much time on her ▭.

> basketball handball volleyball
> family computer friends mobile

Leer 3

My hobbies. Translate the following sentences **into English**.

 a Soy una persona bastante activa.
 b A menudo juego al fútbol.
 c Hago natación tres veces a la semana.
 d Me gusta ir a los partidos con mi hermano.
 e La semana pasada fuimos a ver a mi equipo favorito.

Listening

 Free time preferences. Indra is talking about how she and her brother spend their free time. What does she say? Listen and choose A, B or C for each question.

1 On Saturdays, Indra likes to reduce her stress by …
  A watching TV.
  B going shopping.
  C doing yoga.

  What vocabulary do you know for options A–C? Are there any cognates that could help?

2 Indra's brother often goes …
  A to the cinema.
  B out with friends.
  C to a restaurant.

  Only one answer is possible here, based on the recording. Which two answers can you eliminate and why?

3 Last Saturday, Indra's brother didn't …
  A go out at all.
  B come home late.
  C do his homework.

  When the question involves a negative, which word should you listen out for?

 Cinema visits. Emilio, Ana and Jorge are talking about watching films. What do they say? Listen and answer **in English**. You do **not** need to write in full sentences.

a Emilio – Type of film preference
b Ana – Who she's going to the cinema with
c Jorge – Problem at the cinema

 A recent weekend. Listen to Sara talking about what she did. What activities does she mention? Choose the <u>three</u> correct options and write down the letters.

A	doing sport
B	shopping
C	having a snack
D	visiting a museum
E	listening to music
F	playing video games

 You are going to hear someone talking about their hobbies. Sentences 1–3: write down the missing words for each gap. For each gap, you will write one word **in Spanish**. (1–3)

1 Hago ____ en el ____.
2 Tengo un ____ y ____ con mis compañeros.
3 Leo ____ y también me ____ los cómics.

 *You will hear each sentence three times, so you can add in missing words the second or third time you listen.*

Sentences 4–6: write down the full sentences that you hear in Spanish. (4–6)

Módulo 1 Prueba oral

Read aloud

 1 Look at this task. With a partner, read aloud the <u>five</u> sentences, paying attention to the underlined letters.

> Your Spanish friend has sent you this email.
> Read out the text below to your partner.
>
> > Hay un <u>c</u>ine <u>c</u>er<u>c</u>a de la esta<u>c</u>ión.
> > No <u>c</u>ompro entradas porque son <u>c</u>aras.
> > Prefiero ver pelí<u>c</u>ulas en <u>c</u>asa que salir.
> > Es emo<u>c</u>ionante <u>ch</u>atear en línea <u>c</u>on amigos españoles.
> > Tengo una <u>c</u>ita ma<u>ñ</u>ana con <u>C</u>arlos y <u>C</u>ecilia.

Remember that the **c** in Spanish can be pronounced in different ways:
- with vowels **e** and **i**, it makes a soft sound (like 'thing' in English)
- with vowels **a**, **o** and **u**, it makes a hard sound (like 'cat' in English)
- with **h**, it makes a 'ch' sound (like 'chin' in English).

Remember too that the letter **ñ** is pronounced like 'ny' in 'canyon' in English.

 2 Listen and check your pronunciation.

 3 Listen to the teacher asking the <u>two</u> follow-up questions. Translate each question **into English** and prepare your own answers **in Spanish**. Then listen again and respond to the teacher.

You will be asked two questions following the read aloud task. Both questions will relate to the topic of the sentences you have read aloud. The second question will always ask for your opinion. You only need to respond with a short sentence to each question.

Role play

 1 Look at the role-play card and prepare what you are going to say.

> **Setting**: At the cinema
>
> **Scenario**:
> - You are at the cinema buying tickets.
> - The teacher will play the part of the employee and will speak first.
> - The teacher will ask questions **in Spanish** and you must answer **in Spanish**.
> - Say a few words or a short phrase/sentence for each prompt. One-word answers will not be sufficient to gain full marks.
>
> **Task:**
> 1 Say what type of films you prefer.
> 2 Say how many tickets you want to buy.
> 3 Tell the employee how often you go to the cinema.
> 4 Give your opinion about going to the cinema.
> 5 Ask a question about the facilities at the cinema.

You only need to mention **one** type of film. Remember easy options like *las películas de acción*.

You could use an opinion verb like 'I like' or 'I love'.

You could say *¿Hay un(a) …?* to ask 'Is there a …?' Stick to **language you know** by asking about something like a café or a restaurant.

 2 Practise what you have prepared. Then, using your notes, listen and respond to the teacher.

 3 Now listen to Emma doing the role play task. Note down **in English** what she says for the first <u>four</u> points on the card.

| *los servicios* | toilets |

24 *veinticuatro*

Módulo 1

Picture task

 1 Look at the photo and read the **first part** of the task card. Then listen to Leo describing the photo.

1 What does Leo say about the young people?
2 Where does Leo think the young people are?
3 What does Leo say they are doing?

> Prepare your own description of the photo.
>
> Your description must cover:
> • people   • location   • activity.
>
> When you have finished your description, you will be asked **two questions** relating to the picture. Say a **short phrase/sentence** in response to each question.
>
> One-word answers will not be sufficient to gain full marks.
>
> You will then move on to a **conversation** on the broader thematic context of **Free time**.
>
> During the conversation, you will be asked questions in the present, past and future tenses.
>
> Your responses should be as **full and detailed** as possible.

 2 Prepare your own description of the photo, mentioning **people**, **location** and **activity**. Then, with a partner, take turns to describe the picture.

 3 Read the **second part** of the task card. Then listen to the <u>two</u> follow-up questions and respond to the teacher. Remember: you only need to give a short answer to each one.

 4 Read the **third part** of the task card. Listen to Leo moving on to the conversation on the theme of Free time. Note down **in English** the <u>three</u> questions he is asked by the teacher.

 5 Listen again and write down the missing word(s) for each gap in Leo's answers to the second and third conversation questions. They are all verbs.

> ¿Qué **1** el sábado pasado con tus amigos?
>
> La semana pasada **2** al cine con mi amigo Omar y **3** una película de acción. ¡ **4** guay! A las cinco **5** en un restaurante con otros amigos.
>
> ¿Qué **6** esta noche en casa?
>
> Esta noche **7** una serie en la tele y después **8** un vídeo de mi perro en TikTok. También, **9** música en mi habitación. ¡ **10** relajante!

> It is important to recognise verbs in the 'you' form in questions. Also, make sure you learn a variety of verbs in the 'I' and 'we' forms in the present, preterite and near future tenses, to use in your speaking and writing.

 6 Now prepare your own answers to the questions in exercises 4 and 5. Your responses should be as full and detailed as possible. Then listen to the questions and give your answers.

 7 Prepare your own answers to Módulo 1 questions 1–10 on page 228. Then practise with your partner.

veinticinco 25

Módulo 1 — Prueba escrita

Photo description

1 Look at this writing task. Spend one minute looking at the photo and thinking of useful vocabulary and structures you could use. Share and compare your ideas with a partner.

Describe the picture. Write four short sentences **in Spanish**.

For this task, you need to write four short sentences. Make sure that each of your sentences contains a verb. Keep it simple to ensure that the meaning is clear.

2 Now read Ella's answer to the exam task. She has used grammatically accurate Spanish but made a factual mistake in each sentence. Look at the photo and then correct her <u>four</u> mistakes.

a En la foto hay doce chicas.
b Las chicas están en un concierto.
c Mandan mensajes en un portátil.
d También, beben agua.

3 Now write your own answer to the following task.

Describe the picture. Write four short sentences **in Spanish**.

En la foto hay		un chico / una chica. un hombre / una mujer. un grupo de (amigos / amigas). (tres) jóvenes / personas.
En mi opinión, Creo que	está	en el cine. en el centro comercial. en el parque.
	están	en la cafetería. en la calle. en casa.

40–50 word writing task

1 Look at this short writing task and then, <u>for each bullet point</u>, write down:
- <u>one or two</u> ideas
- which tense(s) you will need to use.

Write a blog about your free time.

You **must** include the following points:
- what you do in your free time
- your opinion of doing activities with your friends
- what you will do in your free time next week.

Write your answer **in Spanish**. You should aim to write between 40 and 50 words.

Read Sam's answer to the exam task. Answer the questions in the callouts.

1 This is an example of an **irregular verb**. Can you find another example?

En mi tiempo libre hago ciclismo. También canto mucho. Soy miembro de una banda.

Me encanta pasar tiempo con mis amigos porque es divertido. Normalmente vamos al cine o escuchamos música.

La semana próxima voy a ir al estadio con mi novia. Vamos a ver un partido de fútbol. ¡Qué guay!

2 Sam is giving an **opinion** here. Can you find another opinion?

3 This is a regular verb in the 'I' form. Can you find a regular verb in the 'we' form?

4 What **tense** is being used here? Can you find another example of this tense?

Prepare your own answer to the 40–50 word writing task in exercise 1.

- Think about how you can develop your answer for each bullet point.
- Look back at your notes from exercises 1 and 2.
- Look at the 'Challenge checklist' and think about how you can show off your Spanish!
- Write a **brief** plan and organise your answer into <u>four</u> short paragraphs.
- Write your answer and then carefully check the accuracy of what you have written.

Challenge checklist

- ✓ Verbs in present and future time frames
- ✓ Verbs of opinion (e.g. *me gusta, me encanta*)
- ✓ Simple connectives (e.g. *y, también*)

- ✓ Time phrases (e.g. *la semana próxima, normalmente*)
- ✓ Opinions with reasons
- ✓ A wider range of connectives (e.g. *o, porque*)

- ✓ Different persons of the verb (e.g. *escuchamos, vamos*)
- ✓ More varied opinion phrases such as exclamations (e.g. *¡Qué guay!*)
- ✓ A wider range of vocabulary

Translation

Read the English sentences and Tom's translation of them. Write down the missing word(s) for each gap.

a I often listen to music.
b I also like horse-riding and cycling.
c I think that sports are fun.
d My brother prefers playing video games at home.
e Yesterday we went to a concert at the stadium.

a 1   2 música.
b También me gusta 3 a caballo y hacer 4 .
c Creo que los deportes 5   6 .
d Mi hermano prefiere 7 a los videojuegos en 8 .
e Ayer 9 a un concierto en el 10 .

Translate the following <u>five</u> sentences into Spanish.

a I use my phone a lot.
b I like to send messages and watch films.
c Sometimes, I go swimming with my friend.
d Last week, we went to the park.
e Tomorrow I am going to play tennis.

Be careful with words that cannot be translated word for word. For example, which verb will you need for 'I go swimming'?

Módulo 1 Palabras

Key:
bold = this word will appear in higher exams only
* = this word is not on the vocabulary list, but you may use it in your own sentences

El mundo hispanohablante (pages 6–7):

¿Cómo eres?	What are you like?
Mi nombre es / Me llamo …	My name is / I am called …
Soy / Es …	I am / He/She is …
Soy como …	I am like …
Soy / Es una persona …	I am / He/She is a … person.
bueno/a	good
divertido/a	funny, amusing
*inteligente	intelligent
simpático/a	nice, kind, friendly
*tímido/a	shy
trabajador/a	hardworking
tranquilo/a	calm, relaxed
¿Dónde se habla español?	Where is Spanish spoken?

Mi vida digital (pages 8–9):

¿Qué haces con tu móvil/ ordenador/portátil?	What do you do on your mobile/computer/laptop?
Escucho / Busco música.	I listen to / I look for music.
Mando/Recibo …	I send/receive …
mensajes	messages
correos electrónicos	emails
Leo las noticias.	I read the news.
Comparto fotos/imágenes.	I share photos/pictures.
Uso aplicaciones.	I use apps.
Veo vídeos.	I watch videos.
Chateo en línea / con mis amigos.	I chat online / with my friends.
Hago compras por Internet.	I shop online.
Juego a los *videojuegos.	I play video games.
No tengo ordenador/portátil.	I don't have a computer/laptop.
Tengo una videoconsola.	I have a games console.
Mis amigos y yo …	My friends and I …
sacamos fotos	take photos
subimos vídeos	upload videos
jugamos a los *videojuegos	play video games
Prefiero …	I prefer …
usar / leer	to use / to read
mandar / subir / jugar	to send / to upload / to play
hacer	to do, make
buscar	to search for
escuchar	to listen to
porque (no) es …	because it is …
divertido	fun
emocionante	exciting
privado	private
seguro	safe
peligroso	dangerous
¿Cuánto tiempo pasas …?	How much time do you spend …?
Paso … horas al día.	I spend … hours per day.
Siempre	Always
Todo el tiempo	All the time
Todos los días	Every day
A menudo	Often
De vez en cuando	From time to time
A veces	Sometimes
(**Casi**) Nunca	(Almost) Never
Una vez / Dos veces a la semana	Once / Twice a week
Los fines de semana	At the weekend

¡Disfrutamos al máximo! (pages 10–11):

¿Qué actividades te gustan?	What activities do you like?
Me gusta (el tenis) …	I like (tennis) …
Me encanta (la natación) …	I love (swimming) …
Me gustan (las películas) …	I like (films) …
Me encantan (los conciertos) …	I love (concerts) …
Me interesa (el voleibol) …	I'm interested in (volleyball) …
No me gusta (nada) …	I don't like … (at all)
Odio …	I hate …
porque es / son …	because it is / they are …
aburrido/a(s)	boring
difícil(es)	difficult
divertido/a(s)	fun
fácil(es)	easy
guay	cool
relajante(s)	relaxing
increíble	incredible
emocionante	exciting
(No) Hago muchas actividades.	I (don't) do many / lots of activities.
Disfruto del deporte.	I enjoy sport.
¿Qué deportes haces?	What sports do you do?
Juego al / a la …	I play …
Hago …	I do …
(el) baloncesto / baile	basketball / dance
(el) *boxeo / ciclismo	boxing / cycling
(el) tenis / voleibo	tennis / volleyball
(la) natación	swimming
(las) *artes marciales	martial arts
Soy aficionado/a …	I am a fan of …
¿Qué actividades haces en tu tiempo libre?	What activities do you do in your free time?
En mi tiempo libre …	In my free time …
Si tengo tiempo …	If I have time …
juego a / hago …	I play / I do …
leo libros.	I read books.
escucho canciones	I listen to songs.
porque me ayuda a …	because it helps me to …
estar en contacto con mis amigos	be in touch with my friends
estar en forma	to keep fit
¿Eres miembro de algún club?	Are you a member of a club?
Soy miembro/a de (un equipo local / un club de natación)	I am a member of a (local team / swimming club)

Nos juntamos (pages 12–13):

¿Qué vas/vamos a hacer?	What are you/we going to do?
¿Quieres ir/venir …?	Do you want to go/come …?
al centro comercial …	to the shopping centre …
a la piscina …	to the swimming pool …
mañana	tomorrow
el sábado	on Saturday
este fin de semana	this weekend

Quiero/Queremos …	I/We want to …	Primero …	First …
(No) Voy a …	I am (not) going to …	Luego …	Later/Afterwards …
Mis amigos/padres y yo vamos a …	My friends/parents and I are going to …	Por la mañana/tarde/ noche …	In the morning/afternoon/ evening …
ir de compras	go shopping	voy a …	I'm going to …
ir al parque/cine	go to the park/cinema	No tengo planes.	I haven't got any plans.
ir al centro comercial	go to the shopping centre	Estoy libre.	I am free.
ir a un restaurante / la piscina	go to a restaurant / the pool	¿Qué películas ponen esta tarde?	What films are on this evening?
salir (por la tarde)	go out (in the afternoon)	Una película de acción / terror / aventuras / ciencia ficción.	A(n) action / horror / adventure / science fiction film.
tomar un café	have a coffee	¿A qué hora empieza/termina la película?	What time does the film start/ finish?
hacer deberes	do homework	Empieza a las …	It starts at …
caminar por las calles	walk around the streets	Termina a las …	It finishes at …
No voy a ir porque …	I'm not going to go because …	¿Cuánto cuesta la entrada?	How much does the ticket cost?
tengo que …	I have to …	Cuesta … euros.	It costs … euros.
hacer los deberes	do my homework	¿A qué hora quedamos?	What time shall we meet?
trabajar	work	¿Quedamos a las (cuatro)?	Shall we meet at (four o'clock)?
limpiar mi habitación	clean my bedroom	¿Dónde nos encontramos?	Where shall we meet?
salir	go out	En mi casa	At my house
no tengo dinero	I haven't got any money	¡Claro que sí!	Of course!
Solo puedo ir por la mañana/ tarde.	I can only go in the morning/ afternoon.	De acuerdo / Vale	OK
¿Tienes planes?	Do you have (any) plans?	Perfecto	Perfect
(No) Tengo planes para …	I (don't) have plans for …	Hasta luego / el (domingo).	See you later / on (Sunday).
hoy	today		
mañana	tomorrow		
este fin de semana	this weekend		
el viernes/sábado/domingo	Friday/Saturday/Sunday		
la semana próxima / que viene	next week		

El fin de semana pasado (pages 14–15):

¿Qué hiciste …?	What did you do …?	¿Qué tal fue?	How was it?
Ayer …	Yesterday …	Me gustó / Me encantó porque fue …	I like it / I loved it because it was …
El fin de semana pasado …	Last weekend …	divertido/a / emocionante	fun / exciting
El sábado/domingo pasado …	Last Saturday/Sunday …	fantástico/a / *genial	fantastic / brilliant
La semana pasada …	Last week …	guay / increíble	cool / incredible
El mes pasado …	Last month …	No me gustó porque fue …	I didn't like it because it was …
Hace (dos) días …	(Two) days ago …	aburrido / terrible	boring / terrible
Hace una semana …	A week ago …	¿Qué haces los (domingos) normalmente?	What do you normally do on (Sundays)?
Primero … , luego …	First … , then …	Normalmente …	Normally …
comí / bebí …	I ate / I drank …	voy al cine	I go to the cinema
compré una entrada para (un partido de fútbol)	I bought a ticket to (a football match)	voy a la piscina	I go to the swimming pool
escuché música	I listened to music	escucho música	I listen to music
fui a un restaurante/ concierto	I went to a restaurant/ concert	veo vídeos en YouTube	I watch videos on YouTube
gané una competición (de natación)	I won a (swimming) competition	como con mi familia	I eat with my family
jugué en mi habitación	I played in my room	bebo té	I drink tea
vi a (mi banda favorita en el estadio)	I saw my favourite band in the stadium	hago deporte	I do sport
descansé	I rested	salgo con mis amigos	I go out with my friends
		descanso en casa	I rest at home

¡Un día fatal! (pages 16–17):

¿Qué pasó el fin de semana pasado?	What happened last weekend?	mi equipo perdió	my team lost
Tuve un día malo/difícil/ terrible …	I had a bad/difficult/terrible day …	el/la cantante cantó mal	the singer sang badly
porque …	because …	¿Qué vas a hacer el fin de semana próximo?	What are you going to do next weekend?
no encontré la llave del coche	I couldn't find the car key	El fin de semana próximo …	Next weekend …
perdí el móvil / a mi perro	I lost my mobile phone / dog	El sábado próximo …	Next Saturday …
no vi la televisión	I didn't watch television	La próxima vez …	The next time …
no compré nada	I didn't buy anything	(no) voy a ir a …	I am (not) going to go to …
no hice mis deberes	I didn't do my homework	(no) voy a ver a …	I am (not) going to see …
no comí/leí nada	I didn't eat/read anything	porque / ya que …	because / since …
me caí (en la cocina)	I fell (in the kitchen)		

Módulo 2 — Viajes

¡Descubre Andalucía!

- Using *me gusta(n)* / *me gustaría* + infinitive
- Describing a photo

Bienvenidos a Andalucía

Todos los años, más de doce millones de turistas extranjeros visitan Andalucía, en el sur de España. Esta región tiene más de ochocientos kilómetros de costa, montañas bonitas, dos Parques Nacionales y ciudades históricas como Sevilla, Málaga, Córdoba y Granada.

Un ejemplo de su cultura única es el flamenco, un arte que incluye el baile, el cante y la música de guitarra.

El flamenco

¿Por qué Andalucía?

Los turistas visitan Andalucía por muchas razones diferentes.

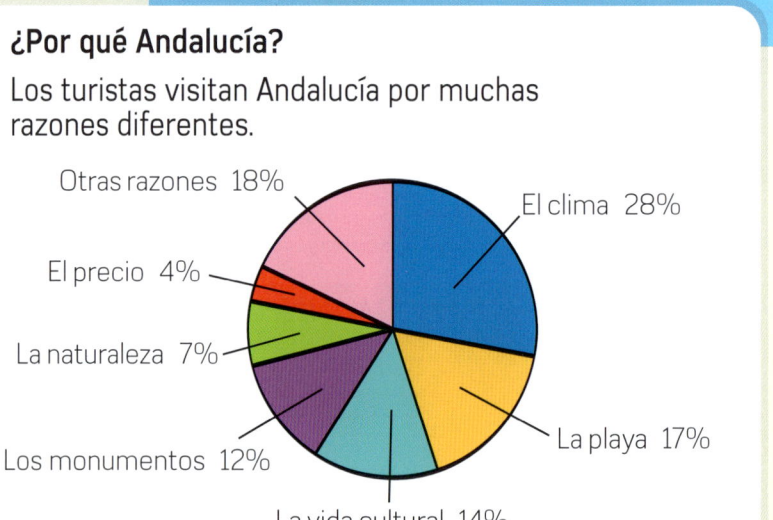

- Otras razones 18%
- El clima 28%
- El precio 4%
- La naturaleza 7%
- La playa 17%
- Los monumentos 12%
- La vida cultural 14%

Leer 1 — Read the text. Copy and complete these sentences in English.

extranjero/a	foreign

1. Every year, Andalusia is visited by …
2. The region has more than 800 …
3. Seville, Malaga, Cordoba and Granada are …
4. Flamenco includes dance, singing and …
5. Tourists visit Andalusia for many …
6. 14% of tourists visit it because of …

Leer 2 — Read the text *Así es Andalucía* on page 31. Write down the Spanish for the phrases below. (Tip: They all contain an <u>infinitive</u> verb ending in *-ar*, *-er* or *-ir*).

1. enjoying nature
2. riding a horse
3. watching a dance show
4. going mountain biking
5. sunbathing
6. resting

En la foto A la izquierda A la derecha En el centro Al fondo	hay	un bosque. una torre. un río. una playa. un barco. agua. vistas bonitas. muchos animales/edificios. muchas montañas/personas.
Está(n) en		el campo. la montaña. la costa. un pueblo. una ciudad.
Es		bonit**o/a**. históric**o/a**. tranquil**o/a**.

(No) Hace …	sol.	frío.
	viento.	buen tiempo.
	calor.	mal tiempo.

| (No) Llueve. | (No) Nieva. |

Zona de cultura — Módulo 2

Así es Andalucía

el bosque — forest, wood

A El Rocío

¿Dónde? El Parque Nacional de Doñana
Tipo de destino pueblo pequeño
Famoso por el turismo verde
Tiene bosques y otros ecosistemas
Ideal para disfrutar de la naturaleza
montar a caballo

Flamencos y caballos

C Pradollano

¿Dónde? Sierra Nevada
Tipo de destino estación de esquí
Famoso por las vistas bonitas de la montaña
Tiene tiendas, hoteles y escuelas de esquí
Ideal para hacer esquí
hacer ciclismo de montaña

La estación de esquí

B Sevilla

¿Dónde? al lado del río Guadalquivir
Tipo de destino ciudad histórica
Famoso por sus edificios antiguos
Tiene más de 2 000 años de historia
Ideal para ver un espectáculo de baile
caminar por el centro histórico

La Torre del Oro

D Estepona

¿Dónde? La Costa del Sol
Tipo de destino ciudad en la costa
Famoso por sus diecisiete playas
Tiene un parque acuático
Ideal para tomar el sol y descansar
hacer natación

La playa

3 **Read the text again and listen. Which of the four destinations would you recommend for each person? Then listen again and write down the weather phrase in English. (1–7)**

Example: 1 D – sunny

> Spanish sometimes uses **hacer** where English uses the verb 'to go'.
> What do these phrases mean?
> hacer ciclismo
> hacer esquí
> hacer natación

4 **In pairs, talk about which of the four destinations you would (not) like to visit.**

- ¿Adónde te gustaría ir?
- Me gustaría ir a <u>Sevilla</u> porque me gust**an** <u>los edificios antiguos</u>.
  También me gusta <u>caminar por</u> …
  Finalmente, me gustaría <u>ver</u> …
- ¿Adónde <u>no</u> te gustaría ir?
- No me gustaría ir a … porque no me gusta(n) …
  ¿Y a ti? ¿Adónde te gustaría ir?
- …

> **G**
> To say what you like, use:
> **Me gusta(n)** + **el**/**la**/**los**/**las** + noun
> To say what you like to do/doing, use:
> **Me gusta** + <u>infinitive</u>
> To say what you would like to do, use:
> **Me gustaría** + <u>infinitive</u>
> Page 42

5 **Read this description of photo D and then listen. Write down the four mistakes you hear.**

> **En la foto hay** una playa.
> **Está** en la costa y **es** muy bonita.
> En el centro **hay** un barco.
> A la izquierda **hay** muchos edificios.
> Hace buen tiempo porque hace sol.

> Use:
> - **hay** (there is/are) to say who/what is in the photo
> - **es** (he/she/it is) to describe someone or something
> - **está** (he/she/it is) to talk about location.

6 **Write a description of photo A, B or C, including two mistakes. Use exercise 5 and the language in the two boxes on page 30 to help you. Then read it out. Can your partner spot the mistakes?**

treinta y uno 31

1 En ruta

- Discussing travel plans
- Using comparatives
- Using se puede + infinitive

Escuchar 1 Look at this holiday planning website. Then listen and write down the four correct letters for each person. (1–4)

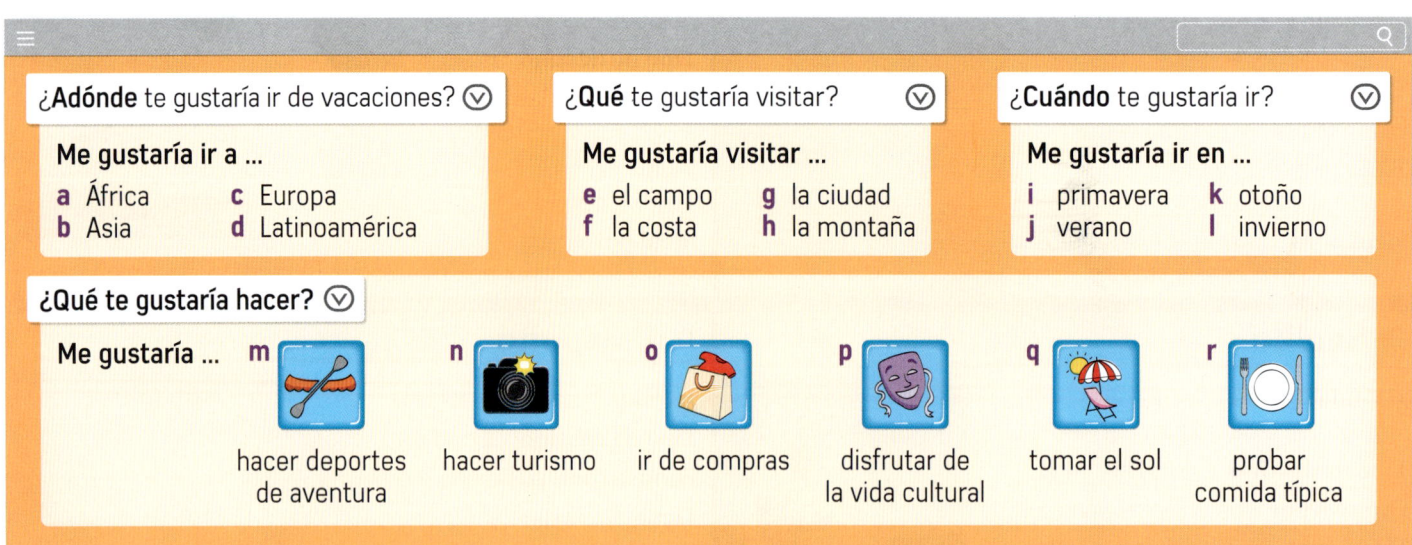

Hablar 2 In pairs, take turns to ask and answer the four questions from exercise 1.

- ¿Adónde te gustaría ir de vacaciones?
- Me gustaría ir a Latinoamérica.
- ¿Qué te gustaría visitar?
- …

Me gustaría and *Quisiera* + infinitive both mean 'I would like'.

To say 'you/one can' use **se puede** + infinitive. **G**
Se puede visitar la capital.   You can visit the capital.
Page 42

Me gustaría Quisiera	ir a [Latinoamérica]. disfrutar de la vida cultural. pasear por las calles. hacer turismo.

Leer 3 Read these holiday recommendations. Write the correct destination for each question.

La Habana (Cuba)
En la Habana Vieja se puede pasear por las calles y sacar una foto de los edificios únicos. También se puede visitar la capital en uno de los famosos coches clásicos.

Lanzarote (Islas Canarias)
En Lanzarote se puede disfrutar del buen clima y descansar en la playa (¡hay más de cien!). También se puede visitar el Parque Nacional de Timanfaya – ¡y montar a camello!

Baños de Agua Santa (Ecuador)
El pueblo de Baños es ideal para hacer deportes de aventura como el ciclismo de montaña y el rafting. También se puede probar la bebida local. Para los niños hay un parque temático.

Where can you …

1 ride a camel?
2 ride in a classic car?
3 go to a theme park?
4 enjoy the good climate?
5 take a photo of the unique buildings?
6 try the local drink?

treinta y dos

Módulo 2

 Leer 4 Read the opinions about how people would prefer to travel. For each person, write the two correct letters and then circle the one they would prefer.

Example: Bea – (b),d

¿Cómo te gustaría viajar?

Me gustaría ir en tren porque vivo cerca de la estación. **Es más cómodo que** el autobús para distancias largas. *Bea*

No me gustaría viajar en barco porque **es menos seguro que** el avión. También se puede dormir durante el vuelo. *Carlos*

Quisiera viajar por la ciudad a pie porque me gusta hacer ejercicio. **Es mejor que** ir en coche porque **es menos peligroso** para el planeta. *Luis*

No me gustaría viajar en tren porque siempre hay mucha gente. Quisiera ir en coche porque **es más rápido que** el transporte público. *Irene*

Me gustaría ir en barco, ya que me encanta el mar. **Es menos caro que** el avión, pero desafortunadamente, **es más lento**. *Jesús*

Me gustaría ir en autobús. **No es tan divertido como** ir en avión, pero vivo lejos del aeropuerto. *Mónica*

ir/viajar **en** [avión]
ir **a** pie

desafortunadamente unfortunately

 Leer 5 Read the texts again and translate the phrases in **bold** into English. Then write the correct name for each question.

Who …
1 says you can sleep while travelling?
2 doesn't like travelling with lots of other people?
3 is concerned about the environment?
4 lives far away from the airport?
5 likes doing exercise?
6 lives near the train station?

 **G**
Use a 'comparative sandwich' with an <u>adjective</u> or adverb.
más … **que** …   more … than …
menos … **que** …   less … than …
tan … **como** …   as … as …

El tren es **más** <u>rápido</u> **que** el barco.
The train is **faster than** the boat.

These comparatives are irregular:
mejor/peor que …   better/worse than …

Page 43

 Escuchar 6 Listen. Copy and complete the table in English. (1–5)

	Preference	Reason	Disadvantage
1	train	more comfortable than …	more …

 Escribir 7 Write a paragraph about where you would like to go on holiday and how you would like to travel.

Me gustaría ir a <u>Latinoamérica</u> en <u>verano</u> porque <u>hace buen tiempo</u>.
Creo que me gustaría visitar <u>La Habana</u> porque hay …
También se puede …
Me gustaría viajar en … porque …
Es más/menos … que …
No me gustaría viajar en … porque …

(No) Me gustaría Quisiera		ir en viajar en	avión … barco … metro …	autobús … coche … tren …
porque es	más	caro fácil rápido	barato difícil lento	que …
	menos			que …
	tan	cómodo	seguro	como …
	mejor	peor		que …
porque vivo	cerca lejos	del aeropuerto. de la estación.		
porque	(no) hay mucha gente. (no) me gusta hacer ejercicio. (no) se puede dormir durante el vuelo/viaje.			

treinta y tres 33

2 La cultura en la calle

- Talking about festivals in the Spanish-speaking world
- Using *hay* and *hay que*
- Using extended sentences with 'if'

1 Listen and read. Then translate the coloured phrases into English.

el país	country
el encierro	running of the bulls
el toro	bull

Mis fiestas favoritas

Las fiestas tradicionales te ayudan a aprender más sobre tu cultura. También son populares entre los turistas porque son divertidas. Aquí recomiendo cuatro fiestas famosas de países hispanohablantes.

Toni Luque

Las Fallas de Valencia

En marzo, **hay que ir a** las Fallas. Esta fiesta es emocionante porque **hay mucha gente** por las calles y **hay fuegos artificiales** por la noche.

del 15 al 19 de marzo

Los Sanfermines

En julio, **hay que ver** el festival de los Sanfermines. Cada mañana durante una semana, **hay un evento especial**, el encierro, donde miles de personas corren delante de los toros.

del 7 al 14 de julio

La Fiesta del Sol

En junio, **hay que visitar** Cuzco, en Perú, para ver la Fiesta del Sol. **Hay un espectáculo** muy bonito, donde celebran esta tradición antigua de los incas.

24 de junio

La Tomatina

En agosto, **hay que participar** en la Tomatina. **Hay una batalla divertida**, donde tiran miles de tomates. (Desafortunadamente, ¡soy alérgico a los tomates!)

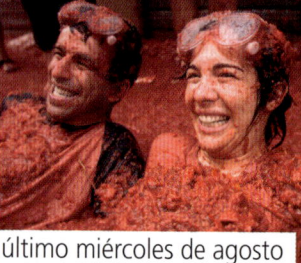

último miércoles de agosto

2 Read the text again and answer the questions in English. Then choose **one** of the festivals and translate the text into English.

1. What do festivals help you to do?
2. Why are they popular among tourists?
3. How does Toni describe the *Fallas*?
4. Where exactly does the Festival of the Sun take place?
5. Who runs in front of the bulls at the *Sanfermines* festival?
6. What problem does Toni have with the *Tomatina*?

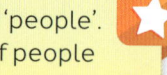

The words **gente** and **personas** both mean 'people'.
much**a** gente / much**as** personas — lots of people

When using numbers, always use **personas**.
cinco personas — five people

Use **hay** + noun to say 'there is' or 'there are'.
Hay fuegos artificiales. — **There are** fireworks.

Use **hay que** + infinitive to say 'you/one must'.
Hay que ver el espectáculo. — **You must** see the show.

Page 43

3 Look at the pronunciation box. Then listen and fill in the gaps with the correct word in Spanish.

En **1** celebran la Feria de Abril en abril o mayo.
Más de cinco **2** de personas cantan y bailan por las **3**.
Mucha gente **4** ropa tradicional. Es muy **5**.
Si te gusta el pescado, hay que probar la comida típica.
También hay que ver el Paseo de **6**. Es un evento **7**.

Remember that **ll** has a similar sound to 'y' in 'canyon' in English. Listen to and repeat the words.
be**ll**o   caba**ll**os
ca**ll**es   **ll**eva
maravi**ll**oso   mi**ll**iones
Sevi**ll**a

treinta y cuatro

4 In pairs, take turns to recommend different festivals using the information on page 34.

- ¿Qué fiesta recomiendas?
- Recomiendo la Tomatina porque es una fiesta emocionante.
- ¿Cuándo es?
- Es en agosto.
- Describe la fiesta.
- Hay una batalla divertida donde …

Es una fiesta	antigua. peligrosa.	bonita. popular.	divertida. emocionante.
Es en	marzo.	abril.	mayo.
Hay	un espectáculo. una batalla.	un evento especial. mucha gente.	

5 Match the sentence halves to create full sentences.

1 Si te gustan los toros, …
2 Si te gustan los fuegos artificiales, …
3 Si te gustaría tirar tomates, …
4 Si te interesa la historia, …

a hay que participar en la Tomatina.
b hay que visitar Valencia en marzo.
c hay que viajar a Cuzco en junio.
d hay que ver los Sanfermines.

> **G** Use the word **si** ('if') to extend your sentences.
> **Si** te gusta el pescado, hay que visitar Sevilla.
> **If** you like fish, you must visit Seville.
> Page 44

6 Translate these sentences into Spanish.

1 My favourite festival is Carnival. — *el Carnaval* — Which two phrases could you choose from?
2 There are always lots of people on the streets.
3 If you go to Bolivia, you must visit Oruro in February or March. — Use *Si …, hay que* + infinitive
4 You can try the typical food and enjoy the special events. — Look back at page 32.

7 Listen to and read the dialogue. Make a list of the five items they order to eat and drink in English.

Mustafa e Isatere están en un bar de tapas en Sevilla.

- Quisiera una mesa para dos personas, por favor.
- Sí, señora. Aquí tiene la carta. ¿Qué van a tomar?
- Vamos a tomar paella, pescado frito y un bocadillo de jamón, por favor.
- ¿Y para beber?
- Una botella de agua y dos vasos.
- Muy bien. ¡Buen provecho!

****

- ¿Quieren postre?
- Sí, vamos a tomar dos helados. Y la cuenta, por favor.

TAPAS

Tapas y Raciones
Pescado frito
Pan con tomate
Huevos rotos
Paella

Bocadillos
Hamburguesa con ensalada
Bocadillo de jamón o queso
Bocadillo de tortilla española

Postres
Helado, fruta, arroz con leche

Bebidas
Agua, limonada, café, té

8 In pairs, make up your own dialogue by changing the underlined words/phrases in exercise 7. Choose from the menu or use any other food/drink vocabulary you know.

Quisiera	una mesa para … personas.		
	la carta.	la cuenta.	un vaso.
Voy a tomar Vamos a tomar	un bocadillo (de jamón). una hamburguesa.		un café. fruta.

treinta y cinco 35

3 Mis últimas vacaciones

- Saying what you did on holiday
- Practising the 'I' and 'we' forms of preterite tense verbs
- Using a range of structures to give opinions in the past

 1 Read the texts and translate the verbs in **bold** into English. Then, for each person write down:

¿Qué tal tus últimas vacaciones?

a <u>when</u> they went on holiday   b <u>who</u> they went with   c <u>one</u> other detail.

1 El verano pasado **fui** a Vigo. **Pasé** una semana allí con mis abuelos.
2 Hace dos meses **visité** Cartagena con mi madre. **Pasé** el fin de semana allí.
3 En enero mi familia y yo **fuimos** a San Juan donde **pasamos** cinco días.
4 En diciembre mis amigos y yo **pasamos** la Nochevieja en Bilbao.

| allí | there |
| la Nochevieja | New Year's Eve |

G Use the **preterite tense** when talking about a past holiday.
Use the 'we' form to say what you did with other people.

-ar verbs	-er/-ir verbs	irregular verbs
nad**é** (I swam)	com**í** (I ate)	**fui** (I went) **hice** (I did/made)
nad**amos** (we swam)	com**imos** (we ate)	**fuimos** (we went) **hicimos** (we did/made)

Page 44

Use a variety of structures to give opinions about activities in the past:

| Me encantó. (No) Me gustó (nada). | Fue... guay. increíble. terrible. | ¡Qué... aburrido! desastre! suerte! |

 2 Read the texts from exercise 1 again and listen. For each person, write down the <u>two</u> opinions you hear in English. (1–4)

3 In pairs, take turns to read out the text. Pay attention to *j*, *ge*, *gi* and *h*.

En **j**ulio fui a **Gij**ón. Pasé tres días allí con mi **h**ermano.
Via**j**é en tren y fue **ge**nial.
El primer día tomé el sol porque **h**izo buen tiempo.
El último día **h**ice windsurf, ya que **h**izo viento.
Desafortunadamente, de**j**é mi equipa**j**e en el **h**otel.

Remember that *j*, *ge* and *gi* are pronounced like a stronger version of the English 'h'.
However, the Spanish *h* is silent. Listen and repeat the words.

genial   **Gij**ón   tar**j**eta   **h**otel

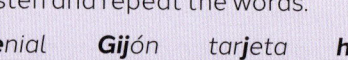

 4 Listen to check your pronunciation.

 5 Listen. Copy and complete the table in English. (1–4)

¿Qué tiempo hizo?   ¿Qué hiciste?

	Weather	Activity	Problem
1			

Hizo	buen tiempo.	mal tiempo.
	calor. frío.	sol. viento.
Llovió.	Nevó.	

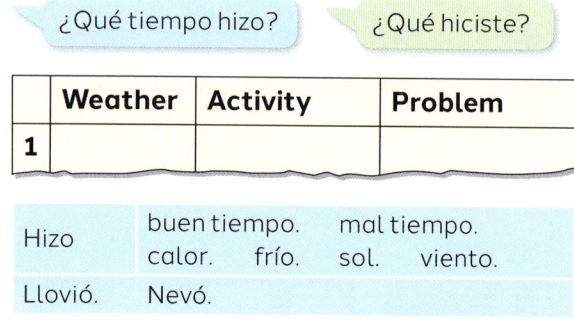

El primer día... comí algo malo y vomité.
dejé / perdí / rompí   mi bolsa / mi cámara / mi pasaporte

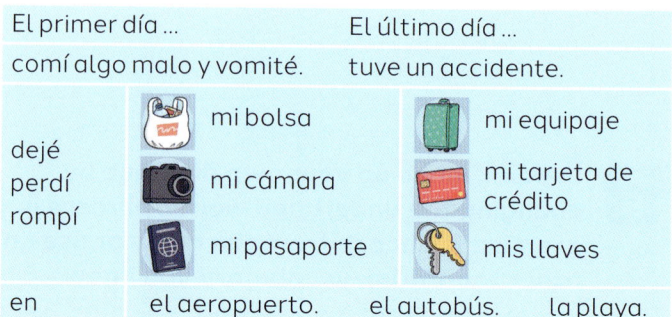

El último día... tuve un accidente.
mi equipaje / mi tarjeta de crédito / mis llaves

en   el aeropuerto.   el autobús.   la playa.

Módulo 2

 6 In pairs, describe a recent trip. Use the underlined phrases from exercise 3 and the vocabulary from exercise 5 to help you.

- ¿Qué tal tus últimas vacaciones?
- ¿Qué hiciste?
- ¿Te gustó?

- En … fui a … Pasé … allí con …
  Viajé en … y fue …
- El primer día … porque …
  El último día …, ya que …
- Sí, pero desafortunadamente, …

7 Read the text and select the correct photo for each gap. Then copy and complete the sentences below in English.

1. el Museo Picasso
2. el Puerto y la Farola
3. la Playa de la Malagueta
4. el Castillo de Gibralfaro
5. el Jardín Botánico
6. el Estadio La Rosaleda
7. el Mercado de Atarazanas

Una visita a Málaga — Iñaki Sánchez

El verano pasado fui a Málaga donde pasé tres días con mi novio. El primer día compramos billetes para el autobús turístico porque se puede subir y bajar todo el día.

Por la mañana, vimos un edificio histórico muy antiguo. Me encantó **a** porque se puede disfrutar de las vistas increíbles de la ciudad.

Por la tarde, visitamos **b** porque mi novio es un fanático del fútbol, y luego fuimos al **c**, ya que me encanta la naturaleza. Más tarde, fuimos al **d** donde compramos pan, queso y fruta. ¡Qué rico!

Al día siguiente jugamos al voleibol en **e** y nadé en el mar. Finalmente, compré recuerdos en un centro comercial, pero perdí mis bolsas ¡y todas mis compras!

subir	to get on
bajar	to get off
al día siguiente	the following day

1 They bought bus tour tickets because you can …
2 From the castle you can enjoy …
3 They visited the stadium because his boyfriend …
4 At the market they bought …
5 They played volleyball on …
6 Iñaki lost …

 8 Make a list of ten preterite tense verbs from Iñaki's text. Then use some of the verbs to help you write a text about a recent trip (real or imaginary). Include the following information:

- when and where you went
- how long you spent there + with whom
- how you travelled and your opinion
- what the weather was like
- what you did and your opinion
- something that went wrong.

En agosto fui de vacaciones a …
Pasé *una semana* allí con …
Viajé en … Fue …
Todos los días *hizo* …
El primer día … *Me encantó*.
El último día … ¡Qué …!
Desafortunadamente, …

⭐ Use **time phrases** and **sequencers** to help structure your text.

por la mañana	primero
por la tarde	luego
por la noche	más tarde
	finalmente

treinta y siete **37**

4 ¿Dónde te quedaste?

- Describing where you stayed
- Using the imperfect tense for descriptions
- Asking questions

Leer 1 Read these accommodation reviews. Identify the two correct pictures (a-f) for each person. What do the phrases in purple mean?

¿Dónde? ★★★★★   Precio ★★★★
En mayo, me quedé en un camping. **Estaba** cerca de la playa y **tenía** una piscina al aire libre. Desafortunadamente, **no era** posible cargar el coche eléctrico allí. *Ricardo Salas*

¿Dónde? ★★   Precio ★★★
En febrero, alquilamos un apartamento en el centro. La cocina **era** muy moderna y **estaba** cerca de las tiendas. Por la noche **había** mucho ruido en la calle. *Marcos Navarro*

¿Dónde? ★★★★   Precio ★★★★
En octubre, nos quedamos en un hotel agradable. **Era** bastante barato y **estaba** muy limpio. Sin embargo, el desayuno **era** caro y la habitación **no tenía** televisión. *Águeda Rubio*

me quedé	I stayed
nos quedamos	we stayed
alquilamos	we rented/hired

Leer 2 Read the text and select the correct words. Check your answers and then read out the completed text, paying attention to *que/qui*.

En abril, me **que**dé en un pueblo en el campo.

Al**qui**lé una casa **que** 1 **estaba / era** cerca del bos**que**.

2 **Era / Tenía** vistas bonitas, pero 3 **había / era** demasiado tran**qui**la.

No 4 **había / era** mucho espacio por**que** la casa 5 **era / había** muy pe**que**ña.

También, el baño 6 **era / estaba** sucio y no 7 **tenía / era** jardín.

¡No **qui**ero volver!

| volver | to return |

Remember that **qu** is pronounced like a 'k' in English. The **u** is always silent.
When pronouncing **que** ('keh') and **qui** ('key'), take care to avoid saying 'kw' (as in 'question' or 'quick').

G
Use the **imperfect tense** to describe things in the past.
*El hotel **era** barato.* The hotel **was** cheap.
***Tenía** un restaurante.* It **had** a restaurant.

| era | it was (description) | tenía | it had |
| estaba | it was (location/ temporary state) | había | there was/ were |

Page 45

Use **era** (ser) for describing something in the past.
*El baño **era** pequeño.* The bathroom **was** small.

Use **estaba** (estar) for talking about a location or a temporary state in the past.
***Estaba** lejos de la playa.* **It was** far from the beach.
*La ducha **estaba** rota.* The shower **was** broken.

Note:
***No** tenía ventana.* It didn't have a window.

Escuchar 3 Listen to the text from exercise 2 to check your pronunciation. Then translate the text into English.

38 *treinta y ocho*

Módulo 2

 4 Listen and write positive (**P**), negative (**N**) or positive and negative (**P+N**) for each person's review. Then listen again and note down <u>two</u> details in English. (1–5)

 5 Use your imagination to write a review for a holiday website.

> En <u>junio</u> me quedé en <u>un camping</u> en …
> Estaba <u>cerca de</u> …
> Era … y tenía …
> También había …
> Sin embargo, no …
> (No) Me gustó porque …

Use connectives to:
- add more information: **y** (and), **también** (also)
- move between positive and negative: **pero** (but), **sin embargo** (however).

*Era grande **y** moderno, **pero** no tenía bar.*
It was big **and** modern, **but** it didn't have a bar.

When listening/reading, pay attention to positive and negative adjectives, and to adverbs such as **desafortunadamente** (unfortunately). But don't jump to conclusions!

No era nada caro. = positive opinion
Era **demasiado** tranquilo. = negative opinion

	El hotel …	El camping …	El apartamento …	La casa …		
era	bastante muy demasiado	barat**o/a**. modern**o/a**. pequeñ**o/a**.	car**o/a**. viej**o/a**. grande.	antigu**o/a**. agradable.	(No) Tenía (No) Había	(un) baño. (un) gimnasio (un) jardín. (un) restaurante. (una) cocina. (una) piscina. vistas maravillosas.
estaba	en el centro. limpi**o/a**.	cerca de … suci**o/a**.	lejos de …			
La cama	La ducha	La ventana	estaba rot**a**.			
Quisiera una habitación individual/doble.				(No) Había mucho ruido.		

 6 Listen to both conversations and fill in the gaps with the correct word(s) in Spanish. In pairs, create your own dialogue. (1–2)

En la recepción del Hotel Miramar

- Quisiera una habitación **a** , por favor.
- ¿Para cuántas noches?
- Para **b** noches. ¿Cuánto es?
- Son **c** euros por noche. El desayuno (no) está incluido.

- ¿A qué hora es el desayuno?
- Entre las **d** y las **e** .
- ¿Hay **f** en el hotel?
- Sí, señor(a). Es gratuito/a para los clientes.

 7 Prepare your answers to this role-play card.

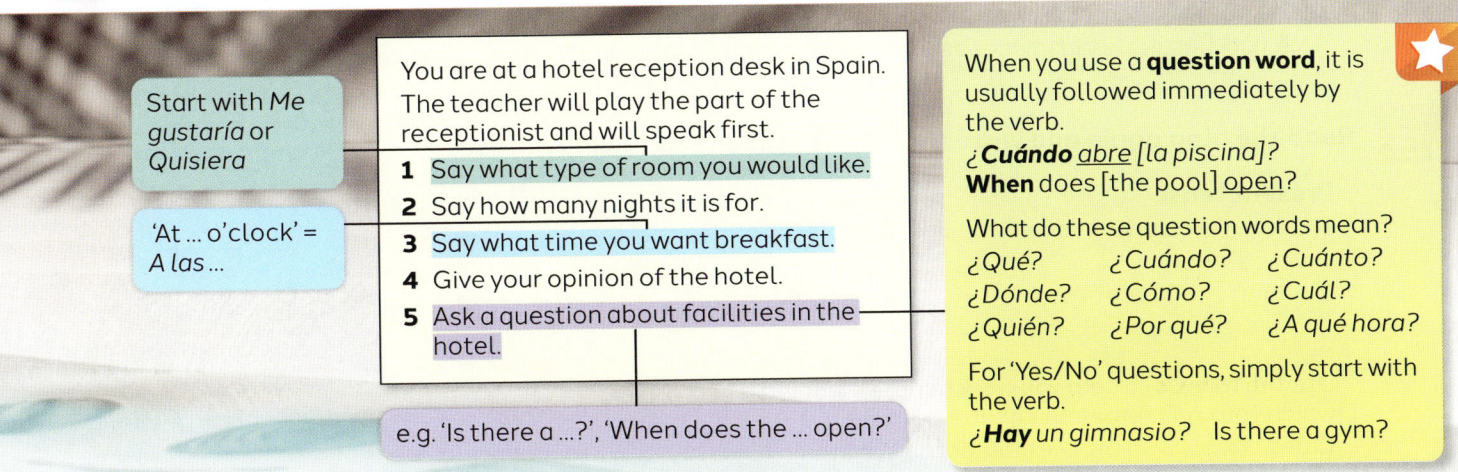

Start with *Me gustaría* or *Quisiera*

'At … o'clock' = *A las …*

You are at a hotel reception desk in Spain. The teacher will play the part of the receptionist and will speak first.
1 Say what type of room you would like.
2 Say how many nights it is for.
3 Say what time you want breakfast.
4 Give your opinion of the hotel.
5 Ask a question about facilities in the hotel.

e.g. 'Is there a …?', 'When does the … open?'

When you use a **question word**, it is usually followed immediately by the verb.
¿**Cuándo** <u>abre</u> [la piscina]?
When does [the pool] <u>open</u>?

What do these question words mean?
¿Qué?   ¿Cuándo?   ¿Cuánto?
¿Dónde?   ¿Cómo?   ¿Cuál?
¿Quién?   ¿Por qué?   ¿A qué hora?

For 'Yes/No' questions, simply start with the verb.
¿**Hay** un gimnasio?   Is there a gym?

 8 Using your notes from exercise 7, listen and respond. Then practise with a partner.

treinta y nueve 39

5 Mi aventura por Latinoamérica

- Talking about holidays using different tenses
- Using three different time frames
- Using strategies to work out meaning

1 Read the text and complete the statements. Then translate the **present tense** and **preterite tense** verbs into English.

Soy Víctor y **vivo** en Tenerife. Normalmente **paso** el verano en casa, donde **veo** películas en mi tableta. Nunca **voy** al extranjero, pero todos los días mis amigos y yo **vamos** a la playa.

Sin embargo, en julio **participé** en una competición y **gané** un viaje en grupo a México. ¡Qué suerte! **Describí** mis aventuras en mi blog.

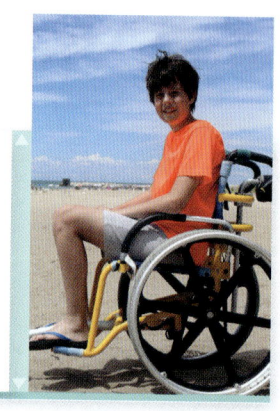

1 Víctor usually spends the summer …
2 He watches …
3 He never goes …
4 Every day he …
5 In July he won …
6 He described his … in his …

2 Listen to and read the blog. Then put the photos in the order in which they are mentioned.

Mi aventura por México

Día 4
Llegué a la capital el martes. El primer día fui a Xochimilco donde vi los barcos y escuché la música tradicional de los mariachis. Por la tarde, visité el Museo Frida Kahlo, 'la Casa Azul'.

Día 8
Me encantó Oaxaca y es fácil de visitar en silla de ruedas. Visitamos un cementerio decorado con flores para el Día de los Muertos, que celebran en noviembre. Conocí a mucha gente y aprendí mucho sobre esta tradición.

Día 11
Ayer vimos las ruinas históricas de Chichén Itzá, un sitio arqueológico maya. Fue increíble. Tiene buen acceso para personas con discapacidad y saqué muchas fotos de la pirámide enorme.

Día 14
Mañana voy a nadar en un cenote, un tipo de piscina natural. Luego, por la noche, vamos a comer *papadzules*, una comida tradicional. ¡Qué rico! Desafortunadamente, va a ser mi último día en México.

| la discapacidad | disability |
| el cenote | water-filled sinkhole |

3 Read the blog again and write the Spanish for the following phrases.

Present tense
1 it is easy to visit in a wheelchair
2 which they celebrate

Preterite tense
3 I arrived in the capital
4 I met lots of people
5 we saw the historic ruins

Near future tense
6 Tomorrow I am going to swim
7 we are going to eat
8 it is going to be my last day

Use **the four Cs** to help you work out the meaning of words which you can't remember or don't know.
Clues   (e.g. the glossary box, photos)
Cognates   (e.g. *las ruinas, arqueológico*)
Context   (e.g. 'It has good access for people with _____')
Common sense   (e.g. What might they decorate the cemetery with?)

Módulo 2

Escuchar 4 Listen and read. Write the correct letter for each question. (1–6)

1 Ayer compré regalos para mi **a** familia / **b** novia / **c** clase.
2 Siempre voy al parque los **a** lunes / **b** viernes / **c** fines de semana.
3 Cuando fui a México, disfruté de **a** las fiestas / **b** la comida / **c** los museos.
4 Voy a ir a la costa, donde voy a **a** tomar el sol / **b** descansar / **c** nadar.
5 Normalmente hago **a** esquí / **b** deporte / **c** turismo en las vacaciones.
6 Mañana vamos a viajar en **a** barco / **b** coche / **c** avión.

> ⭐ You won't hear the words in **purple**. Listen out for words with a similar meaning.

Leer 5 Read the sentences again and write down what each person is talking about (a–f). Then choose the correct tense for each one (**present, preterite** or **near future**).

a holiday activities
b travel plans
c a shopping trip
d a trip to the seaside
e a typical weekend
f delicious food

> **G**
> Use the **present tense** to say what you normally do.
> *Veo* películas. **I watch** films.
>
> Use the **near future tense** to say what you are going to do.
> *Voy a sacar* fotos. **I'm going to take** photos.
>
> Use the **preterite tense** to say what you did, to talk about the weather and to give opinions in the past.
> *Compré* regalos. **I bought** gifts.
> *Me gustó* porque *hizo* sol. **I liked it** because **it was** sunny.
>
> Remember to use imperfect tense verbs like **era** (it was) and **tenía** (it had) to describe things in the past.
>
> Page 45

Leer 6 Read the text and answer the questions in English.

1 Which <u>three</u> activities does Chari always do in summer?
2 What did she do in the Plaza de Mayo?
3 When did they go to the Bombonera stadium?
4 Why didn't she watch a match there?
5 Where are they going to stay next year?
6 What are they going to do there?

En verano siempre salgo con mis amigas y juego al baloncesto. También, montamos en bicicleta o vamos al centro deportivo.

Sin embargo, el verano pasado fui a Buenos Aires, la capital de Argentina. El primer día decidí visitar la Plaza de Mayo donde saqué fotos. Luego, por la noche, vi un espectáculo de tango (un tipo de música y baile) en el Café Tortoni. Me encantó.

El último día fuimos a la Bombonera, el estadio de Boca Juniors. Desafortunadamente, no vi un partido porque era demasiado caro.

El año próximo, voy a pasar una semana en un camping con mi familia. Vamos a alquilar bicicletas de montaña. ¡Va a ser guay! **Chari**

Hablar 7 In pairs, take turns to ask and answer questions about your holidays.

- ¿Qué haces en verano normalmente?
- ¿Adónde fuiste de vacaciones el año pasado?
- ¿Qué hiciste el primer día / el último día?
- ¿Qué tiempo hizo?
- ¿Adónde vas a ir el año próximo?
- ¿Qué vas a hacer allí?

Escribir 8 Write a text about your holidays (real or imaginary). Use different tenses to talk about:

- what you usually **do** in the holidays
- what you **did** / where you **went** last year
- what you **are going to do** next year.

En las vacaciones / En verano	normalmente / todos los días	juego … salgo … monto … veo … hago … voy …		
El verano pasado / Hace [dos] años	fui	de vacaciones a … a un parque temático. al museo.		a la playa.
El primer día / El último día	hice	turismo.	natación.	
	vi	un partido.	un espectáculo.	
Por la mañana / Por la tarde / Por la noche	compré … visité … comí …	aprendí [mucho sobre] … conocí a [mucha gente] … decidí [visitar] …		
El año próximo	voy a / vamos a	ir … pasar …	hacer … alquilar …	ver … viajar …

Gramática 1

Me gusta(n) / Me gustaría (Zona de cultura, page 31)

 1 Listen and write down which phrase(s) each person uses. (1–6)

- (no) me gusta
- (no) me gustan
- (no) me gustaría

Then listen again and write down what they (don't) like, what they (don't) like doing or what they would (not) like to do.

Example: 1 no me gustan – winter sports

 2 Translate these sentences into Spanish.
1. I don't like the beach, but I like the views.
2. I like going to a water park.
3. I like animals and I would like to ride a horse.
4. I really like nature and I like walking through the forest.
5. I would like to visit Seville because I love old buildings.

> To say what you like, use:
> **Me gusta** + **el**/**la** + singular noun
> **Me gustan** + **los**/**las** + plural noun
>
> **Me gusta** **el** campo, pero **no me gustan** **los** animales.
> **I like** the countryside, but **I don't like** animals.
>
> When giving an opinion about a noun, you must use the definite article **el**/**la**/**los**/**las**.
>
> Verbs such as **encantar** work in a similar way.
> **Me encantan los** barcos. **I love** boats.
>
> To say what you like to do/doing, use:
> **Me gusta** + infinitive
> **Me gusta** mucho tomar el sol.
> I really **like** to sunbathe/sunbathing.
>
> To say what you would like to do, use:
> **Me gustaría** + infinitive
> En el futuro **me gustaría** visitar Andalucía.
> In the future **I would like** to visit Andalusia.

Se puede + infinitive (Unit 1, page 32)

 3 Look at this webpage. In pairs, take turns to create sentences about what you can do in Córdoba. Try to use a different verb from the box for each sentence.

Example: **Se puede** ir al Puente Romano.

ver	ir a
visitar	disfrutar de
comer	sacar una foto de

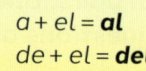
a + el = **al**
de + el = **del**

¿Cómo se puede disfrutar al máximo de una visita a Córdoba?

- el Puente Romano y la Torre de la Calahorra
- un patio típico
- la Mezquita-Catedral

- la Mezquita-Catedral
- el Palacio de Viana
- el Puente Romano
- un patio típico
- el salmorejo (una comida típica)
- la Torre de la Calahorra

> Use **se puede** + infinitive to say 'you/one can …':
>
> **Se puede** visitar el museo.
> **You can** visit the museum.
>
> **Se puede** + infinitive is an **impersonal verb phrase**. It can never refer to a specific person.
>
> Remember that the infinitive always ends in **-ar**, **-er** or **-ir**.

Módulo 2

Comparatives (Unit 1, page 33)

 4 Translate these puzzles into English to work out each person's preference.

1 Marc prefers to travel by …   2 Eva would prefer to visit …

El tren es **más** rápido **que** el barco.
El tren es **más** lento **que** el avión.
El tren es **menos** cómodo **que** el avión.
El avión es **más** seguro **que** el barco.
Marc

La costa es **más** cara **que** el campo.
Las tiendas en la costa son **mejores que** en el campo.
La costa no es **tan** bonita **como** el campo.
En mi opinión, las vistas son **más** importantes **que** las tiendas.
Eva

> Use a 'comparative sandwich' with an adjective or adverb.
> **más** … **que** …   more … than …
> **menos** … **que** …   less … than …
> **tan** … **como** …   as … as …
> La costa es **más** bonita **que** la ciudad.
> The coast is **prettier than** the city.
> These comparatives are irregular:
> **mejor que** …   better than …
> **peor que** …   worse than …
> **mayor que** …   bigger than …
> **menor que** …   smaller than …
> Granada es **mejor que** Madrid.
> Granada is **better than** Madrid.
>
> 💡 The adjective must agree with the first noun mentioned, except when used to compare two infinitives.
> <u>Hacer</u> natación es **más** divertido **que** <u>tomar</u> el sol.
> Going swimming is **more** fun **than** sunbathing.

5 Write the jumbled words below in the correct order to complete the comparative sentences. Then translate each one into English.

1 La paella es …   popular   que   más   bocadillos   los

2 Córdoba es …   que   Sevilla   cara   menos

3 Ir a una fiesta es …   turismo   mejor   que   hacer

Hay + noun / Hay que + infinitive (Unit 2, page 34)

6 Read the grammar box on page 34 and then copy and complete the table. Decide whether each phrase is a **noun phrase** or starts with an **infinitive verb**.

Hay … (There is/are…)	Hay que … (You must…)
1, …	

1 una variedad de comidas típicas.
2 visitar Valencia en marzo.
3 miles de personas por las calles.
4 ver el espectáculo.
5 fuegos artificiales maravillosos.
6 probar el pescado frito.
7 ir a la Tomatina.
8 una batalla increíble.

7 Translate these sentences into Spanish, using the phrases from exercise 6 to help you.

1 You must visit Valencia in March. There are wonderful fireworks.
2 In Seville there is a variety of typical foods, and you must try the fried fish.
3 You must watch the show. There are thousands of people on the streets.
4 You must go to the Tomatina (festival) because there is an incredible battle.

cuarenta y tres 43

Gramática 2

Using 'if' sentences (Unit 2, page 35)

 1 Listen and write down the correct letter for each person. (1–4)

a  b  c  d

> Use the word **si** ('if') to extend your sentences.
> *Si te gusta el pescado, hay que visitar Sevilla.*
> **If** you like fish, you must visit Seville.
>
> The **si** clause can also come in the second half of the sentence.
> *Hay que visitar Sevilla si te gusta el pescado.*
>
> 'If' sentences sometimes use two **different tenses**.
> *Si **llueve**, **voy a ver** la tele.*
> If it **rains**, **I'm going to watch** TV.
>   present   near future

 2 In pairs, take turns to build logical 'if' sentences. Your partner then translates your sentence into English.

Example:
- *Si hace sol, voy a descansar en la playa.*
- If it's sunny, I'm going to …

Si	te gusta	el baile, la naturaleza, la historia, hacer natación,	hay que	descansar en la playa. visitar el centro histórico. ver un espectáculo de flamenco. hacer windsurf. ir a un parque acuático. pasear por el bosque. ir a Latinoamérica. visitar el museo.
	hace	sol, calor, viento, mal tiempo,	voy a	

'I' and 'we' form preterite tense verbs (Unit 3, page 41)

 3 Fill in the gaps with the correct preterite tense form of the verbs in brackets. Then translate the sentences into English.

Un fin de semana en Sevilla

1. En junio ___ dos días en Sevilla, donde ___ a mi hermana. (*pasar / visitar* – I)
2. ___ a la ciudad en tren y luego ___ el metro. (*viajar / coger* – I)
3. El primer día mi hermana y yo ___ al mercado y ___ comida. (*ir / comprar* – we)
4. También ___ turismo. ___ la Plaza de España y ___ el río. (*hacer / visitar / ver* – we)

| **coger** | to catch |

> Use the **preterite tense** to talk about completed actions in the past.
> Use the 'we' form of the verb to say what you did with other people.
> *Mi novio y yo **fuimos** al castillo.*
> My boyfriend and I **went** to the castle.
>
> | -ar | -er/-ir | *irregular verbs* |
> |---|---|---|
> | nad**é** (*I swam*) | com**í** (*I ate*) | **fui** (*I went*) **hice** (*I did/made*) **tuve** (*I had*) |
> | nad**amos** (*we swam*) | com**imos** (*we ate*) | **fuimos** (*we went*) **hicimos** (*we did/made*) **tuvimos** (*we had*) |
>
> See page 237–239 for more irregular verbs.
>
> Some verbs have a spelling change in the 'I' form only.
> ju**gu**é (*I played*)   jugamos (*we played*)
> sa**qu**é fotos (*I took photos*)   sacamos fotos (*we took photos*)

Módulo 2

The imperfect tense (Unit 4, page 38)

 Translate this text into English.

> La casa era muy cara, pero no tenía jardín. Había mucho ruido por la noche porque estaba al lado de un restaurante. Mi habitación tenía vistas bonitas al mar. Sin embargo, era bastante pequeña. También, la cocina estaba muy sucia.

Use the **imperfect tense** to describe things in the past.
Estaba en el campo y **tenía** un restaurante.
It was in the countryside and **it had** a restaurant.

	est**ar** (to be)	ten**er** (to have)
(yo)	est**aba**	ten**ía**
(tú)	est**abas**	ten**ías**
(él/ella/usted)	est**aba**	ten**ía**

-er/-ir verbs have the same endings.

 Only three verbs are irregular in the imperfect:
ser (to be) → era, eras, era
ir (to go) → iba, ibas, iba
ver (to see/watch) → veía, veías, veía

The imperfect tense of **hay** (there is/are) is **había** (there was/were).

 The imperfect tense is also used to say what you used to do in the past.

 Re-write these sentences using the imperfect tense.

Example: 1 *La ciudad **era** bonita.*

1. La ciudad **es** bonita.
2. **Tiene** un centro comercial grande.
3. El camping **está** cerca de la playa.
4. El hotel **es** barato, pero no **tiene** piscina.
5. No **hay** televisión y la cama **está** rota.

Using different tenses (Unit 5, page 40)

 Select the correct verb to complete each sentence. Then translate each one into English.

1. **Fui / Voy / Voy a ir** de vacaciones el año pasado.
2. Siempre **voy a nadar / nadé / nado** en el mar cuando hace calor.
3. Ayer **llego / llegué / voy a llegar** a las ocho.
4. El año próximo **compré / voy a comprar / compro** un coche.
5. Normalmente **voy a jugar / juego / jugué** al fútbol en invierno.
6. El hotel tenía una piscina y **era / va a ser / es** muy barato.

 Look for time phrases and other verbs in the sentence to help you.

Tense	Used to talk about...	Examples
Present tense	what you **do** what something **is like**	**Veo** películas. **Hace** sol. **Es** bonito.
Preterite tense	what you **did** the **weather** in the past **opinions** in the past	**Comí** pescado. **Hizo** frío y **llovió**. **Fue** guay.
Imperfect tense	**descriptions** in the past	**Era** moderno. **Tenía** una piscina.
Near future tense	what you **are going to do**	**Voy a sacar** fotos.

¡En marcha! (Units 1–5)

 Listen and fill in the gaps with the correct word(s) in Spanish. Then translate the text into English.

> **1** ir de vacaciones a España porque **2** disfrutar de muchas fiestas diferentes. **3** te gustan los fuegos artificiales, **4** visitar Valencia en marzo. Mi familia y yo **5** allí el año pasado. **6** mucha gente, pero fue increíble. Voy a volver en el futuro. También, **7** a la Tomatina. En mi opinión, es **8** las Fallas – ¡pero más peligrosa!

cuarenta y cinco **45**

Módulo 2 Leer y escuchar

Reading

 Holiday plans. Read these comments from an internet forum. Who says what? Write the correct name for each question.

> **Iván:** Voy de vacaciones con mi padre y mi hermana. Nos quedamos en un hotel cerca de la playa.
>
> **Fátima:** Mis amigas y yo vamos a un camping en verano. No me gusta cuando llueve.
>
> **Luis:** Me gusta ir a otros países, pero este año voy a visitar nuestra región con mi novia.

Who ...
a goes on holiday in the summer?
b stays near the beach?
c is going to go away with a partner?
d doesn't like holidays in bad weather?
e likes visiting other countries?
f goes on holiday with family?

 Read the title so that you know the context. Read the text carefully and follow the rubric. Read all the questions before you start to answer.

 Accommodation. Read the article about an unusual hotel in Bolivia. Write down the information in English.

Palacio de Sal (Bolivia)

¡Este hotel está hecho de sal! Hay un restaurante, un bar, una piscina... y habitaciones hechas de sal. El hotel tiene bonitas vistas y se puede hacer natación o caminar, o simplemente descansar. En el restaurante hay un menú con platos de esta región. Este sitio es más caro que otros hoteles, pero es un destino muy interesante. Se puede reservar en línea.
¡Hay que visitarlo!

la sal salt

a One detail about the hotel facilities
b One example of what you can do at the hotel
c The type of food the restaurant offers
d The disadvantage of the hotel

Módulo 2

 Leer 3

Travelling. **Translate the sentences into English.**

Think about the tense and the subject of the verb – I? You? We?

Think about the tense – where is the clue in the sentence?

a Cada año pasamos una semana en España en abril.
b Me gusta viajar en barco con mi familia.
c Normalmente, alquilamos una casa en la ciudad.
d El año pasado fuimos a Valencia, ¡fue genial!
e Quisiera visitar el sur donde hace buen tiempo.

This verb is in the infinitive – how will you translate it into English?

What tense are these verbs in? Is there a clue in the sentence?

How would you translate these verbs?

When you have finished your translation, read it back to be sure that the English sounds as natural as possible.

Listening

 Escuchar 1

Visiting a city. **Listen to Raúl talking about visiting Bilbao and write down the word or phrase for the gap in each sentence, using the words and phrases from the box. There are more words/phrases than gaps.**

a Raúl says you should visit the ___.
b He likes to walk ___.
c He recommends eating ___.

The Guggenheim Museum Bilbao is a museum of modern art in Bilbao, Spain.

castle   football stadium   museum
in the centre   in the old town   in the park   by the river

Escuchar 2

You are going to hear someone talking about their holidays. Sentences 1–3: write down the missing word for each gap. For each gap, you will write one word in Spanish. (1–3)

1 Me gusta ___ en ___.
2 Prefiero una ___ cerca de la costa donde ___ bosques.
3 Normalmente, ___ una ___ pequeña.

Sentences 4–6: write down the full sentence that you hear in Spanish. (4–6)

Listen out for:
• **v** – which is pronounced the same as **b**
• **ca, qu** – which sound like 'k' in English
• **ce, ci** – which sound like 'th' in the English word 'thing'
• **j, ge, gi** – which sound like a stronger version of 'h' in English.

Remember that the Spanish **h** is silent.

cuarenta y siete 47

Módulo 2 Prueba oral

Read aloud

 1 Look at this task. With a partner, read aloud the underlined <u>five</u> sentences, paying attention to the underlined letters.

Remember:
- **ll** – sounds like 'y' in English
- **qu** – sounds like 'k' in English
- **ge** – sounds like a stronger version of the English 'h'
- **ci** - sounds like 'th' in 'thing' in English.

Narmeen, your friend, has written about Spanish festivals. Read out the text below to your partner.

> Los festivales son emo<u>ci</u>onantes.
> Todo está <u>ll</u>eno de color y música.
> A menudo la <u>g</u>ente monta a caba<u>ll</u>o.
> <u>Q</u>uiero ver un baile o <u>qu</u>izás unos fuegos artifi<u>ci</u>ales.
> Me gustaría <u>h</u>acer turismo en otro país <u>h</u>ispano<u>h</u>ablante.

 2 Listen and check your pronunciation.

 3 Listen to the teacher asking the <u>two</u> follow-up questions. Translate each question **into English** and prepare your own answers **in Spanish**. Then listen again and respond to the teacher.

Role play

 1 Look at the role-play card and prepare what you are going to say.

Remember to think about the setting for the role play.

Setting: In a café

Scenario:
- You are ordering something to drink in a café.
- The teacher will play the part of the server and will speak first.
- The teacher will ask questions **in Spanish** and you must answer **in Spanish**.
- Say a few words or a short phrase/sentence in response to each prompt. One-word answers will not be sufficient to gain full marks.

Task:
1. Say for how many people you would like a table.
2. Say what you want to drink.
3. Say *what you think* about the town. — *Give a simple opinion.*
4. Say *what you normally do* in the afternoon. — *Mention one activity here.*
5. Ask a question about the facilities. — *You could ask 'Where is the toilet?' or 'Where is the bathroom?'.*

 2 Practise what you have prepared. Then, using your notes, listen and respond to the teacher.

 3 Now listen to Ryan doing the role play and answer the questions.

In English, write down:
a how he answers the questions for points 1, 2 and 4.

In Spanish, write down:
b how he gives an opinion for point 3
c what question word he uses for point 5.

Picture task

 1 Look at the photo below and read the **first part** of the task card. Then listen to Freya describing the photo.

1 In Freya's opinion, who are the people in the photo? Do you agree?
2 Where does she say they are?
3 What does she say about the boy on the left?
4 What do you think the verb **disfrutar** means?

> Prepare your own description of the photo.
> Your description must cover:
> - people
> - location
> - activity
>
> When you have finished your description, you will be asked **two questions** relating to the picture. Say a **short phrase/ sentence** in response to each question.
>
> One-word answers will not be sufficient to gain full marks.
>
> You will then move on to a **conversation** on the broader thematic context of **Travel and tourism**.
>
> During the conversation, you will be asked questions in the present, past and future tenses.
>
> Your responses should be as **full and detailed** as possible.

Use the present tense to talk about what the people in the photo are doing..

 2 Prepare your own description of the photo, mentioning **people**, **location** and **activity**. Then, with a partner, take turns to describe the picture.

 3 Read the **second part** of the task card. Then listen to the **two** follow-up questions and respond to the teacher. Remember: you only need to give a short answer to each one.

 4 Read the **third part** of the task card. The teacher asks Freya '*¿Adónde fuiste de vacaciones el año pasado?*' Listen and write down the missing word for each gap.

> El año pasado 1 a un pueblo en la costa. Fui con mi padre, mi 2 y mis dos hermanas. Nos 3 en un hotel pequeño. Tomamos el sol en la 4 y jugamos al 5 . Hizo sol, pero un día hizo 6 . Fue emocionante.

 5 Listen to Freya answering the question '*¿Qué vas a hacer el verano próximo?*' Which **three** things does she mention?

1 shopping
2 swimming
3 travelling by bus
4 staying in the countryside
5 going to a restaurant
6 walking

 6 Now prepare your own answers to the questions in exercises 4 and 5. Your responses should be as full and detailed as possible. Then listen to the questions and give your answers.

 7 Prepare your own answers to Módulo 2 questions 1–10 on page 228. Then practise with your partner.

Módulo 2 Prueba escrita

40–50 word writing task

 1 Look at this writing exam task and then, <u>for each bullet point</u>, think about vocabulary you could use:

- **nouns** to say what types of transport there are
- **verbs** to allow you to give an opinion
- **adjectives** to describe the transport and offer reasons
- how you will talk about a **future** event.

> Write a short blog post about travel and transport.
>
> You **must** include the following points:
> - public transport in your area
> - your opinion of public transport with reasons
> - how you are planning to travel on holiday in the future.
>
> Write your answer **in Spanish**. You should aim to write between 40 and 50 words.

 2 Read Alex's answer to the exam task. Answer the questions in the callouts.

1 Which **tenses** does Alex use here?

2 How could he **link** these two sentences together?

> Vivo en una ciudad grande. Mis padres no tienen coche. Hay autobuses y metro.
>
> Creo que el transporte público es bueno porque es barato y rápido. Aquí no es un problema viajar.
>
> En verano voy a ir a Mallorca con mi familia. Vamos a viajar en avión.

3 Which word here tells you the statement is **negative**?

4 Which **noun** do these adjectives describe?

80–90 word writing task

 1 Look at this writing exam task.

> Write an email to a friend about holidays.
>
> You **must** include the following points:
> - where you normally go on holiday
> - your opinion of holidays with your family
> - what you did on holiday last year
> - a place that you want to visit on holiday in the future.
>
> Write your answer **in Spanish**. You should aim to write between 80 and 90 words.

Now read Mohammed's answer and answer the questions.

> Hola:
>
> Normalmente voy de vacaciones a la costa. Me encanta nadar en el mar. No quiero pasar el verano en la ciudad. ¡Qué aburrido!
>
> Mi familia y yo alquilamos una casa. Mi madre juega al golf y mi padre hace deportes de aventura. Me gusta pasar tiempo con mis padres pero me gustaría ir con amigos porque es más divertido.
>
> El año pasado fuimos de vacaciones en agosto. Hizo calor y no llovió. La playa era bonita y comimos muchos helados todos los días.
>
> El año que viene vamos a pasar una semana en España. ¡Qué emocionante!
>
> Mohammed

1 Where does Mohammed go on holiday and why?
2 Where does the family stay?
3 Who would he like to go on holiday with?
4 What was the weather like last year?
5 What did they do?
6 Where are they planning to go next year?

Prepare your answer to the 80–90 word writing task in exercise 1.

- Think of <u>two or three</u> ideas for each bullet point.
- Look at the 'Challenge checklist' and think about how you can show off your Spanish!
- Write a **brief** plan and organise your answer into <u>four</u> short paragraphs.
- Write your answer and then check the accuracy of what you have written.

Challenge checklist	
	✓ Past, present and future time frames ✓ Phrases for giving opinions and reasons ✓ Connectives, time phrases and sequencers
	✓ More varied opinion phrases such as exclamations (e.g. *¡Qué aburrido!*) ✓ Different persons of the verb ✓ Negatives
	✓ Complex structures such as comparatives (e.g. *es más divertido*) ✓ Phrases for saying what you would like to do (*me gustaría* + infinitive) ✓ An imperfect tense verb (e.g. *era, había*)

Translation

 Read the English sentences and Sophie's translation of them. Write down the missing word for each gap.

a I prefer holidays on the coast.
b The beach is better than the swimming pool.
c My brother sometimes goes cycling in the countryside.
d Last year, I went to Valencia with my parents.
e I like going to festivals and eating local food.

a Prefiero las 1 en la 2 .
b La playa es 3 que la 4 .
c Mi 5 a veces 6 ciclismo en el campo.
d El año pasado 7 a Valencia con mis 8 .
e Me 9 ir a los festivales y 10 comida local.

 Translate the following sentences into Spanish.

a I go to the mountains in February.
b I prefer swimming because it's relaxing.
c Sometimes we travel by train.
d Yesterday, I travelled to Spain with my friend.
e I love relaxing on the beach when it's sunny.

 Think carefully how to translate verbs ending in '-ing' in English. Here you will need to use the <u>infinitive</u> of the verb.

cincuenta y uno **51**

Módulo 2 Palabras

Key:
bold = this word will appear in higher exams only
* = this word is not on the vocabulary list, but you may use it in your own sentences

¡Descubre Andalucía! (pages 30–31):

Describe la foto	Describe the photo
En la foto …	In the photo …
a la izquierda/derecha …	on the left/right …
en el centro …	in the centre …
al **fondo** …	in the background …
hay …	there is/are …
un barco / un bosque	a boat / a forest
un **río** / una *torre	a river / a tower
una playa	a beach
agua	water
vistas bonitas	beautiful views
muchos animales/edificios	lots of animals/buildings
muchas montañas/personas	lots of mountains/people
Está(n) en …	It is / They are in/at …
el campo	the countryside
la montaña	the mountains
la costa	the coast
un pueblo / una ciudad	a town / a city
Es …	It is …
bonito/a	pretty
histórico/a	historical
tranquilo/a	tranquil, calm
(No) Hace …	It is (not) …
sol / calor / frío / viento	sunny / hot / cold / windy
buen/mal tiempo	good/bad weather
(No) Llueve / Nieva.	It is (not) raining / snowing.
¿Adónde te gustaría ir?	Where would you like to go?
Me gustaría ir a (Sevilla)	I would like to visit (Seville)
porque …	because …
me gusta (la naturaleza)	I like (nature)
me gustan (los edificios antiguos)	I like (old buildings)
También me gusta …	I also like …
disfrutar de la naturaleza	to enjoy nature
montar a caballo	to go horse riding
ver un espectáculo de baile	to see a dance show
hacer ciclismo/*esquí/natación	to go cycling/skiing/swimming
tomar el sol / descansar	to sunbathe / to rest
¿Adónde no te gustaría ir?	Where wouldn't you like to go?
No me gustaría ir a …	I wouldn't like to go to …
porque no me gusta(n) …	because I don't like …

En ruta (pages 32–33):

¿Adónde te gustaría ir de vacaciones?	Where would you like to go on holiday?
Me gustaría ir (de vacaciones) …	I would like to go (on holiday) …
a África / Asia	to Africa / Asia
a Europa / Latinoamérica	to Europe / Latin America
al campo	to the countryside
a la ciudad/costa/montaña	to the city/coast/mountains
¿Qué te gustaría visitar?	What would you like to visit?
(Creo que) Me gustaría visitar …	(I think) I would like to visit …
¿Cuándo te gustaría ir?	When would you like to go?
Me gustaría ir en …	I would like to go in …
primavera / verano	spring / summer
otoño / invierno	autumn / winter
¿Qué te gustaría hacer?	What would you like to do?
Me gustaría … / Quisiera …	I would like to …
Se puede …	You/One can …
disfrutar del buen clima	enjoy the good climate
disfrutar de la vida cultural	enjoy the cultural life
hacer turismo	go sightseeing
ir de compras	go shopping
tomar el sol	sunbathe
pasear por las calles	go for a walk in the streets
probar la comida típica	try typical food
viajar en un coche clásico	travel in a classic car
visitar la capital	visit the capital
¿Cómo te gustaría viajar?	How would you like to travel?
Me gustaría / Quisiera …	I would like to …
viajar en …	travel by …
autobús / avión / barco	bus / plane / boat
coche / metro / tren	car / underground / train
ir a pie	go on foot
porque es …	because it is …
más/menos … que …	more/less … than …
tan … como …	as … as …
caro / barato	expensive / cheap
rápido / lento	fast / slow
fácil / difícil	easy / difficult
cómodo / seguro	comfortable / safe
mejor/peor que …	it's better/worse than …
porque vivo …	because I live …
cerca (del aeropuerto)	close (to the airport)
lejos (de la estación)	far (from the station)
porque …	because …
hay mucha gente	there are a lot of people
me gusta hacer ejercicio	I like to do exercise
se puede dormir durante el vuelo/viaje	you can sleep during the flight/journey

La cultura en la calle (pages 34–35)

¿Qué fiesta recomiendas?	What festival do you recommend?
Si te gusta / te interesa …	If you like / are interested in …
hay que …	you/one must …
ver las Fallas	see the Fallas
ir a la Tomatina	go to the Tomatina
Recomiendo …	I recommend …
porque es una fiesta …	because it is a … festival
antigua / bonita	old / pretty
divertida / emocionante	fun / exciting
peligrosa / popular	dangerous / popular
¿Cuándo es?	When is it?
Es en marzo/abril/mayo/agosto.	It is in March/April/May/August.
Hay …	There is/are …
un espectáculo/evento especial	a special show/event
una *batalla divertida	a fun battle
mucha gente	lots of people
*fuegos artificiales	fireworks
¿Qué van a tomar?	What are you going to have?
Quisera …	I would like …
la carta / la cuenta	the menu / the bill

una mesa para … personas	a table for … people	paella / pescado *frito	paella / fried fish
Voy/Vamos a tomar …	I/We are going to have …	tortilla española	Spanish omelette
arroz / fruta / helado	rice / fruit / ice cream	(una botella de) agua /	(a bottle of) water /
una hamburguesa	a hamburger	*limonada	lemonade
un bocadillo de *jamón/ queso	a ham/cheese sandwich	postre	dessert
		un té / un café	a tea / a coffee

Mis últimas vacaciones (pages 36–37)

¿Qué tal tus últimas vacaciones?	How was your last holiday?	Fue …	It was …
		*genial / guay	brilliant / cool
El verano pasado …	Last summer …	increíble / terrible	incredible / terrible
En (julio) …	In (July) …	Sí, pero desafortunadamente …	Yes, but unfortunately …
Hace (dos meses) …	(Two months) ago …	perdí …	I lost …
fui/fuimos a …	I/we went to …	mi bolsa/equipaje	my bag/luggage
Pasé (la Nochevieja) allí con …	I spent (New Year's Eve) there with …	mi tarjeta (de crédito)	my credit card
		mis llaves	my keys
Viajé en (tren/coche).	I travelled by (train/car).	rompí mi cámara	I broke my camera
		dejé mi pasaporte …	I left my passport …
¿Qué hiciste?	What did you do?	en el aeropuerto/autobús	in the airport/bus
El primer/último día …	The first/last day …	en la playa	on the beach
Por la mañana/tarde …	In the morning/afternoon …	No, no me gustó (nada).	No, I didn't like it (at all).
Por la noche …	In the evening / At night …		
tomé el sol / hice *windsurf	I sunbathed / I did windsurfing	¿Qué tiempo hizo?	What was the weather like?
comí algo malo	I ate something bad	Todos los días …	Every day …
tuve un accidente	I had an accident	hizo …	it was …
		buen/mal tiempo	good/bad weather
¿Te gustó?	Did you like it?	calor / frío	hot / cold
Sí, me encantó.	Yes, I loved it.	sol / viento	sunny / windy
		llovió / nevó	it rained / it snowed

¿Dónde te quedaste? (pages 38–39):

¿Dónde te quedaste?	Where did you stay?	(No) Tenía …	It had / didn't have …
Me quedé / Nos quedamos en …	I / We stayed in …	(También) Había …	There was (also) …
El hotel / camping / *apartamento era …	The hotel / campsite / apartment was …	(un) baño	a bath / bathroom
		(un) jardín / restaurante	a garden / restaurant
La casa era …	La casa era …	Había vistas maravillosas.	There were marvellous views.
bastante / muy / demasiado …	quite / very / too …	(*Sin embargo) No había …	(However) There wasn't …
agradable / antiguo/a	pleasant / old	(una) cocina / piscina	a kitchen / swimming pool
barato/a / caro/a	cheap / expensive	Quisiera una habitación individual/doble.	I would like a single/double room.
grande / moderno/a	big / modern		
pequeño/a / viejo/a	old / new	¿Cuánto es?	How much is it?
Estaba …	It was …	Son (cien) euros por noche.	It is (a hundred) euros per night.
en el centro	in the centre	El desayuno (no) está incluido.	Breakfast is (not) included.
cerca de / lejos de	near to / far from	¿A qué hora es el desayuno?	(At) What time is breakfast?
limpio/a / sucio/a	clean / dirty	Entre las (siete) y las (diez y media).	Between (seven) and (half past ten).
La cama/*ducha/ventana estaba rota.	The bed/shower/window was broken.		
		¿Hay (un **gimnasio**) en el hotel?	Is there (a gym) in the hotel?

Mi aventura por Latinoamérica (pages 40–41):

¿Qué haces en verano normalmente?	What do you normally do in summer?	Aprendí (mucho sobre) …	I learned (a lot about) …
		Comí / Compré …	I ate / I bought …
En las vacaciones …	In the holiday …	Conocí a (mucha gente)	I met (a lot of people)
En verano …	In summer …	Decidí (visitar) …	I decided (to visit) …
Normalmente / Todos los días …	Normally / Every day …	Hice natación	I went swimming
hago / juego / monto …	I do / I play / I ride …	**Hice turismo**	I went sightseeing
salgo / veo / voy …	I go out / I see / I go …	Vi un partido/espectáculo	I saw a match/show
		Visité …	I visited …
¿Adónde fuiste de vacaciones el año pasado?	Where did you go on holiday last year?		
		¿Adónde vas a ir el año próximo?	Where are you going to go next year?
El año pasado …	Last year …	El año próximo voy / vamos a …	Next year I am / we are going to …
Hace (dos) años …	(Two) years ago …	¿Qué vas a hacer allí?	What are you going to do there?
fui de vacaciones a …	I went on holiday to …	Voy / Vamos a …	I am / We are going to …
un parque *temático	a theme park	alquilar …	hire, rent …
la playa	the beach	ir / hacer / pasar …	go / do / spend …
		ver / viajar …	see / travel …

Módulos 1–2 Repaso de gramática

Different types of verbs in the present tense (pages 8, 9 and 11)

 1 Look at the table which shows how different verbs behave in the present tense. For each gap (1–8) write the 'I' form of the verb. Then write a sentence in Spanish using each verb.

Example: 1 mando – A veces mando mensajes a mis amigos.

Regular verbs	Stem-changing verbs	Irregular verbs	Verbs with irregular 'I' form only
usar → uso	querer → qu**ie**ro	ser → soy	hacer → hago
mandar → **1**	jugar → **3**	ir → **5**	salir → **7**
leer → **2**	preferir → **4**	tener → **6**	ver → **8**

 2 Choose the correct verb form(s) to complete each sentence for the person shown in brackets. Then translate each sentence into English.

1 En las vacaciones **haces** / **hacemos** / **hago** mucho deporte. (*I*)
2 Mis amigas y yo **jugamos** / **juegan** / **juego** al fútbol. (*we*)
3 Mi hermano David **preferimos** / **prefiero** / **prefiere** escuchar música. (*he*)
4 Mi madre **lee** / **lees** / **leen** mucho y también **veo** / **vemos** / **ve** películas. (*she*)
5 A veces, mi hermana y yo **vais** / **vamos** / **va** a la playa. (*we*)
6 ¿Cuándo **vas** / **vamos** / **van** al cine? (*you, singular*)
7 **Tenemos** / **Tengo** / **Tienen** un nuevo móvil y **chateo** / **chateáis** / **chatea** con mis amigos a menudo. (*I*)
8 Mis padres **montamos** / **monto** / **montan** en bici y **es** / **son** / **soy** miembros de un club. (*they*)

 To conjugate a verb accurately, always consider:
1 the **tense**
2 the **person** of the verb
3 the **type** of verb.

Talking about the past (pages 15 and 38)

 3 Read this text and write down <u>eight</u> preterite tense verbs in Spanish. Translate each verb into English and then rewrite each verb in the 'we' form.

Example: visité (I visited) – visitamos

> El año pasado visité Perú, donde vi un espectáculo especial para celebrar la Fiesta del Sol, un festival inca muy antiguo. También probé muchos platos típicos de la región, compré recuerdos e hice turismo. Desafortunadamente, cuando volví a España dejé mi bolsa en el aeropuerto y luego perdí mi cámara durante el vuelo. Sin embargo, disfruté mucho de la visita.

 4 Rewrite the following story in the past, changing the verbs to the correct form of the **preterite tense** or the **imperfect tense**. Then translate the story in the past into English.

> Por la mañana, **voy** al centro de la ciudad.
> **Viajo** en metro con mi amigo, pero el tren **está** muy sucio.
> Primero, **visitamos** la tienda de videojuegos.
> No **compramos** nada porque la tienda no **tiene** una gran variedad.
> Por la tarde, **vamos** al estadio donde **vemos** un partido.
> **Hay** mucha gente y el ambiente **es** increíble.

Remember that the 'we' form of regular **-ar** and **-ir** verbs is identical in the **present** and **preterite tenses**.

Repaso de gramática — Módulos 1–2

Using different tenses (pages 8, 11, 12, 15 and 38)

 5 In each set of verbs below, the highlighted verb is the 'odd one out'. For each one, explain why and then translate the verb into English.

Example: 1 present tense – I have; the others are preterite tense

1 fui	comí	**tengo**	compré
2 **voy a usar**	mando	veo	escucho
3 hago	soy	voy	**comí**
4 tuvimos	hicimos	**vamos a ver**	fuimos
5 van a ir	**juego**	vas a salir	va a comer

 Pay attention to the **tense** of each verb.

Verbs and phrases followed by the infinitive (pages 9, 10, 12, 31, 32 and 34)

 6 Translate this text into English.

> **Prefiero** pasar las vacaciones en Salamanca. Es famosa por su Plaza Mayor, donde **me gusta** tomar un café.
>
> **Hay que** pasear por las calles del barrio histórico, donde **se puede** disfrutar de los edificios antiguos.
>
> En el futuro **me gustaría** volver porque **quiero** visitar la Catedral Vieja. También, **quisiera** ver la universidad.

7 Copy and complete the Spanish translation of each sentence. Fill in the gaps by selecting a **purple** phrase from exercise 6, followed by the correct verb from the box.

1 **You must visit** Mexico, where **you can enjoy** the good climate.
 ▭ ▭ México, donde ▭ ▭ del buen clima.

2 **I prefer to travel** by train because **I like to sleep** during the journey.
 ▭ ▭ en tren porque ▭ ▭ durante el viaje.

3 **I would like to go** to the shopping centre because **I want to look for** a mobile phone.
 ▭ ▭ al centro comercial porque ▭ ▭ un móvil.

> viajar disfrutar visitar ir buscar dormir

Descriptions and comparisons (pages 7 and 33)

 8 Copy and complete each sentence with an appropriate adjective. Take care to make the adjective agree with the <u>noun</u>.

1 En mi opinión, <u>las comedias</u> son ▭.
2 Me encanta <u>la natación</u> porque es ▭.
3 <u>Los videojuegos</u> son muy ▭.
4 <u>El deporte</u> es bastante ▭.
5 Nunca veo <u>las noticias</u> porque son ▭.

 Remember that adjectives have to agree with the noun they are describing. Look for clues which tell you whether a noun is masculine singular (**un/el**), feminine singular (**una/la**), masculine plural (**unos/los**) or feminine plural (**unas/las**).

 9 Choose an appropriate 'comparative sandwich' to complete each sentence. Then translate each sentence into English.

> **más** (*adjective*) **que**   **tan** (*adjective*) **como**   **menos** (*adjective*) **que**

1 Compro ropa por Internet porque es ▭ rápido ▭ en las tiendas.
2 Los campings son ▭ caros ▭ los hoteles.
3 No juego en mi móvil porque no es ▭ grande ▭ mi portátil.
4 La paella es ▭ rica ▭ los bocadillos de queso.

Módulo 3 — Mi gente, mi mundo

¡No hay dos familias iguales!
- Reading about different families
- Using possessive adjectives

¡Feliz Día Internacional de la Familia!

¿Sabes que el *Día Internacional de la Familia* se celebra el 15 de mayo todos los años? Tres jóvenes hablan de sus familias. ¿Reconoces a las familias famosas?

1

Javi y Paco: **Nuestra** familia es grande y multicultural como la familia de Cesc Fàbregas. **Nuestros** padres se casaron el año pasado. ¡Ahora somos siete!

2 *Itzan:* **Mi** padre es cantante y viaja mucho. **Mis** hermanos pequeños hacen mucho ruido, pero el bebé es un ángel. ¡Somos como la familia de Ricky Martin!

3

Luz: Me llevo muy bien con la otra hija de **mi** padre y con **su** madre. Nos encanta pasar tiempo juntas. Compartimos todo. **Mi** abuelo dice que somos como la familia de Salma Hayek y **su** hija.

Leer 1 Read and match the correct text (a–d) to the family profiles (1–3). There is <u>one</u> text too many. Then make notes in English about all the family members mentioned in **bold** by Javi, Paco, Itzan and Luz.

¿Quién es mi familia?

a Mi hermana pequeña tiene solo nueve meses y mi padre canta muy bien.

b Mi hermanastra y yo hacemos muchas cosas juntas.

c Soy hija única, pero siempre tenemos muchos amigos en casa.

d Nuestra familia es muy grande. Mi hermano y yo tenemos tres hermanos más.

¿Qué otras familias famosas conoces?

| la hermanastra | stepsister |

Zona de cultura

Módulo 3

 2 Listen and select the correct word to complete each sentence. Then translate the completed sentences into English.

1 **Su** primo / tío / abuelo vive en México.
2 **Nuestra** hija / prima / tía es una actriz famosa.
3 **Mis** tíos / primos / abuelos están en Sevilla de vacaciones.
4 La hermana de **mi** hijo / padre / abuela es **mi** tía.

Spanish does not use apostrophes in the same way as English.
*El hermano **de mi madre** es mi tío.*
My mother's brother is my uncle.
*La hija **de mi tía** es mi prima.*
My aunt's daughter is my cousin.

Leer 3 Select the correct possessive adjective for each family member.

1 nuestros / nuestra / nuestro abuelos
2 su / sus / vuestro hijos
3 mi / tu / mis hermanas
4 nuestros / vuestras / vuestros familias
5 nuestra / nuestro / nuestras prima
6 tu / sus / mi hermanos
7 mi / nuestro / tus padres
8 su / vuestra / sus padre

Most **possessive adjectives** have two forms, singular and plural.

	singular	plural
my	mi	mis
your	tu	tus
his/her/its	su	sus
our	nuestr**o/a**	nuestr**os/as**
your (plural)	vuestr**o/a**	vuestr**os/as**
their	su	sus

In addition, *nuestro* (our) and *vuestro* (your, plural) also have masculine and feminine forms:
nuestro hermano   our brother
nuestras hermanas   our sisters

Page 68

 4 Look at the pronunciation box. Read this phrase out in pairs to practise the *h*, *v*, *j*, *ge* and *gi* sounds. Then listen to check your pronunciation.

Jorge, Hugo y Verónica son los hijos de Germán y Virginia.

Remember:
- the Spanish **h** is silent
- **v** is pronounced the same as **b**
- **j**, **ge** and **gi** are pronounced like a stronger version of the English 'h'.

 5 Listen and fill in the gaps with the correct words from the box. Read the sentences out to practise pronunciation. Then translate them into English. (1–6)

1 Las familias hispanohablantes de hoy son muy ___.
2 A ___, los abuelos, los padres y los ___ viven en la misma casa.
3 En ___, la familia es muy importante para la cultura hispanohablante.
4 Les gusta estar ___ para celebrar los cumpleaños y las fiestas culturales.
5 Las tradiciones ___ de Navidad también son esenciales.
6 La ___ en el mundo hispanohablante es ___ importante para muchas familias.

todavía	religión	hijos
general	veces	juntos
diversas	familiares	

la Navidad   Christmas

1 Esta es mi gente

- Describing people
- Using the present continuous to describe a picture
- Using *ser* for physical descriptions and *estar* for location

 1 Listen and read. What do the words in **bold** mean? Translate text number 2 into English. (1–2)

¿Qué están haciendo?

1 Aquí hay una foto de mis padres, mis abuelos y mi hermana menor.
Están en el jardín.
Mi abuelo y mi hermana **están sonriendo**.
Mi abuelo **está cocinando** y mi hermana **está ayudando**.
Estamos celebrando el cumpleaños de mi abuela.

2 Aquí hay una foto de mi familia: mis padres y mis dos hermanos.
Están en la cocina.
Mi hermana **está haciendo** sus deberes en la tableta.
Mi madre **está comiendo** y **mandando** un mensaje.
Mi hermano **está escuchando** música en el móvil.
Mi padre **está leyendo** correos electrónicos.

 2 Listen. Copy and complete the table in English. (1–5)

	People in the photo	Where they are	What they are doing
1	2 younger brothers	in their bedroom	

> **G** The **present continuous tense** is used to describe what people are doing, for example in a photo.
> Use the present tense of **estar** + **present participle**.
>
> To form the present participle, remove the **-ar**, **-er**, **-ir** from the infinitive and add the endings **-ando** (for **-ar** verbs) or **-iendo** (for **-er** and **-ir** verbs).
>
> | | estar (*to be*) | present participle ('-ing' form) |
> |---|---|---|
> | (yo) | estoy | |
> | (tú) | estás | |
> | (él/ella/usted) | está | jug**ando** |
> | (nosotros/as) | estamos | com**iendo** |
> | (vosotros/as) | estáis | escrib**iendo** |
> | (ellos/as/ustedes) | están | |
>
> Note these irregular present participles:
> **leer** → **leyendo** (reading)
> **sonreír** → **sonriendo** (smiling)
>
> Page 68

 3 Look at the picture. Imagine this is your family. In pairs, describe the following in Spanish:

- ¿Quién está en la foto?
- ¿Dónde están?
- ¿Qué están haciendo?

Aquí hay una foto de	mi padre. mi herman**o**. mis herman**os**. mi abuel**o**. mis abuel**os**.	mi madre. mi herman**a**. mis herman**as**. mi abuel**a**. mis abuel**as**.	mis padres.
Está Están	en casa. en la sala.	en la cocina. en el jardín.	
Está Están	jugando. comiendo. haciendo …	chateando. sonriendo. viendo …	cocinando.

> **G** Use the verb **estar** for talking about **location**.
> **Estoy/Están** en el jardín.
> **I am / They are** in the garden.
>
> Use the verb **ser** when talking about **physical description**. Remember to make the adjectives agree.
> **Soy** moren**o/a**.
> **I am** dark-haired.
> **Es** moren**o/a**.
> **He/She is** dark-haired.
>
> Page 68

cincuenta y ocho

4 Read the texts and answer the questions in English. Then listen to and read out Nina's text.

¿Cómo eres?

Ayesha

Soy bastante alta.
Tengo el pelo negro, largo y los ojos marrones. A veces llevo el pelo con trenzas.
No soy como nadie de mi familia porque soy adoptada.
Mi mejor amigo es rubio y es más alto que yo.
Lleva gafas y tiene un perro que se llama Pancho.

Nina

Tengo los ojos verdes y el pelo largo y castaño.
Soy como mi padre.
Tenemos los mismos ojos, pero yo soy más baja que él.
Tengo dos hermanas menores y un gato que se llama Elvis.

Marcus

Soy alto y moreno.
Tengo los ojos marrones y el pelo corto y castaño.
No soy como mis dos hermanos porque nuestras madres son diferentes.
Soy como mi padre porque los dos somos altos y tenemos la misma nariz.

1 Who has siblings with different mothers?
2 Who does not look like anyone in their family?
3 Who is shorter than their father?
4 Who is adopted?
5 Which <u>two</u> features does Marcus share with his father?
6 Who looks more like their father? Why?

las trenzas	braids
adoptado/a	adopted
la misma nariz	the same nose

5 In pairs, talk about what you look like.

- ¿Cómo eres?
- Soy ...
- ¿De qué color tienes los ojos?
- Tengo los ojos ...
- ¿Cómo tienes el pelo?
- Tengo el pelo ...
- ¿Eres como tu familia? ¿Por qué (no)?
- Soy como <u>mi padre/madre</u> porque los dos / las dos tenemos ...

Soy Mi [madre] es	muy bastante	alt**o**/**a**. moren**o**/**a**.	baj**o**/**a**. rubi**o**/**a**.	
Tengo el pelo Mi [padre] tiene el pelo		largo. rubio.	corto. negro.	castaño. pelirrojo.
Llevo / Lleva		trenzas.	gafas.	
Tengo los ojos Tiene los ojos		marrones.	azules.	verdes.
Mi herman**o**/**a**	es más es menos	alt**o**/**a** baj**o**/**a**	que yo.	
Soy como	mi [padre] mi [madre]	porque	**los** dos somos alt**os**. **las** dos somos alt**as**.	
No soy como	mi familia		soy adoptad**o**/**a**.	

6 Listen and write down the details in English. (1–3)

	Number of family members	Who they are	Physical description	Pets
1				

7 Choose <u>one</u> of the families from page 56, or another famous family you know. Write about it as if it were yours. Then read it out to your partner. Your partner guesses who the family is. Include:

- who the family members are
- physical descriptions.

Adjectives in Spanish usually come after the noun and 'agree' with the noun in gender and number (singular/plural). Adjectives referring to eyes and hair are always masculine.
Soy alt**o**/**a**.   Somos alt**os**/**as**.
Tengo el pelo cort**o**.   Tengo los ojos verde**s**.

2 ¿A quién sigues?

- Talking about who you follow on social media
- Using the 'he/she/it' form of the preterite tense
- Using the personal *a*

  Leer 1 Read and complete the messages by writing the correct number for each person.

¿A quién sigues en las redes sociales?

Naim: Soy independiente. Me gusta aprender a cocinar.

Diego: Soy aficionado a los videojuegos de deporte. ¡Me encantan!

Salima: Me interesan el dibujo, el arte y la moda. También me gusta escribir historias.

1 **Sigo** a artistas y a escritores en las redes sociales. Me interesan porque aprendo cosas nuevas.
2 **Sigo** canales de cocina en TikTok y preparo comida rica.
3 **Sigo** a *streamers* y a *youtubers*. Me gustan los juegos en directo porque son emocionantes.

  Escribir 2 Listen and check your answers to exercise 1. Then translate these sentences into Spanish.
1 I'm a fan of videogames.
2 I follow artists on social media.
3 I'm interested in drawing, art and fashion.
4 Live video games are exciting.
5 I follow cookery channels and I make tasty food.

Use the **personal *a*** when the object of the verb is a person.
*Sigo **a** cantantes famosos.*
I follow famous singers.

Do **not** use it when the object is **not** a person.
Sigo vídeos de cocina.
I follow cooking videos.

  Escuchar 3 Listen and write the correct name for each question (Anika, Gema or Roberto). Then listen again and write down <u>two</u> details for each person about who they follow and why.

Who …
1 mentions funny videos?
2 loves watching live sessions?
3 is a big music fan?
4 follows sports personalities?

Interesar and *importar* work like *gustar* and *encantar*. With a verb or singular noun, use *me interesa, me importa, me gusta* and *me encanta*.
Me interesa mejorar.
I am interested in improving.

With a plural noun, use *me interesan, me importan, me gustan* and *me encantan*.
Me importan los deportes.
Sports matter to me.

  Hablar 4 In pairs, talk about who you follow on social media.
- ¿Qué haces en las redes sociales?
  - <u>Veo vídeos de</u> …
- ¿Por qué te gusta?
  - Me gusta porque <u>los vídeos</u> son muy <u>divertidos/útiles</u>.
- ¿A quién sigues en las redes sociales?
  - Soy aficionado/a a …
    Sigo a <u>cantantes/tiktokeros como</u> …

Escucho pódcast sobre	arte.	cocina.
Sigo canales de	deporte.	dibujo.
Veo vídeos de	música.	moda.

Módulo 3

5 Leer Read the text and select the correct verb. Listen and check your answers. Then translate the text into English.

Pau Ribes hizo historia
Mi modelo de conducta es Pau Ribes porque **1 rompió / tomó** barreras en la natación artística.
2 Ganó / Jugó muchas competiciones.
3 Fue / Fui el primer hombre español que **4 tomó / participó** parte en competiciones internacionales de este tipo de natación.
Durante su carrera deportiva **5 participó / fue** en eventos deportivos importantes.
6 Lucho / Luchó por la igualdad de género para los hombres en este deporte.
Pienso que **7 salió / fue** un buen ejemplo para otros también.
Hugo

romper barreras — to break barriers

G Use the **preterite tense** to talk about completed actions in the past:
participar → participó (he/she took part)

Add an accent to stress the last syllable in the third person singular. Otherwise it could be confused with the present tense:
lucho (I fight)
luchó (he/she fought)

Remember some verbs do not follow this pattern:
ser → fue (he/she was)
tener → tuvo (he/she had)
hacer → hizo (he/she did)

Page 69

6 Leer Read the comments about role models. Find <u>six</u> verbs in the preterite and translate them into English. Then answer the questions.

¿Quién es tu modelo de conducta?

Ryan
Mi modelo de conducta es el futbolista Marcus Rashford porque pienso que da mensajes positivos. Hizo realidad su sueño de jugar al fútbol a nivel profesional en equipos en Inglaterra y en el extranjero. Ganó un premio porque ayudó a muchos niños de familias pobres a tener comida en el colegio.

Maithri
Mi modelo de conducta es la cantante Shakira. Tiene muchos seguidores en las redes sociales. Escribió su primera canción a los ocho años y publicó su primer álbum a los catorce. Pero su éxito internacional llegó diez años más tarde. Shakira ayuda a muchas escuelas y lucha por las familias pobres de Colombia. Me gusta porque ayuda a los niños a hacer realidad sus sueños.

1 Why is Marcus Rashford Ryan's role model?
2 What was Marcus Rashford's dream?
3 Why did he win a prize?
4 What did Shakira do when she was eight years old?
5 Who does Shakira help?
6 Why does Maithri like Shakira?

en el extranjero — abroad

7 Escribir Write about your role model or someone you follow on social media.

Blake Leeper **ganó** muchas carreras importantes, **participó** en competiciones internacionales y **luchó** por la igualdad de oportunidades.

Use the **present tense** to say
- who your role model is / who you follow on social media
- what they do
- why you like this person.

Use the **preterite tense** to say something special they did in the past.

Sigo (a) Mi modelo de conducta es	Shakira.	Marcus Rashford.
Ayuda a	los niños.	las familias pobres.
Me gusta porque	da mensajes positivos. lucha por …	
El año pasado Hace dos años	ganó … tomó parte en …	ayudó a … participó en …
Luchó por	la igualdad [de oportunidades].	

sesenta y uno

3 ¡Amigos para siempre!

- Talking about friendships and relationships
- Using reflexive verbs
- Choosing which tense to use

  1 Listen to and read the sentences. Translate the phrases in purple into English. (1–6)

Mis amigos y yo

1 **Me llevo muy bien con** mis amigos.

2 Mi mejor amigo y yo **tenemos mucho en común**.

3 A veces mis amigos y yo **discutimos**.

4 Mis amigos y yo **hacemos muchas cosas juntos**.

5 **Me divierto mucho** con mis amigos.

6 Mi mejor amiga es muy divertida. **Me río mucho con ella**.

  2 Listen. Copy and complete the table for each person in English. (1–4)

	Why they get on well with their friends	What their friends are like
1	she has fun / they never argue	fun / cheerful

G Some verbs for describing relationships are **reflexive** in Spanish.

	llevarse (to get on)
(yo)	**me** llevo
(tú)	**te** llevas
(él/ella/usted)	**se** lleva

Verbs like this include **div<u>e</u>rtirse (ie)** (to have fun), which is stem-changing.

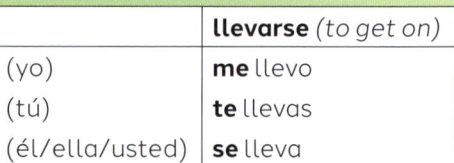

  3 In pairs, take turns to ask and answer these questions.

- ¿Cómo te llevas con tus amigos/as?
- ¿Por qué te gustan tus amigos/as?
- ¿Cómo es tu mejor amigo/a?

- Me llevo bien con mis amigos/as.
- Me gustan mis amigos/as porque …
- Mi mejor amigo/a es … y …

Me gustan mis amig**os**/**as** porque	son	alegres.	divertid**os**/**as**.	simpátic**os**/**as**.
	no son aburrid**os**/**as**. siempre estamos junt**os**/**as**.			
Me divierto con mis amig**os**/**as** porque	tenemos mucho en común. hacemos muchas cosas junt**os**/**as**.			
A veces (Casi) Nunca	discutimos.			
Mi mejor amig**o**/**a** es	responsable. simpátic**o**/**a**.	alegre. positiv**o**/**a**.	agradable divertid**o**/**a**.	

sesenta y dos

Módulo 3

 4 Read the texts and answer the questions. Then translate what Lorena says into English.

¿Cómo es tu mejor amigo?

Lorena
Mi mejor amiga se llama Marisa. Es divertida y alegre, pero a veces es seria también. Es mi mejor amiga porque sabe escuchar y me ayuda cuando tengo problemas. También, ¡soy feliz en su compañía! La semana pasada fuimos de compras y luego vimos una película. Fue divertido. Mañana vamos a montar en bici. También vamos a ir a un concierto. ¡Va a ser emocionante!

Adrián
Mi mejor amigo se llama Javi. Es positivo y simpático, pero también es responsable. Es mi mejor amigo porque respeta mis ideas. Hacemos muchas actividades juntos. El sábado pasado jugamos al fútbol y comimos unos helados. Mañana vamos a ir al cine y luego vamos a escuchar música. Me divierto mucho cuando estoy con él.

Who says that ...
1 their best friend respects their ideas?
2 they are happy in the company of their friend?
3 they went shopping last week?
4 they ate ice cream last Saturday?
5 they are going to go to a concert?
6 they are going to go to the cinema?

> Try to spot the **tense** of the verb. Check for time phrases:
> **Near future:** mañana, el viernes próximo
> **Preterite:** ayer, el sábado pasado, la semana pasada

 5 Translate these sentences into Spanish.

- Use the verb **ser** for descriptions.
- Check that adjectives agree.
- Use a **reflexive verb**.
- Use the verb **estar**.

1 I like my best friend because he is positive and fun.
2 My friends and I spend a lot of time together.
3 I laugh a lot when I am with my best friend.
4 I have a lot of fun with my friends.

 6 Listen to these young people talking about their friends and the activities they do together. Note down the tense used to describe each activity (near future or preterite) and the time reference. Then listen again and write down **two** activities mentioned in English. (1–6)

Example: 1 *near future – on Sunday – see a horror film and ...*

 7 Write a paragraph about your best friend by answering these questions. Then read your paragraph out to your partner.

- ¿Cómo es tu mejor amigo/a?
- ¿Qué actividades hiciste la semana pasada con tus amigos/as?
- ¿Qué actividades vas a hacer con tus amigos/as el fin de semana próximo?

Mi mejor amigo/a	se llama ...		
	es	alto/a. divertido/a.	moreno/a.
La semana pasada	vimos una película. jugamos a los videojuegos. montamos en bici.		
	fuimos	al cine. de compras.	
El fin de semana próximo El sábado próximo	voy a mis amig**os/as** y yo vamos a	ir al cine. ir a una fiesta. ir de compras. ver una película.	

sesenta y tres **63**

4 Así soy yo

- Talking about your identity and what matters to you
- Using direct object pronouns
- Listening for gist

 1 Listen and write the three or four letters mentioned for each person. (1–4) Then choose which element from the list is the most important topping for your 'identity pizza'.

¡Mi identidad es única!   ¡Todos somos diferentes! Crea la pizza de tu identidad.

¿Cómo eres? (tu identidad)
- **a** mi personalidad

¿Qué es más importante para ti?
- **b** mi familia
- **c** mi educación
- **d** mis amigos
- **e** el planeta

¿Cuál es tu sueño?
- **f** mis sueños

los Juegos Olímpicos — the Olympic Games

 2 Read the text and complete the sentences below in English.

> Pienso que soy trabajador y responsable.
> **Para mí**, el amor y el cariño de mi familia son importantes. **También** mi cultura y mi religión **son importantes**.
> Mi educación **es importante** porque es necesaria para mi futuro y **me gusta tener** muchos pasatiempos también.
> **Me importa** el futuro de nuestro planeta. **Quiero** proteger la naturaleza.
> **Mi sueño es** luchar por un mundo mejor y ser jefe de una compañía verde.

Listen for gist. Remember that you don't need to understand every sentence. Instead, focus on key words to guess the overall meaning or topic.

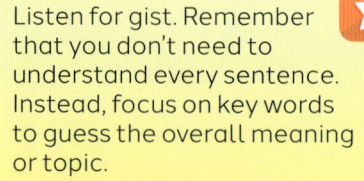
Quique

1. Quique thinks that the … and affection of his family are important.
2. His … and … are also important.
3. His education is important because … and he likes having …
4. Because he cares about the future of the planet, he wants to …
5. His dream is …

 3 In pairs, talk about your identity using these questions.
- ¿Cómo eres?
- ¿Qué es más importante para ti?
- ¿Cuál es tu sueño?

 4 Choose your own categories from exercise 1 to write about your identity and what matters to you. Use the language from exercise 2 to help you.

Pienso que soy	divertido/a. trabajador/ora. serio/a. responsable. independiente. social.	
Para mí,	mi familia mi educación	es importante.
	mis amigos/as	son importantes.
Me importa	la protección del planeta. mi educación. mi cultura.	
Mi sueño es	ser rico/a. ser jefe/a. tener (mucho) dinero. tener éxito. luchar por un mundo mejor.	

Módulo 3

Leer 5 Read the texts. Decide if the opinions about social media are positive (**P**), negative (**N**) or both (**P+N**). Then write down the correct name for each question.

Mi identidad en línea: ¿qué piensas de Internet y las redes sociales? ¿Para qué las usas?

Pienso que Internet y las redes sociales son útiles. **Las** uso cada día para buscar información y estar en contacto con mis amigos. Me encanta la música y **la** escucho en YouTube. ¡Los vídeos musicales son populares! **Los** veo con mis amigos. — *Tarik*

Las redes sociales son buenas para divertirse, pero también causan problemas entre los jóvenes. Para mí, la mejor red es TikTok. **La** uso para compartir fotos, mensajes y vídeos. **Los** comparto con mis amigos. ¡Es perfecto! — *Laia*

Creo que Internet y las redes sociales son útiles para la comunicación y para hacer amigos. Para mí, las redes no son malas porque **las** uso para participar en mi comunidad y en la sociedad. — *Rosario*

Who ...
1 uses social media to participate in their community and in society?
2 uses their favourite social media to share photos, messages and videos?
3 uses social media to be in touch with their friends?
4 thinks social media is good to have fun?
5 thinks social media is useful to make friends?
6 uses social media to look for information?

Escuchar 6 Listen to these teenagers talking about the pros and cons of social media and select the correct option. Then listen again and write down one negative opinion for each person. (1–4)

1 Nerea thinks that social media is bad because **it stops you sleeping well** / **young people now don't study** / **it is too dangerous**.
2 Alberto uses social media to **make friends** / **find information** / **share ideas**.
3 Daniel thinks that with social media **you can follow famous people** / **you can take part in your community** / **young people can have influence**.
4 Yesterday Fabiola **watched funny videos** / **wrote messages** / **shared photos** on social media.

> **G** A **direct object pronoun** replaces the noun which has just been mentioned. It 'agrees' with the noun it replaces.
>
> | | masculine | feminine |
> |---|---|---|
> | singular | **lo** (him/it) | **la** (her/it) |
> | plural | **los** (them) | **las** (them) |
>
> It usually goes before the conjugated verb:
> *Veo **vídeos** divertidos. **Los** veo en las redes sociales.*
> **Page 70**

> **G** Use **para** to mean 'for ...-ing' or 'in order to'. It is always followed by an infinitive if you are using a verb.
> *Me gusta esta aplicación. La uso **para** compartir fotos.*
> I like this app. I use it **for** sharing photos.
> **Page 70**

Hablar 7 In pairs, practise saying the words ending in -ión at different speeds (slow, medium and fast). Remember to pronounce the words ending in -ción with a soft 'c'. Then listen and check your pronunciation.

comunicación, decisión, educación, información, opinión, protección, relación, religión

Hablar 8 In pairs, take turns asking and answering the following questions. Then write a paragraph with your own answers to the questions. Look at exercise 5 for more ideas.
- ¿Qué piensas de las redes sociales?
- ¿Para qué las usas?
- ¿Qué cosas buenas y malas tienen?

Creo/Pienso que las redes sociales ...

son	buenas útiles importantes malas	para	estar en contacto con ... buscar información. compartir vídeos/fotos. hacer nuevos amigos. participar en la comunidad. la salud mental. dormir por la noche.

sesenta y cinco **65**

5 Necesito ayuda, ¿qué puedo hacer?

- Talking about problems and giving advice
- Using *estar* to express moods
- Using *poder* and *querer* + infinitive

Read the texts. What do the phrases in purple mean in English?

www.problemasyconflictos.com

Tengo 15 años y no tengo amigos. **Estoy triste cuando tengo que ir al instituto.** No puedo trabajar con otros estudiantes en clase. Quiero ser feliz. ¿Qué puedo hacer?
Virginia

¡Ayuda! Mi mejor amiga sale con un chico y **ahora nunca estamos juntas.** No responde a mis mensajes. **Estoy muy sola y triste.** ¿Cómo podemos ser amigas otra vez?
Laura

No me llevo bien con mi padre. **Discutimos mucho.** Es muy negativo y **siempre está enfadado.** Nunca está contento. **Nunca me ayuda cuando lo necesito.** Quiero cambiar la situación. ¿Cómo puedo mejorar la relación con mi padre?
Roberto

> Watch out for negatives like **nunca**, **nada** and **nadie**. Sometimes the negative comes after the verb as a 'sandwich' with **no** before the verb. Other times it comes at the beginning of the whole sentence.
> *No* me llevo bien con *nadie*.   I **don't** get on well with **anyone**.
> *No* sale *nada*.   He/She **doesn't** go out **at all**.
> *Nunca* está content**o/a**.   He/She is **never** happy.

> **G** Use the verb **estar** when talking about **feelings, emotions** and **mood**.
> *Estoy* content**o/a**.
> **I'm** happy.
> *Está* enfadad**o/a**.
> **He/She is** angry.
> Page 71

Read and match the advice to the correct pictures (a–c).

1. **Tienes que** hablar con él. **Debes** explicar que estás triste. **Puedes** mostrar que quieres llevarte mejor con él. Con el tiempo todo es posible.
2. **Tienes que** hablar con ella cara a cara. La comunicación en persona es importante. **Puedes** mostrar que estás triste con la situación y quieres cambiarla.
3. **Debes** ayudar a tu hermano a cambiar de actividades. **Puedes** organizar una actividad divertida fuera de casa y pasar tiempo juntos.

> **G** *Querer* (to want) and *poder* (to be able to/can) are stem-changing verbs in the present tense. If they are followed by a verb, it must be in the infinitive.
>
> | | **querer** (to want) | **poder** (to be able to) |
> |---|---|---|
> | (yo) | qu**ie**ro | p**ue**do |
> | (tú) | qu**ie**res | p**ue**des |
> | (él/ella/usted) | qu**ie**re | p**ue**de |
> | (nosotros/as) | queremos | podemos |
> | (vosotros/as) | queréis | podéis |
> | (ellos/ellas/ustedes) | qu**ie**ren | p**ue**den |
>
> Page 71

Choose one person from exercise 1 and read out the problem to your partner. Your partner then chooses two pieces of advice to give you, using exercise 2 for help.

> Use **debes** (you must) and **tienes que** (you have to) followed by the infinitive to give advice or suggestions.
> **Debes** hablar con ella cara a cara.   **You must** talk to her face to face.
> **Tienes que** ser fuerte.   **You have to** be strong.

4 Read the list of problems. Then listen and write the number of the two problems each person mentions. (1–4)

La voz de los jóvenes
¿Cuáles son los principales problemas para los jóvenes de hoy? Aquí tienes una lista de los mayores problemas:

1. Problemas en el colegio y con los estudios
2. Las relaciones con los amigos y los novios / las novias
3. La imagen física y el cuerpo
4. Problemas en las relaciones familiares
5. Las redes sociales y la salud mental
6. El futuro del planeta

 5 Read the texts and complete the sentences below in English.

Las redes sociales y sus peligros

 Internet y las redes sociales son una parte esencial de la vida de los jóvenes, pero su uso también puede tener efectos negativos en su salud física y mental.

 Si eres víctima de problemas en línea, es importante hablar con una persona que conoces bien. Tus padres, un profesor o un amigo cercano te pueden ayudar. También puedes ir a la policía.

 Los jóvenes siempre quieren ver vídeos en las redes sociales y pasan demasiado tiempo en línea.

 Para no ser víctima de problemas en Internet, debes proteger tu identidad y no compartir nunca información personal en línea.

1 The use of social media can have …
2 Young people spend …
3 If you are a victim of problems online, it is important …
4 Examples of people who can help are …
5 You can also go to …
6 To not be a victim you must … and never …

 6 Write an imaginary problem in Spanish for an online forum. Then write the advice received. Use exercises 1 and 2 to help you.

Problema
Estoy triste porque …
Tengo un problema.
No me llevo bien con …
Discuto con …
Quiero …

Ayuda
Tienes que hablar con …
Debes explicar que …
Puedes mostrar que …

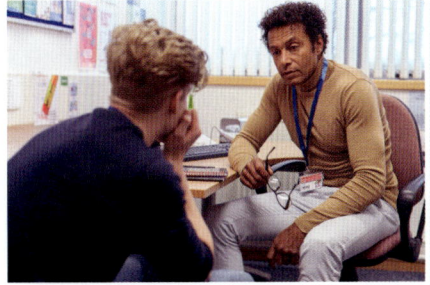

Ejemplo
Estoy triste porque no tengo amigos/as.

Puedes buscar ayuda. Con el tiempo puedes cambiar la situación, encontrar amigos/as y estar más contento/a.

Gramática 1

Possessive adjectives (Zona de cultura, page 57)

 1 Read the grammar box on page 57 and use the prompts in brackets to fill in the gaps with the correct possessive adjective. Then translate the sentences into English.

Example: 1 ¿Qué te gusta hacer con <u>tus</u> hermanos? What do you like doing with <u>your</u> siblings?

1 ¿Qué te gusta hacer con ▁ hermanos? (*your*)
2 ▁ familia es pequeña. (*our*)
3 ▁ abuelos viven en México. (*her*)
4 Alejandra y Sergio son ▁ tíos. (*my*)
5 Valeria, ¿cómo es ▁ familia? (*your*)
6 ▁ hermano mayor se llama Javier. (*his*)

The present continuous tense (Unit 1, page 58)

 2 Read the grammar box on page 58 and then listen to <u>four</u> sentences about what people are doing. Write down the letter of the correct picture (a–d). Listen again and write a caption for each one, using the form of *estar* mentioned. Then translate each caption into English. (1–4)

Example: 1 b – está cocinando – he is cooking

Ser and estar (Unit 1, page 58)

 3 Select the correct option in each sentence.

1 En la foto mis tíos y mis primos **estoy / están / estamos** en el jardín de su casa.
2 Tengo el pelo largo y **soy / es / son** bastante baja.
3 Mi hermana mayor **es / eres / soy** rubia y tiene los ojos azules.
4 La chica **estás / está / están** en el cine viendo una película.
5 Aquí, mi familia y yo **estoy / somos / estamos** en la cocina.
6 Mis hermanos y yo **estamos / son / somos** muy diferentes.

The verbs **ser** and **estar** mean 'to be' but are used to express different things in Spanish. **Ser** has an irregular pattern in the present tense. Remember that the 'I' form of **estar** is also irregular.

Use **ser** + <u>adjective</u> for descriptions.
Mi tía **es** <u>alta</u> y <u>simpática</u>. My aunt **is** <u>tall</u> and <u>nice</u>.
Mis primos **son** <u>bajos</u>. My cousins **are** <u>short</u>.

Use **estar** when talking about location.
El perro **está** en el jardín. The dog **is** in the garden.

You also use **estar** to talk about feelings, emotions and your mood. See Gramática 2 for more practice.
Estoy contento/a. **I'm** happy.
Está triste. **He/She is** sad.

	ser (to be)	estar (to be)
(yo)	soy	estoy
(tú)	eres	estás
(él/ella/usted)	es	está
(nosotros/as)	somos	estamos
(vosotros/as)	sois	estáis
(ellos/ellas/ustedes)	son	están

 Adjectives must agree with the noun they describe.

Módulo 3

 Hablar 4 In pairs, choose a photo and imagine it is of your family. Create a dialogue using the questions and the prompts provided below.

- ¿Quiénes son las personas de la foto?
  - Las personas de la foto son mi <u>hermana/primo</u>, …
- ¿Dónde están en la foto?
  - Están en <u>la sala</u> …
- ¿Qué está haciendo tu padre/madre/hermano …?
  - Mi <u>padre</u> está <u>mandando</u> …
- ¿Cómo tiene el pelo tu padre/madre/hermano …?
  - Tiene el pelo <u>corto</u> …

mi hermano (menor/mayor)	está	jugando
mi hermana (menor/mayor)	están	sonriendo
mi madrastra / mi padrastro		chateando
mis padres		hablando
		mandando

The preterite tense (Unit 2, page 61)

 Leer 5 Translate these sentences into English.

1. Mi mejor amiga participó en una competición de dibujo.
2. Mi primo escribió cosas positivas en las redes sociales.
3. El actor joven ganó el papel principal en la película.
4. Durante el concierto la cantante recibió regalos de sus seguidores.
5. Ayer mi hermana usó mi móvil para ver vídeos divertidos.
6. La jugadora luchó por la igualdad en el deporte.

 Escribir 6 Use the vocabulary from exercise 5 and the preterite tense of the verbs in brackets to help you translate these sentences into Spanish.

1. We got presents. (*recibir*)
2. I won the competition. (*ganar*)
3. You sent many messages. (*mandar*)
4. My father used social media yesterday. (*usar*)
5. My cousins took part in a competition. (*participar*)
6. My role model fought for gender equality. (*luchar*)

Use the third person of the **preterite tense** to talk about what someone did in the past:
participar → *participó* (he/she took part)

Remember some verbs don't follow the same pattern:
ser → *fue* (he/she was)
tener → *tuvo* (he/she had)
hacer → *hizo* (he/she did/made)

 Add an accent to stress the last syllable in the third person singular form of regular *-ar* verbs to avoid confusion with the present tense:
lucho (I fight)
luchó (he/she fought)

sesenta y nueve 69

Gramática 2

Reflexive verbs for relationships (Unit 3, page 62)

Some verbs for describing relationships are **reflexive** in Spanish. Watch out for those that are also stem-changing in the present tense, such as **divertirse**.

	llevarse (*to get on*)	**div<u>e</u>rtirse** ➡ **<u>ie</u>** (*to have fun*)
(yo)	**me** llevo	**me** div**ie**rto
(tú)	**te** llevas	**te** div**ie**rtes
(él/ella/usted)	**se** lleva	**se** div**ie**rte

 Select the correct reflexive pronoun to complete each sentence. Then translate the sentences into English.

Example: 1 *me – I don't get on …*

1 No **me** / **te** / **se** llevo bien con mis padres.
2 ¿Y tú? ¿Cómo **me** / **te** / **se** diviertes con tus amigos?
3 Mi mejor amiga no **me** / **te** / **se** lleva bien con su madre.
4 En las vacaciones **me** / **te** / **se** divierto con mi familia.
5 Mi hermana **me** / **te** / **se** divierte en el jardín.
6 ¿**Me** / **Te** / **Se** llevas bien con tu familia?

Direct object pronouns (Unit 4, page 65)

 Read the grammar box on page 65 and fill in the gaps with the correct direct object pronoun (*lo*/*la*/*los*/*las*). Pay attention to the gender of the noun. Then translate the sentences into English.

Example: 1 *Me gusta leer revistas. Normalmente <u>las</u> leo en línea. – I like reading …*

1 Me gusta leer **revistas**. Normalmente ___ leo en línea.
2 Los jóvenes usan **el móvil** todo el día. Nunca quieren apagar___.
3 Veo **muchos vídeos** divertidos. ___ veo en el móvil.
4 Mando **muchas fotos** a mis amigos. Uso las redes sociales para compartir___.
5 Me encanta **la música**. ___ escucho en Spotify.
6 **Las redes sociales** son peligrosas. Los jóvenes ___ usan día y noche.

> Direct object pronouns go before the conjugated verb and after the <u>infinitive</u>.
> Tengo **un ordenador**. **Lo** uso todos los días.
> Necesito <u>usar**lo**</u> para hacer mis deberes.
> I have **a computer**. I use **it** every day.
> I need <u>to use</u> **it** to do my homework.

Para + infinitive (Unit 4, page 65)

 Read the grammar box on page 65. Listen to the <u>three</u> conversations. Write down the letters of the *para* + <u>infinitive</u> expressions you hear. Then translate the expressions into English. (1–3)

Example: 1 *d – to waste / for wasting time*

a para participar en la comunidad
b para compartir ideas
c para mandar mensajes negativos
d para perder el tiempo
e para publicar información falsa
f para seguir a mis cantantes favoritos

Módulo 3

Estar to express feelings, emotions and moods (Unit 5, page 66)

 4 Read the grammar box on page 66. Write the <u>six</u> short sentences in the word box in the correct order to reveal the full conjugation of *estar* in the present tense. Then write down the letter of the matching picture and translate each sentence into English.

Example: estoy contenta – c – I am happy

a    b    c

d    e    f

> estamos cansados
> estás triste
> estoy contenta
> estáis contentas
> están tranquilos
> está enfadado

¡En marcha! (Units 1–5)

 5 Read the grammar box on page 66. Then read the text and fill in the gaps with a verb from the list. Listen to check your answers. (1–4)

Problemas y conflictos

1 **a** nuevo en el instituto y no tengo amigos. Siempre estoy aburrido y triste. ¿Qué puedo hacer?

2 **b** muy cansado porque no **c** dormir por la noche. Quiero mirar las redes sociales, ¡son mi vida!

3 Tengo problemas en casa. No **d** bien con mis padres. Discutimos mucho. ¡Ayuda, por favor!

4 Estoy muy triste porque **e** el futuro de nuestro planeta. Hay muchos problemas serios. ¡ **f** cambiar la situación y ayudar!

> quiero   me llevo   estoy
> me importa   puedo   soy

setenta y uno 71

Módulo 3 — Leer y escuchar

Reading

1 **Role models.** Marcos is talking about a role model. What does he say? Write down the word or phrase for the gap in each sentence, using the words and phrases from the box. There are more words/phrases than gaps.

En mi opinión, hay muchos famosos que no son buenos modelos de conducta pero soy aficionado de la jugadora de fútbol femenino Salma Paralluelo y la sigo en las redes sociales. Pienso que ella es un buen modelo de conducta.

Salma nació en Zaragoza en 2003 y empezó a jugar al fútbol en 2017. Es una futbolista muy buena. Salma me inspira mucho porque lucha por la igualdad en el deporte.

1 Marcos thinks that many famous people are ___.
2 Salma Paralluelo ___.
3 Marcos feels inspired by Salma because she ___.

For 'finish the sentence' style questions, narrow things down by seeing which options make sense with each sentence stem.

> good role models   not good role models   an inspiration
> is from Zaragoza   is a great rugby player   follows footballers on social media   fights for equality

2 **Social media.** Read what Mario says in his blog about social media. What does he say about using social media? Write down the correct letter (A–F) for the <u>three</u> correct statements.

Soy Mario. Paso mucho tiempo en las redes sociales. Sigo a jugadores y jugadoras de tenis y a cantantes porque mis pasatiempos son el tenis y la música. Me gusta usar las redes sociales para chatear con mis amigos cada noche y, a veces, para leer las noticias. Creo que las redes sociales son muy útiles, pero hay peligros también.

Mario …

A spends very little time on social media.
B follows sportsmen and sportswomen on social media.
C includes watching television amongst his favourite hobbies.
D chats with his friends online every morning.
E sometimes reads the news on social media.
F thinks that social media can be dangerous.

- Look carefully at the text – which word will help you decide if this sentence is true or false?
- Which words could convey this idea?
- Watch out for options that contain information that is not mentioned in the text.
- The action might be in the text but does the time expression match what Mario says?

Módulo 3

3 *Relationships.* Translate the following sentences **into English**.

a Tengo una familia bastante pequeña.
b Mi madre es baja con los ojos marrones.
c Me encanta pasar tiempo con mi abuelo.
d La semana pasada fuimos al cine juntos.
e Mañana voy a visitar a mi prima.

Remember to think about the tense in each sentence. Look for time expressions that might help you decide which tense is being used.

Listening

1 *Friendship.* Listen to Emilio, Pilar and Nadim talking about friendship. What do they say? Make notes **in English**. You do not need to write in full sentences.

a Emilio – Why he gets on with his friends
b Pilar – How her friends help her
c Nadim – What he and his friends never do

First, listen to the whole recording and then listen again, focusing on each section, to find your answers.

2 *Family.* Alejandro is talking about his family. Which family members does he mention? Write down the <u>three</u> correct letters. (A–F)

A step-brother	D mother
B uncle	E grandfather
C cousin	F father

Listen carefully to the endings of the words. Family members that are masculine often end in **-o** and those that are feminine in **-a**.

As you listen, remember that:
- the Spanish **h** is silent
- **v** is pronounced the same as **b**
- **j**, **ge** and **gi** are pronounced like a stronger version of the English 'h'.

You are going to hear someone talking about their identity. Sentences 1–3: write down the missing words for each gap. For each gap, you will write one word **in Spanish**. (1–3)

1 ▁▁ que soy ▁▁.
2 Para ▁▁, la ▁▁ es imprescindible.
3 Me ▁▁ relajarme con ▁▁.

Sentences 4–6: write down the full sentences that you hear **in Spanish**. (4–6)

setenta y tres 73

Módulo 3 — Prueba oral

Read aloud

 Look at this task. With a partner, read aloud the <u>five</u> sentences, paying attention to the underlined letters.

> Nadia has sent you this email to tell you about her friends. Read out the text below to your partner.
>
> Juan y Virginia tienen tres hijos.
> La hija mayor se llama Julia.
> Viven en un barrio cerca del hospital.
> Cuando está lloviendo, Julia prefiere ver vídeos en casa.
> Sus hermanos gemelos pequeños lloran a menudo.

Remember:
- **v** is pronounced the same as **b**
- the letter **h** is silent in Spanish
- the sounds **j**, **ge** and **gi** are pronounced like a stronger version of the English 'h'
- the letter **ll** is pronounced like 'y' in English.

 Listen and check your pronunciation.

 Listen to the teacher asking the <u>two</u> follow-up questions. Translate each question **into English** and prepare your own answers **in Spanish**. Then listen again and respond to the teacher.

Role play

 Look at the role-play card and prepare what you are going to say.

> **Setting:** At a leisure centre
>
> **Scenario:**
> - You are talking to an employee at the leisure centre.
> - The teacher will play the part of the employee and will speak first.
> - The teacher will ask questions **in Spanish** and you must answer **in Spanish**.
> - Say a few words or a short phrase/sentence for each prompt. One-word answers are not sufficient to gain full marks.
>
> **Task:**
> 1. Say what sporting activity you want to do.
> 2. Say who you want to do the activity with.
> 3. Give your opinion about doing sport.
> 4. Say how often you do sport each week.
> 5. Ask the employee a question about sport.

You can choose any activity. Think about the verb form that you need after *quiero*.

Keep your answer short in response to the teacher's question.

Think about how to give a simple opinion (e.g. 'It's fun').

You could ask 'What is your favourite ...?'.

 Practise what you have prepared. Then, using your notes, listen and respond to the teacher.

 Now listen to Lizzie doing the role play task. Note down **in English** what she says for the first <u>four</u> points on the card.

setenta y cuatro

Picture task

 1 Look at the photo below and read the **first part** of the task card. Then listen to Rory describing the photo.

1 Who does Rory think the two people are?
2 Where does he say they are?
3 What does he say they are doing?
4 How does he describe their appearance? (Give <u>two</u> details.)

> You could use the present continuous tense to describe what the people are doing.

> Prepare your own description of the photo.
>
> Your description must cover:
> • people   • location   • activity.
>
> When you have finished your description, you will be asked **two questions** relating to the picture. Say a **short phrase/sentence** in response to each question.
>
> One-word answers will not be sufficient to gain full marks.

> You will then move on to a **conversation** on the broader thematic context of **Family and relationships**.
>
> During the conversation, you will be asked questions in the present, past and future tenses.
>
> Your responses should be as **full and detailed** as possible.

2 Prepare your own description of the photo, mentioning **people**, **location** and **activity**. Then, with a partner, take turns to describe the picture.

3 Read the **second part** of the task card. Then listen to the <u>two</u> follow-up questions and respond to the teacher. Remember: you only need to give a short answer to each one.

 4 Read the **third part** of the task card. Listen to the further <u>two</u> questions in the wider conversation and write down the missing word for each gap in Rory's answers, using the words from the box.

> *Y tus padres, ¿cómo son?*
>
> Mi padre es muy **1** y me llevo bien con él. Hace mucho **2** y jugamos al fútbol en el parque los sábados. Mi madre es trabajadora. Ella es baja y **3** y tiene los ojos marrones.
>
> *¿Qué hiciste con tu familia el fin de semana pasado?*
>
> Por la mañana **4** natación con mi hermana en la piscina local. Por la tarde **5** a la casa de mis abuelos con mis **6** . Jugamos en el jardín y después **7** un helado. Volvimos a casa muy tarde, a las **8** .

> bonita   comimos
> deporte   fuimos
> hice   once   padres
> simpático

 5 Now prepare your own answers to the questions in exercise 4. Your responses should be as full and detailed as possible. Then listen to the questions and give your answers.

 6 Prepare your own answers to Módulo 3 questions 1–10 on page 228. Then practise with your partner.

Módulo 3 — Prueba escrita

Photo description

 1 Look at this writing task. Spend one minute looking at the photo and thinking of useful vocabulary and structures you could use. Share and compare your ideas with a partner.

 Remember that, for each sentence, you must include a verb. Focus on using simple, accurate language.

Describe the picture. Write four short sentences **in Spanish**.

2 Now read Ben's answer to this exam task. Then answer the questions in the callouts **in English**.

What does Ben say here about the family?

What two pieces of information does he give?

a En la foto hay una familia de cinco personas.
b En la familia hay un padre, una madre, dos hijas y un hijo.
c Creo que están en el jardín en verano.
d Pienso que están contentos porque están sonriendo.

Which family members does he mention?

How would you translate *están sonriendo*? Which tense is Ben using here?

 3 Now write your own answer to the following task.

Say:
1 who is in the picture
2 where they are
3 what they are doing
4 how they are feeling and why you think that.

Describe the picture. Write four short sentences **in Spanish**.

80–90 word writing task

 1 Look at this longer writing task and, **for each bullet point**, write down:
- two or three ideas that you could include
- which tense(s) you will need
- how you could introduce opinions
- how you could use a variety of vocabulary.

Write a blog about yourself and your relationship with your friends.

You **must** include the following points:
- a description of yourself
- your opinion of your friends with reasons
- something you did with a friend recently
- what you are going to do with your friends next week.

Write your answer **in Spanish**. You should aim to write between 80 and 90 words.

Módulo 3

Leer 2 Read David's answer to the task and think about the statements and questions in the callouts.

Try to vary your use of **adjectives** to make your work more interesting.

Use **adverbs**, such as *recientemente*, to add variety.

Hola, soy David. Soy británico. Soy bastante alto. Tengo los ojos azules y el pelo corto y rubio.

Me llevo bien con mis amigos porque son simpáticos y agradables. Me ayudan mucho cuando estoy triste.

Recientemente, fui a la casa de mi amigo Jack para jugar a los videojuegos. Fue muy emocionante. Jugamos en línea y ganamos. Estaba muy contento.

La semana próxima mis amigos y yo vamos a jugar al baloncesto en una competición porque somos miembros del equipo del colegio. Creo que va a ser guay.

Which **verb form** must be used after *para*?

Why does David use the verb *estar* here and which **tense** is he using?

 Now write your own answer to the 80–90 word task.
- Use your notes from exercise 1.
- Look at the 'Challenge checklist' and think about how you can show off your Spanish!
- Write a **brief** plan and organise your ideas into <u>four</u> paragraphs.
- Write your answer and check the accuracy of your language.

Challenge checklist

- ✓ Past, present and future time frames
- ✓ Different opinion phrases
- ✓ Connectives and time phrases

- ✓ Different persons of the verb (e.g. *jugamos, son*)
- ✓ Negatives (e.g. *nunca discutimos*)
- ✓ A wider variety of vocabulary

- ✓ Expressions followed by the infinitive (*para ...*)
- ✓ A wider range of tenses such as the imperfect
- ✓ Phrases with more than one tense

Translation

 Read the English sentences and Ethan's translation of them. Write down the missing word for each gap.

a I am tall and have green eyes.
b I always get on well with my dad.
c I follow football players on social media.
d Shakira is my sister's role model.
e Last year, Shakira helped a lot of poor children.

a Soy alto y **1** los ojos **2** .
b Siempre me **3** bien con mi **4** .
c **5** a jugadores de **6** en las redes sociales.
d Shakira es el **7** de conducta de mi **8** .
e El año pasado Shakira **9** a muchos niños **10** .

 Translate the following <u>five</u> sentences **into Spanish**.

a My grandmother lives in Spain.
b Our family is quite small.
c Today we are celebrating my mum's birthday.
d I am interested in music and I follow famous singers.
e Last week, I watched a video on TikTok.

You can't use 's in Spanish so you have to turn the phrase round. 'My mum's birthday' will translate as 'the birthday of my mum'.

setenta y siete

Módulo 3 Palabras

Key:
bold = this word will appear in higher exams only
* = this word is not on the vocabulary list, but you may use it in your own sentences

¡No hay dos familias iguales! (pages 56–57):

¿Quién es mi familia?	Who is my family?	la hermana / la *hermanastra	sister / stepsister
mi(s)	my	el primo / la prima	(male) cousin / (female) cousin
tu(s)	your	el hijo / la hija (único/a)	(only) son / daughter
su(s)	his/her/their	el abuelo / la abuela	grandfather / grandmother
nuestro/a(s)	our	el tío / la tía	uncle / aunt
vuestro/a(s)	your	el bebé	baby
		los padres / los abuelos	parents / grandparents
el padre / el *padrastro	father / stepfather	los hermanos	siblings
la madre / la *madrastra	mother / stepmother		
el hermano / el *hermanastro	brother / stepbrother		

Esta es mi gente (pages 58–59):

¿Quién está en la foto? — Who is in the photo?
Aquí hay una foto de … — Here is a photo of …
¿Dónde están? — Where are they?
Está / Están … — He/She is / They are …
  en casa — at home
  en el jardín — in the garden
  en la cocina / sala — in the kitchen / living room

¿Qué están haciendo? — What are they doing?
Está / Están … — He/She is / They are …
  chateando — chatting (online)
  cocinando / comiendo — cooking / eating
  jugando / sonriendo — playing / smiling
  haciendo … — doing, making …
  viendo … — watching …

¿Cómo eres? — What are you like?
Soy / Es … — I am / He/She is …
  (bastante/muy) alto/a — (quite/very) tall
  bajo/a — short
  moreno/a — dark-haired
  rubio/a — blonde
Llevo … — I wear …
Lleva … — He/She wears …
  gafas / *trenzas — glasses / braids

¿De qué color tienes los ojos? — What colour are your eyes?
¿De qué color tiene los ojos? — What colour are his/her eyes?
Tengo los ojos … — I have … eyes
Tiene los ojos … — He/She has … eyes
  marrones / verdes / azules — brown / green / blue
¿Cómo tienes/tiene el pelo? — What's your / his/her hair like?
Tengo el pelo … — My hair is …
Tiene el pelo … — His/Her hair is …
  largo / corto — long / short
  castaño / negro — chestnut brown / black
  rubio / pelirrojo — blonde / ginger

¿Eres como tu familia? — Are you like your family?
Mi hermano/a es … — My brother/sister is …
  más alto/a que yo — taller than me
  más bajo/a que yo — shorter than me
  menos alto/a que yo — shorter than me
  menos bajo/a que yo — taller than me
Soy como mi padre/madre porque … — I am like my father/mother because …
  los/las dos somos altos/as — both of us are tall
  los/las dos tenemos … — both of us have …
No soy como mi familia porque soy adoptado/a. — I'm not like my family because I'm adopted.

¿A quién sigues? (pages 60–61):

¿Qué haces en las redes sociales? — What do you do on social media?
Veo vídeos de … — I watch … videos
Escucho *pódcast sobre … — I listen to podcasts about …
Sigo canales de … — I follow … channels
  arte / cocina / deporte — art / cooking / sport
  dibujo / música / moda — drawing / music / fashion
¿Por qué te gusta? — Why do you like it?
Me gusta porque … — I like it because …
  los vídeos son muy … — the videos are very …
    divertidos — funny, amusing
    útiles — useful
  soy aficionado/a a los *videojuegos — I am a fan of video games

¿Quién es tu modelo de conducta? — Who is your role model?
¿A quién sigues en las redes sociales? — Who do you follow on social media?

Sigo a … — I follow …
  artistas/cantantes como … — artists/singers like …
  *tiktokeros como … — Tiktokers like …
Mi modelo de conducta es … — My role model is …
Ayuda a … — He/She helps …
  los niños / las familias pobres — poor children/families
Me gusta porque … — I like him/her because …
  da mensajes positivos — he/she gives positive messages
  lucha por … — he/she fights for …
El año pasado … — Last year …
Hace (dos) años … — (Two) years ago …
  ganó (**un premio**) … — he/she won (an award, prize) …
  ayudó a … — he/she helped to …
  tomó parte en … — he/she took part in
  participó en … — he/she participated in
  luchó por (la igualdad de **oportunidades**) — he/she fought for (equal opportunities)

¡Amigos para siempre! (pages 62–63)

¿Cómo te llevas con tus amigos? — How do you get on with your friends?
Me llevo bien con mis amigos/as. — I get on well with my friends.
¿Por qué te gustan tus amigos/as? — Why do you like your friends?
Me gustan mis amigos/as porque … — I like my friends because …

son ...	they are ...	¿Qué actividades hiciste la semana pasada con tus amigos/as?	What activities did you do last week with your friends?
alegres	lively, cheerful, happy		
divertidos/as	funny, amusing	La semana pasada ...	Last week ...
simpáticos/as	nice, kind, friendly	vimos una película	we saw/watched a film
no son aburridos/as	they aren't boring	jugamos a los *videojuegos	we played video games
siempre estamos juntos/as	we are always together	montamos en bici	we rode our bikes
Me divierto con mis amigos/as porque ...	I enjoy myself with my friends because ...	¿Qué actividades vas a hacer con tus amigos/as el fin de semana próximo?	What activities are you going to do with your friends next weekend?
tenemos mucho en común	we have a lot in common	El fin de semana próximo ...	Next weekend ...
hacemos muchas cosas juntos/as	we do lots of things together	El sábado próximo ...	Next Saturday ...
A veces / Casi nunca discutimos.	We sometimes / almost never argue.	voy a ...	I'm going to ...
¿Cómo es tu mejor amigo?	What is your best friend like?	mis amigos y yo vamos a ...	my friends and I are going to ...
Mi mejor amigo/a se llama ...	My best friend is called...	ir al cine	go to the cinema
Mi mejor amigo/a es ...	My best friend is ...	ir a una fiesta	go to a party
agradable	nice, pleasant	ir de compras	go shopping
alto/a	tall	ver una película	see/watch a film
divertido/a	funny, amusing		

Así soy yo (pages 64–65):

¿Cómo eres?	What are you like?	ser rico/a	to be rich
Creo/Pienso que soy ...	I think I'm ...	tener (mucho) dinero	to have (lots of) money
alegre	lively, cheerful, happy	tener éxito	to be successful
divertido/a	funny, amusing	¿Qué piensas de las redes sociales?	What do you think about social media?
independiente / responsable	independent / responsible	Pienso/Creo que las redes sociales son buenas para ...	I think that social media is good for ...
listo/a	clever	estar en contacto con ...	being in touch with ...
serio/a	serious	buscar información	looking for information
trabajador/a	hardworking	¿Para qué las usas?	What do you use it (social media) for?
¿Qué es más importante para ti?	What is most important for you?	Son útiles/importantes para ...	It is useful/important for ...
Para mí, ...	For me ...	compartir videos/fotos	sharing videos/photos
mi familia/educación es importante	my family/education is important	hacer nuevos amigos	making new friends
mis amigos son importantes	my friends are important	participar en la comunidad	participating in the community
Me importa ...	... matters to me.	¿Qué cosas malas tienen?	What is bad about it (social media)?
la protección del planeta	The protection of the planet	Creo/Pienso que son malas para ...	I think it (social media) is bad for ...
el futuro de nuestro planeta	The future of our planet	la salud mental	mental health
mi educación/cultura	My education/culture	dormir por la noche	sleeping at night
¿Cuál es tu sueño?	What is your dream?		
Mi sueño es ...	My dream is ...		
luchar por un mundo mejor	to fight for a better world		
ser jefe/a	to be a boss/manager		

Necesito ayuda, ¿qué puedo hacer? (pages 66–67):

¿Qué puedo hacer?	What can I do?	Debes ...	You must ...
Tengo un problema.	I have a problem.	Tienes que ...	You have to ...
Estoy (muy) solo/a / triste.	I'm (very) lonely / sad.	Puedes ...	You can ...
Estoy triste cuando tengo que ir al instituto.	I'm sad when I have to go to school.	hablar con él/ella	talk to him/her
No puedo trabajar con otros estudiantes.	I can't work with other students.	explicar que estás triste	explain that you are sad
No tengo amigos/as.	I haven't got any friends.	mostrar que quieres ...	show that you want ...
Nunca estoy contento/a.	I'm never happy.	llevarte mejor con él/ella	to get on better with him/her
Quiero ser feliz.	I want to be happy.	cambiar la situación	to change the situation
Mi mejor amigo/a ... y ahora ...	My best friend ... and now ...	buscar ayuda	look for help
nunca estamos juntos/as	we are never together	organizar (una actividad)	organise (an activity)
no responde a mis mensajes	he/she doesn't reply to my messages	pasar tiempo juntos/as	spend time together
Mi padre/madre ...	My father/mother ...	¿Cuáles son los principales problemas de los jóvenes?	What are the main problems of young people?
es muy negativo/a	is very negative	los problemas en el colegio	problems in school
siempre está enfadado/a	is always angry	las relaciones con los amigos	relationships with friends
nunca está contento/a	is never happy	la imagen física y el cuerpo	physical image and their body
nunca me ayuda cuando lo necesito	never helps me when I need it	las redes sociales	social media
No me llevo bien con ...	I don't get on (well) with ...	la salud física y mental	physical and mental health
Discuto mucho con ...	I argue a lot with ...	el futuro del planeta	the future of the planet
Discutimos mucho.	We argue a lot.	pasar demasiado tiempo en línea	spending too much time online

Módulo 4 — Mi estilo de vida

¡Qué rico!
- Learning about typical foods in Spanish-speaking countries
- Using adjectives of nationality

¡A comer!

Los países hispanohablantes ofrecen muchas opciones de comida rica. La comida es muy importante en la cultura de Latinoamérica y España. ¿Sabes qué comidas y bebidas son típicas?

Para el desayuno ...

A las ocho de la mañana

Los chilaquiles son un desayuno **mexicano** popular. Están hechos con tortillas de maíz, huevos, queso, tomates y crema.

Beber el té de *yerba mate* es una tradición social **argentina** muy típica.

Para la comida ...

A las dos de la tarde

La paella **española** es muy famosa. Tiene arroz y hay paella de verduras, de carne o de pescado. ¡Qué rico!

Es tradición comer *los tamales* **cubanos** en las fiestas familiares. Tienen maíz, verduras y carne.

Para la merienda ...

A las cinco y media de la tarde

El chocolate caliente con churros es una merienda **española** muy típica, especialmente en invierno. ¡No es muy sano!

El choclo con queso es una comida típica **peruana**. Los ingredientes simples son maíz y queso.

Para la cena ...

A las nueve de la noche

El choripán es un bocadillo **argentino** muy popular. Tiene pan y carne.

El pastel de choclo es una comida típica **chilena** hecha con maíz. Es ideal como entrante.

 Leer 1 Read the texts and look at the photos. Note down the key food ingredients mentioned for each dish in English.

Example: Los chilaquiles: corn tortillas, eggs, cheese, tomatoes, cream

 Escribir 2 Read the texts again. Copy and complete the sentences in Spanish with the country each dish or drink comes from.

¿De qué país es cada comida?

La [paella] **es** de ...

Los [chilaquiles] **son** de ...

| México | España | Perú |
| Chile | Argentina | Cuba |

Adjectives of nationality do not start with a capital letter in Spanish, unlike countries, which do.
Like all adjectives, they must agree with the noun.
Those ending in a vowel usually follow the regular pattern:

| colombian**o** | colombian**a** | colombian**os** | colombian**as** |

Adjectives of nationality ending in a consonant follow an irregular pattern.

| ending in -**l** | español | español**a** | español**es** | español**as** |
| ending in -**s** | inglés | ingles**a** | ingles**es** | ingles**as** |

Adjectives of nationality can be used to form nouns:
los españoles — Spanish people

Page 92

 Escribir 3 Copy and complete the table with the countries from exercise 2. Then write the corresponding adjectives of nationality.

Country	People
México	los mexicanos

Zona de cultura

Módulo 4

 Escuchar 4 Listen to some young people talking about the food and drink they would like to try. Copy and complete the table in English. (1–3)

	Food / Drink	Photo	Country	Opinion
1				

la horchata   las arepas   el agua de jamaica

probar to try

España

Colombia

 Hablar 5 In pairs, talk about which food and which drink you would like to eat or drink?

¿Qué te gustaría comer y beber?

- ¿Qué comida te gustaría comer?
- Me gustaría comer <u>la paella</u> porque es <u>rica</u> y me gusta <u>el arroz</u>. Pero no me gustaría comer ... porque no me gusta(n) ...
- ¿Qué bebida te gustaría beber?
- ...

México

 Leer 6 Translate the text into English and then take turns to read it out with your partner, focusing on the purple sounds.

Bebidas típicas

El champurrado

El **ch**ampu**rr**ado es una bebida tradi**ci**onal de la co**ci**na mexi**ca**na.
Los mexi**ca**nos lo toman muy **ca**liente.
Es ideal en invierno **cu**ando ha**ce** mucho frío.
Para ha**cer**lo ne**ce**sitas agua, **cho**colate y a**cú**car.

 Hablar 7 Mystery word. Write <u>two</u> words from the list. Can your partner guess them? Respond *'No, no es correcto'* or *'Sí, es correcto'*. Then close your book and say a word for your partner to transcribe.

Pienso que / Creo que la palabra misteriosa es ...

La palabra misteriosa

churros con chocolate · agua de jamaica · caliente · cocina · tradicional · chilaquiles · azúcar · rico · champurrado · bocadillo

- **ch** is pronounced like 'ch' in 'chin'.
- **rr** (or **r** at the start of a word) has a stronger, rolled sound – a bit like an engine revving!
- **ce** and **ci** are pronounced like 'th' in 'thing' in most of Spain.
- **ca**, **co** and **cu** are pronounced like 'k' in 'cake' in English.

ochenta y uno **81**

1 ¿Llevas una vida sana?

- Describing healthy daily routines
- Using indefinite adjectives
- Using *tener* + noun

Escuchar 1 Listen to and read the text. Translate the words in purple. Then answer the questions in English.

Una rutina sana

Tengo una vida sana y una dieta buena porque quiero ser como la atleta venezolana Lisbeli Vera. Es un buen modelo para mí.

¿Qué haces por la mañana normalmente?
Por la mañana **me despierto** y **me levanto** muy temprano, a las seis y media.
Primero, **hago ejercicio** para comenzar el día con energía.
Luego, **me preparo** y **me visto**.
Salgo de casa a las siete y media y **voy al colegio** a pie.

¿Qué haces después de las clases?
Después de las clases, **voy al estadio** para correr. ¡No tengo tiempo para dormir la siesta!
Vuelvo a casa cansada pero feliz. **Me cambio de ropa** y **tomo la cena** a las ocho.
Finalmente, **voy a la cama** a las diez de la noche.

Gabriela

"Lisbeli es mi inspiración en mi vida diaria."

"Soy feliz cuando corro."

1 What does Gabriela do to start the day with energy?
2 How does she go to school?
3 Why does she go to the stadium after school?
4 What doesn't she have time to do after her classes?
5 How does she feel when she goes back home?

> **G** Some verbs for describing daily routine are **reflexive** in Spanish.
>
> | | **levantarse** (*to get up*) |
> |---|---|
> | (yo) | **me** levanto |
> | (tú) | **te** levantas |
> | (él/ella/usted) | **se** levanta |
>
> Verbs like this include: **prepararse** (to get ready) and **ponerse** (to put on).
> Some reflexive verbs are stem-changing:
> **despertarse (ie)** (to wake up), and **vestirse (i)** (to get dressed).
>
> Page 92

Escuchar 2 Listen. Write the correct time for each person and what they do in English. (1–6)

Example: 1 5.45 a.m. – I get up

> Use **a + la/las + time** to say what time you do something.
> *Me levanto a las siete.*   I get up **at** seven.
> *Tomo el almuerzo a la una.*   I have lunch at one (o'clock).
>
> Use **tomar el desayuno / el almuerzo / la cena** for 'to have breakfast/lunch/dinner'.

Leer 3 Read the sentences and translate them into English.

1 En el verano tengo sed.
2 Por la mañana no tengo mucha hambre.
3 Por la tarde tengo mucho sueño.
4 Por la noche tengo frío.
5 Durante el día tengo mucho calor.
6 Siempre tengo razón.

> The verb **tener** (to have) is sometimes used with a noun where English uses the verb 'to be':
>
> *Tengo mucha hambre.*   I am very hungry.
> *Tengo sed.*   I am thirsty.
> *Tienes razón.*   You are right.
> *Tiene calor/frío.*   He/She is hot/cold.

ochenta y dos

Módulo 4

 4 Listen to Quique and Ricardo talking about their routines during the week and at weekends. Select the correct option for each sentence.

1 On a normal weekday, Quique returns home at **5 p.m. / 7.15 p.m.**
2 Quique gets up at 11 a.m. **some Saturdays / every weekend**.
3 **Every Sunday / Every day** Ricardo has a nap at **noon / the same time**.
4 Ricardo prefers **weekdays / weekends** because he **rests / exercises**.

> **G** Like all adjectives, **indefinite adjectives** agree in number and gender with the noun they modify, except **cada**, which is invariable. They always come <u>before</u> the noun.
> algun**os**/**as** (some)   much**os**/**as** (many/a lot of)
> mism**os**/**as** (same)   demasiad**os**/**as** (too many)
> otr**os**/**as** (other)   tod**os**/**as** (all/every)
>
> Tod**os**/**as** is followed by **los**/**las**.
> Hago ejercicio tod**os los** días.   I exercise **every day**.
>
> Page 93

 5 Listen again and write down the indefinite adjectives Quique and Ricardo use with the following nouns. Then translate them into English.

1 ▢ sábados   2 ▢ actividades   3 ▢ domingo   4 ▢ hora

 6 In pairs, talk about your routine and habits.

- ¿Qué haces en un día normal durante la semana?
- ¿Y qué haces los fines de semana?
- ¿Prefieres los días normales o los fines de semana? ¿Por qué?

▪ Durante la semana me levanto temprano, ...
▪ Los fines de semana me levanto más tarde, ...
▪ Prefiero los fines de semana porque me levanto / me voy a la cama más tarde ...

Durante la semana Los fines de semana Por la mañana Por la tarde		me levanto me voy a la cama tomo el desayuno tomo el almuerzo tomo la merienda tomo la cena como	pronto. (más) tarde. a las [siete]. a mediodía. a la misma hora todos los días. cada día. cada [sábado].
Prefiero ... los días normales los fines de semana	porque	termino las clases vuelvo a casa voy al estadio hago ejercicio/deporte hago meditación	

 7 Rewrite these sentences about Kai as if they were about you. Then change some details and write <u>five</u> more sentences about your own routine.

Example: 1 Durante la semana, Kai **se despierta** ...
          Durante la semana, **me despierto** ...

1 Durante la semana, Kai **se despierta** temprano, a las siete menos cuarto.
2 Luego **se lava** los dientes y **se pone** el uniforme escolar.
3 **Va** al colegio de lunes a viernes, a las ocho de la mañana.
4 **Toma** el almuerzo a la una. ¡Siempre **tiene** mucha hambre!
5 Por la tarde, **vuelve** a casa y **hace** los deberes.
6 Finalmente, **se va** a la cama a las diez porque **tiene** mucho sueño.

Remember that:
- some present tense verbs are irregular in the first person:
  tener → tengo   ponerse → me pongo
  estar → estoy   ir → voy
  hacer → hago
- you have to change the **pronoun** and **ending** in reflexive verbs:
  se levant**a** → **me** levant**o**
- you have to change **possessive adjectives**:
  su casa → **mi** casa

To complete exercise 7, look back at what you learned about the present tense in Module 1, along with reflexive verbs and verbs of opinion in Module 3.

ochenta y tres **83**

2 ¿Somos lo que comemos?

- Talking about mealtimes and food trends
- Using *se necesita* and *hay que* + infinitive
- Practising listening skills

Leer 1
Read and match the questions to the correct answer. Then note down in English the times and food for each meal, if mentioned.

1 ¿De qué nacionalidad eres, David?
2 ¿A qué hora tomas el desayuno?
3 ¿A qué hora tomas la comida?
4 ¿Tomas la merienda?
5 Y por la noche, ¿a qué hora tomas la cena?

David

a Sí, la tomo después del colegio, a las cinco y media. Normalmente tomo algo ligero como un bocadillo.

b En mi casa la tomamos a las nueve y media de la noche. Mi cena favorita es una tortilla de queso.

c Tomo el desayuno a las siete. Bebo un café con leche y como alguna fruta, por ejemplo, una naranja.

d Soy español.

e La como a las dos de la tarde. En España es la comida principal del día.

Hablar 2
In pairs, imagine you are from one of these Spanish-speaking countries. Take turns to discuss mealtimes. Use the information to help you.

Los horarios de las comidas en el mundo hispanohablante

- ¿De qué nacionalidad eres?
- Soy …
- ¿A qué hora tomas <u>el desayuno/almuerzo</u>?
- Normalmente **lo** tomo a las …
- ¿A qué hora tomas <u>la merienda/cena</u>?
- Generalmente **la** tomo entre las … y las …

Tomo …	España	Chile
el desayuno	8.00 – 10.00	7.00 – 9.00
el almuerzo	10.00 – 11.00	11.00 – 12.00
la comida	13.00 – 14.00	14.00 – 15.00
la merienda	16.15 – 18.30	17.00 – 21.00
la cena	21.00 – 22.30	20.30 – 22.15

Leer 3
Read the information and fill in the gaps with the correct word from the word box. Listen and check your answers. Then translate the text into English.

Remember to use direct object pronouns (*lo/la/los/las*) to replace the noun which has already been mentioned and avoid repetition. Make sure the pronoun agrees with the noun it replaces.

- La comida en España y Latinoamérica es muy **1** y diversa.
- En general, las dietas de los países hispanohablantes tienen una gran **2** de comida sana y natural, como frutas, **3**, pescado y arroz. Les gusta prepararla según la tradición familiar.
- También, cada país tiene su propia comida típica **4** y sus postres ricos.
- En la dieta típica de los mexicanos **5** maíz, carne y muchas salsas.
- A los **6** les encanta la carne y la comen a menudo.

> tradicional argentinos rica
> cantidad verduras hay

84 ochenta y cuatro

Módulo 4

4 Leer Read Guadalupe's food blog post and complete the sentences in English.

www.comidaricaaa.mx

¿Comer en la calle? ¡Buen provecho!

La comida de la calle en los países hispanohablantes es muy rica y diversa. Hay una gran cantidad de opciones para disfrutar porque cada país tiene su especialidad y su comida única. Te recomiendo comerla.

Por ejemplo, en mi país, México, se puede encontrar *tacos de carne, quesadillas* y mucho más. A los mexicanos nos encanta comer en la calle, especialmente para la cena, porque se puede tomar algo rápido. También es más barato que comer en un restaurante.

En Argentina, hay que comer *las empanadas* de carne con huevo. También son populares *los choripanes* (pan con chorizo) y *los perritos calientes*. ¿Te gustaría comerlos?

Guadalupe Ríos

los perritos calientes — hot dogs

comiendo una quesadilla

1 Street food in Spanish-speaking countries is …
2 There are many options to enjoy because …
3 Guadalupe recommends you …
4 Guadalupe is from …
5 Mexicans love to eat in the street because …, and it is also …
6 Argentinian bread with chorizo and hot dogs are …

5 Escuchar Listen to Cecilia talking about her diet. Identify the <u>three</u> correct statements. Then listen again and correct the <u>three</u> incorrect statements.

1 Cecilia's diet includes lots of meat.
2 Fish is important in her diet.
3 Cecilia likes cakes and she usually has them for dessert.
4 She doesn't eat anything for breakfast.
5 Her main meal of the day is lunch.
6 Cecilia is usually very hungry in the evening.

> To identify correct statements, look at each one and decide whether:
> 1 it gives information that does not quite match what you hear (not correct!)
> 2 it is talking about something which is simply not mentioned. (not correct!)

G These **impersonal verbs** are followed by the <u>infinitive</u>:
hay que — you/one must
se necesita — you/one needs (to)

Hay que <u>tener</u> una dieta variada.
You/One must <u>have</u> a varied diet.

Page 93

6 Hablar In pairs, talk about your diet and what you eat using the questions below.

- ¿Cómo es tu dieta?
- ¿Qué tomas para el desayuno / el almuerzo / la cena?
- ¿Qué comes y bebes para llevar una vida sana?

(Creo que) Tengo una dieta bastante sana	porque	soy vegetarian**o/a**. soy vegan**o/a**. como mucha fruta / muchas verduras.
No tengo una dieta sana		a veces como comida malsana. como demasiados pasteles.
Para el desayuno Para el almuerzo Para la cena Para llevar una vida sana	tomo bebo	verduras. carne. pescado. un bocadillo. arroz. huevos. chocolate. una naranja. una tortilla (de queso). alguna fruta.
Prefiero comer/beber/tomar		agua. leche. un café. un té. bebidas frías/calientes.

ochenta y cinco 85

3 ¡Los tiempos cambian!

- Comparing old and new habits
- Using the imperfect tense to say what you used to do
- Translating into Spanish accurately

 1 Listen to and read what Roberto says about his habits before and now. Select the correct words to complete the sentences. Then copy and complete the table with the coloured verbs from the text and translate them into English.

Mi vida antes y ahora

Antes
En el pasado, cuando **era** más pequeño, **tenía** una dieta sana. **Era** muy activo. **Iba** a la piscina y **hacía** natación tres veces a la semana. También **montaba** en bicicleta en el parque cada día. ¡**Tenía** mucha energía!

Ahora
Pero ahora **no hago** nada para estar en forma. **Como** comida rápida y siempre **tengo** hambre. **Prefiero beber** bebidas con azúcar. Nunca **estoy** al aire libre porque **estoy sentado** en mi cuarto, triste y aburrido.

1 When he was young, Roberto used to have **an unhealthy** / **a healthy** / **a strange** diet.
2 He used to go **swimming** / **cycling** / **to play in the park** three times a week.
3 Now Roberto **is in shape** / **does nothing to be in shape** / **likes to be in shape**.
4 He is always **hungry** / **tired** / **thirsty**.
5 He is never **sad and bored** / **free** / **outdoors**.

Used to do (Imperfect tense)	Does now (Present tense)
era – I was	no hago – I don't do

G You have already seen the **imperfect tense** for describing things in the past. It is also used for saying what you used to do.

Antes comía pescado. Before **I used to eat** fish.

	jugar (to play)	comer (to eat)	salir (to go out)
(yo)	jug**aba**	com**ía**	sal**ía**
(tú)	jug**abas**	com**ías**	sal**ías**
(él/ella/usted)	jug**aba**	com**ía**	sal**ía**

-er/-ir verbs have the same endings.

These verbs are irregular in the imperfect:
ser (to be) → **era, eras,** etc.
ir (to go) → **iba, ibas,** etc.
ver (to see/watch) → **veía, veías,** etc.

Page 93

 2 Listen and fill in the gaps with the correct verb from the word box. Then practise reading out the text with a partner. Finally, translate the text into English.

Antes no **1** una vida sana. En el pasado no **2** las verduras y el pescado. **3** bastante pan, queso, arroz, pasta y ¡demasiadas patatas fritas! También me encantaban los postres y los pasteles. Solo **4** alguna fruta de vez en cuando. Mi dieta **5** malsana. También **6** a la cama muy tarde. Entonces, al día siguiente siempre **7** cansada. Un día decidí cambiar mi estilo de vida.

Ahora **8** una dieta sana. Como la mitad de pan y pasta que antes. **9** más ejercicio y **10** más contenta.
Valeria

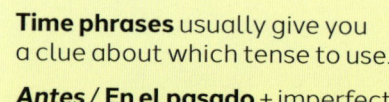
me iba   hago   era   estaba
tengo   comía   estoy   me gustaban
tenía   tomaba

Time phrases usually give you a clue about which tense to use.

Antes / **En el pasado** + imperfect tense:
Antes hacía mucho deporte.
Before I used to do lots of sport.

Ahora + present tense:
Ahora me voy a la cama temprano.
Now I go to bed early.

86 ochenta y seis

3 Translate these sentences into Spanish.

- Imperfect tense
- Present tense
- Indefinite adjectives – look back at page 83.
- Nationalities – look back at page 80.

1. When I was younger, I never watched television at night.
2. I used to go to bed early every night.
3. Now I go to bed later because I watch Spanish series on my mobile.
4. Before I used to eat a healthy diet.
5. Now I eat fast food and too many cakes and chips.

4 Write a paragraph about your lifestyle. Mention the things you used to do before, in contrast to what you do now. Include <u>four</u> old habits and <u>four</u> new ones.

Antes		
Cuando	era más pequeño/a era más joven tenía [diez] años	me levantaba temprano/tarde. iba a la cama temprano/tarde. (no) tenía una dieta sana/malsana. (no) hacía (mucho) ejercicio/deporte. (no) jugaba a los videojuegos. (no) iba al parque / a la piscina. (no) veía series/vídeos.
(Pero) Ahora		me levanto temprano/tarde. me voy a la cama a la una / a las [diez]. (no) tengo una dieta sana/malsana. (no) hago ejercicio/deporte. (no) juego a los videojuegos. (no) voy al parque / a la piscina. veo series/vídeos.

5 Match the questions with Carlos's replies to find out how his life has changed.

Cuando era más joven

1. ¿Cómo **era** tu día normal cuando **tenías** seis años?
2. ¿Qué **te gustaba** comer y beber?
3. ¿Qué **hacías** en tu tiempo libre cuando **eras** pequeño?

Ahora

4. ¿Cómo **es** tu día normal ahora?
5. ¿Qué **te gusta** comer y beber?
6. ¿Qué **haces** en tu tiempo libre?

a **Me gusta** comer comida sana, pero algunos días **bebo** demasiado café.

b **Jugaba** todo el tiempo. También **iba** al parque y **montaba** en bicicleta.

c En el pasado, **me gustaba** comer pasteles cuando **tenía** hambre, y **bebía** leche caliente.

d **Hago** deporte, **voy** al cine, **escucho** música y **juego** a los videojuegos.

e **Me iba** a la cama muy pronto. **Me levantaba** temprano también.

f **No me levanto** tan temprano como antes. **Me voy** a la cama más tarde también.

Carlos

In pairs, use the questions from exercise 5 and the vocabulary from exercise 4 to talk about your life when you were a child and now.

ochenta y siete **87**

4 ¡Qué mal estoy!

- Talking about illnesses and injuries
- Using reflexive verbs in the preterite tense
- Giving advice using *debes* and *tienes que* + infinitive

a la cabeza
b los ojos
c la boca
d los dientes
e el estómago
f los dedos
g la rodilla

h la nariz
i los oídos
j la garganta
k la espalda
l el brazo
m la mano
n la pierna
o el pie

 1 Read the labels for the parts of the body carefully. Listen and write the letters in the order you hear them.

| la silla | chair |
| cerrar | to close |

 2 Read the problems and write the correct letter (a–d) for each one. Then translate the phrases in purple into English.

1 ¡Qué mal estoy! **Me duelen la cabeza y la garganta**. Estoy muy enfermo.
2 Estaba en la cocina y **me corté el dedo** por accidente. ¡Qué horror!
3 **Me duelen los pies** porque mis zapatos son demasiado pequeños. ¡Qué mal!
4 Ayer fui a la piscina y ahora **me duelen mucho los oídos**.

 3 In pairs, practise reading aloud the words in the pronunciation box.

ca – cara, cabeza, boca, descansar
co – cocina, comprar, comida, cómoda
cu – cubano, película, escuchar, cumpleaños
cu + vowel – cuando, cuerpo, cuenta, Ecuador

 Use the **preterite tense** to say what you did or what happened to you.

comprar (to buy)	**comer** (to eat)	**salir** (to go out)
compr**é** (I bought)	com**í** (I ate)	sal**í** (I went out)
compr**aste** (you bought)	com**iste** (you ate)	sal**iste** (you went out)
compr**ó** (he/she bought)	com**ió** (he/she ate)	sal**ió** (he/she went out)

Remember that some verbs have an irregular pattern:
ir → *fui* (I went)
tener → *tuve* (I had)
hacer → *hice* (I did/made)

Page 94

88 ochenta y ocho

Módulo 4

Leer 4 Read the problems and match them to the advice given.

1 Me caí en la calle y me rompí el diente. ¡Me duele mucho!

2 Me duelen muchísimo el brazo y la pierna. Ayer me caí de la bicicleta.

3 ¡Estoy muy enfermo! Me duelen la cabeza y la garganta.

a Tienes que ir al hospital inmediatamente.

b Debes quedarte en la cama y dormir.

c Debes pedir una cita con el dentista.

> **G** **Doler** (to hurt) is a stem-changing verb. It works like **gustar**. It is used in the third person singular and plural.
>
> **Me** duel**e** la espalda.   My back hurts.
> **Te** duel**en** los pies.   Your feet hurt.
> A mi hermano **le** duel**en** los oídos.   My brother has earache.
>
> Page 94

Escuchar 5 Listen and write the details in English. (1–5)
- The part of the body that hurts each person
- The reason

Example: 1 her back – her bed is not comfortable

Escuchar 6 Complete the dialogue with the correct word from the word box. Listen and check your answers. Then change the details to create new dialogues in pairs.

- ¡Ay! Estoy enfermo.
- ¿Por qué? ¿Qué te pasa?
- No me encuentro bien. Me duele(n) mucho **1**. También, me duele(n) **2**.
- ¿Desde cuándo estás así?
- Desde **3**. ¡Estoy muy mal!
- Bueno, debes pedir una cita con el doctor. También tienes que **4**.
- Vale, gracias.

	Estoy enferm**o/a**.		
Me	duel**e**	el estómago. la cabeza. la espalda.	la garganta. la nariz.
	duel**en**	los pies. los oídos.	los ojos.
Ayer La semana pasada	me rompí me corté	el brazo. el dedo. la pierna.	
Me caí	de la bici. en el parque / la calle.		

> ayer   descansar
> la cabeza   la garganta

Debes Tienes que	ir al hospital inmediatamente. ir a la farmacia. descansar. quedarte en la cama y dormir. pedir una cita con el doctor. comprar medicinas.

Escuchar 7 Listen. Copy and complete the table in English. (1–4)

	What hurts?	Reason?	Advice given
1	head	fell in the park	go to the hospital immediately

ochenta y nueve 89

5 Mi salud, de la cabeza a los pies

- Future plans for health and wellbeing
- Using the simple future tense
- Using 'if' clauses

Leer 1 Francisco is considering how he will improve his lifestyle. Complete sentences 1–5 with logical future outcomes (a–e). Then listen and compare your answers with Francisco's.

> The simple future tense is used in 'if' clauses to say what will happen:
> *Si* + **present** + **simple future**
> *Si **practico** la meditación, **seré** más feliz.*
> If **I practice** meditation, **I will be** happier.

¿Cómo **cambiarás** tu estilo de vida para llevar una vida más sana?

 1 Si dejo de comer comida rápida, …

 2 Si paso menos tiempo en las redes sociales por la noche, …

 3 Si cada noche duermo ocho horas, …

 4 Si practico más deporte, …

 5 Si practico la meditación, …

a mi salud mental **mejorará** y **seré** más feliz.

b **dormiré** mejor y **no estaré** cansado.

c **no tendré** hambre todo el tiempo.

d **estaré** en forma y **tendré** más energía.

e **me levantaré** con más energía al día siguiente.

Escuchar 2 Listen to these young people talking about their lifestyle. Copy and complete the table in English. (1–4)

	One bad habit	**Two** things they will do to improve their lifestyle
1	loves eating cakes	

> Use the **simple future tense** to say what you will do or what will happen.
> To form the simple future, add the following endings to the infinitive:
>
> | mejorar**é** | I will improve |
> |---|---|
> | mejorar**ás** | you (singular) will improve |
> | mejorar**á** | he/she/it will improve |
>
> Some verbs have an **irregular stem** in the simple future. They include:
> tener → tendré (I will have)
> hacer → haré (I will do/make)
> poder → podré (I will be able to)
> poner → pondré (I will put)
>
> Remember that you have to use the correct **reflexive pronoun** with verbs such as *levantarse*:
> **me** levantaré, **te** levantarás, **se** levantará
>
> Page 95

Escribir 3 Translate these sentences into Spanish.

Example: 1 *Si hago más deporte, tendré …*

present tense — simple future tense

1 If I do more sport, I will have more energy.
2 If I don't use my mobile at night, I will sleep better.
3 If I practise meditation, my mental health will be better.
4 If I go to bed earlier, I won't be tired in the morning.
5 If I eat healthy food, my health will improve.

beber alcohol	to drink alcohol
fumar	to smoke
tomar drogas	to take drugs

Leer 4 Read Ramiro's lifestyle blog. Answer the questions in English. Then read the text again and translate the imperfect, preterite, and simple future tense verbs.

www.mividasana1.com

Ramiro Valle

Antes, mi estilo de vida **no era** muy sano.
No tenía una dieta sana y siempre **estaba** cansado. También, mi salud mental **no era** buena y siempre **estaba** triste.

Un día **decidí** cambiar mi estilo de vida y **dejé de comer** comida malsana. Entonces, mi salud **comenzó** a mejorar.

Recomiendo lo siguiente:
- ✓ **Si comes** menos comida rápida, **no tendrás** hambre todo el tiempo.
- ✓ **Si bebes** menos bebidas con azúcar, **mejorarás** tu salud física.
- ✓ **Si apagas** el móvil durante la noche, **podrás** dormir mejor.
- ✓ **Si pasas** más tiempo en la naturaleza, **tendrás** más energía.
- ✓ **Si haces** estas cosas, **vivirás** una vida más sana.

1 What does Ramiro say about his diet in the past?
2 How did he feel back then physically and mentally? (Give two details.)
3 According to Ramiro, how will you be less hungry?
4 What will allow you to sleep better?
5 What will happen if you spend more time in contact with nature?

> Look carefully at the verb ending to help you work out the tense.
> Remember that:
> - the **imperfect tense** is used to talk about what you used to do: *estaba*, *tenía*, …
> - the **preterite tense** is used to talk about what you did in the past: *comencé*, *dejé*, *bebí*, …
> - the **simple future tense** is used to talk about what you will do: *iré*, *comeré*, …

Escuchar 5 Listen to Tenoch talking about his health and wellbeing. Select the correct option. Then translate the sentences into Spanish. (1–4)

1 Tenoch used to drink **tea** / **cold drinks** / **hot drinks** when he was 11 years old.
2 Tenoch will **smoke and drink like his friends do** / **do more sport** / **spend more time in his room** in the future.
3 To sleep better, Tenoch will **go to bed after 9 p.m.** / **stop using social media** / **switch off his mobile before 9 p.m.**
4 To improve his mental health, he will **try to have fewer problems** / **go camping** / **ask for help**.

Hablar 6 In pairs, take turns to ask and answer questions about your lifestyle.

- ¿Cómo era tu estilo de vida antes?
- ¿Qué harás para tener buena salud física y mental en el futuro?

Escribir 7 Write about your lifestyle and what you will do to improve it. Mention:

- what your lifestyle was like before
- what you will do to have good physical health
- what you will stop doing
- what you will do to improve your mental health.

Antes	(no) comía	(muchos) pasteles y chocolate.
Cuando tenía [diez] años	(no) tenía una dieta	sana/malsana.
	(no) hacía	(mucho) ejercicio/deporte.
Para tener buena salud física	comenzaré a hacer / haré	ejercicio/deporte.
	nunca	fumaré.
		tomaré drogas.
Dejaré de	comer	comida malsana.
	beber	bebidas con azúcar.
	usar	la tecnología / el móvil por la noche.
Para mejorar mi salud mental	pasaré / intentaré pasar	más tiempo en la naturaleza.
		menos tiempo en las redes sociales.
	pediré	ayuda.

Gramática 1

Adjectives of nationality (Zona de cultura, page 80)

 1 Read the grammar box on page 80. Complete the words in the table with the missing letters.

country	singular		plural	
	masculine	feminine	masculine	feminine
España	españo**l**	español **2**	español **5**	español **8**
Perú	peruan **1**	peruan**a**	peruan **6**	peruan **9**
Francia	franc**és**	frances **3**	frances**es**	frances **10**
Reino Unido	británic**o**	británic **4**	británic **7**	británic **11**

 2 Rewrite these sentences using the adjective of nationality in brackets. Make sure that the ending agrees with the noun. Then translate the sentences into English.

1 A mis amigas (**argentino**) les encanta beber té.
2 La comida (**latinoamericano**) es rica y diversa.
3 A los (**británico**) les gusta la comida (**español**).
4 Me gustaría ir a algunos restaurantes (**peruano**).
5 ¿Cuál es la comida (**chileno**) y (**cubano**) típica?

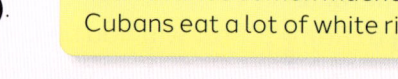
Adjectives of nationality can be used to form nouns by adding the **article**.
Los cubanos comen mucho arroz blanco.
Cubans eat a lot of white rice.

Reflexive verbs (Unit 1, page 82)

 3 Read the grammar box on page 82. Choose the correct reflexive pronoun or verb form to complete each sentence. Then translate the sentences into English.

1 Durante la semana me **despierto** / **despiertas** / **despierta** temprano.
2 ¿A qué hora **me** / **te** / **se** vas a la cama los fines de semana?
3 Por la mañana siempre **me** / **te** / **se** lavo la cara y los dientes.
4 Los fines de semana Valeria se **levanto** / **levantas** / **levanta** más tarde.
5 Siempre **me** / **te** / **se** pongo el uniforme para ir al colegio.

Indefinite adjectives (Unit 1, page 83)

 4 Select the correct word for each sentence. Then translate the sentences into English.

1 Voy al estadio **toda** / **todas** / **todos** las tardes.
2 No hago deporte **ningún** / **ninguna** / **ninguno** día porque no tengo tiempo.
3 **Algunos** / **Algunas** / **Alguna** mañanas no tomo el desayuno porque no tengo tiempo.
4 Mi amigo come **demasiada** / **demasiadas** / **demasiados** patatas fritas y **otras** / **otros** / **otra** comidas malsanas.
5 Es importante beber agua **todas** / **toda** / **todos** los días.
6 Mis amigos y yo montamos en bicicleta **muchos** / **mucha** / **muchas** fines de semana.

cada (each) always stays the same.
varios/**varias** (several) is only used in the plural.
Remember that **indefinite adjectives** always come before the noun.

Módulo 4

Impersonal verbs (Unit 2, page 85)

Escuchar 5 Read the grammar box on page 85. Listen and write down the correct letter. Then listen again and write down the two infinitive verbs you hear for each answer. (1–6)

hacer   tomar   apagar   no comer   descansar   beber
practicar (x2)   comer   no usar   fumar   tener

The imperfect tense (Unit 3 page 86)

 Escribir 6 Read the grammar box on page 86. Then read the English sentences below and complete the Spanish translations with the correct verb from the word box.

tenías   veía   iba   fumaba   era   me levantaba   comía   hacías

1 In the past, **I used to get up** early every day.
En el pasado, ▭ temprano cada día.

2 Before my uncle **used to smoke** every day.
Antes mi tío ▭ cada día.

3 What **did you use to do** when **you were** ten years old?
¿Qué ▭ tú cuando ▭ diez años?

4 Before **I used to go** to the park after school.
Antes ▭ al parque después del colegio.

5 When **I was** younger, **I used to eat** pizza and **watch** a movie every Friday.
Cuando ▭ más pequeño, ▭ pizza y ▭ una película cada viernes.

 Hablar 7 In pairs, take turns to ask and answer questions about your routine now and when you were in primary school. Add extra details to develop your answers, such as *cada día, por la tarde, después del instituto / de la escuela …*

Example: hora, **tengo** una dieta sana porque … Pero antes **comía** muchos pasteles …

Present tense	Imperfect tense
¿Cómo **es** tu dieta ahora? Ahora tengo una dieta sana/malsana porque <u>como</u> …	¿Qué **comías** antes? Antes comía …
¿**Llevas** una vida sana? (Sí/No) Creo que tengo/llevo una vida sana porque <u>hago deporte después del insti</u> …	¿**Llevabas** una vida sana? (Sí/No) Creo que tenía/llevaba una vida sana porque comía … y hacía …
¿Qué **haces** en tu tiempo libre ahora? En mi tiempo libre <u>hago natación cada semana</u> …	¿Qué **hacías** en tu tiempo libre antes? Antes <u>jugaba en el parque</u> …
¿Qué **haces** después del colegio? Después del colegio <u>voy a la piscina</u> …	¿Qué **hacías** después de la escuela? Cada semana <u>hacía deporte</u> …
¿A qué hora **te vas** a la cama ahora? Normalmente me voy a la cama a las …	¿A qué hora **te ibas** a la cama cuando eras más joven? Cuando era más joven, me iba a la cama a las …

noventa y tres

Gramática 2

The preterite tense (Unit 4, page 88)

 Select the correct form of the verb in the preterite tense. Then listen and check.

1. Ayer **bebiste / bebí / bebió** muchas bebidas con azúcar y hoy me duelen los dientes.
2. Ayer **fui / fue / fuiste** a una fiesta en la playa. Hacía mucho frío, y ¡hoy estoy muy enferma!
3. La semana pasada mi amigo **me rompí / te rompiste / se rompió** el brazo. ¡Qué mal!
4. ¡No estoy bien! Ayer **comiste / comí / comió** demasiadas hamburguesas y patatas fritas.
5. Mi hermana **te cortaste / me corté / se cortó** el dedo cuando preparaba la cena en la cocina. ¡**Tuve / Tuvo / Tuviste** que ir al hospital!
6. ¡Estoy mal! El viernes pasado **me caí / te caíste / se cayó** y **se rompió / te rompiste / me rompí** la nariz y un diente. ¡Qué mala suerte!

 Read the grammar box on page 88.
Remember to add an accent on the **last vowel** of the first person singular and third person singular when the verb is regular:
tom**é**, tom**ó**   beb**í**, beb**ió**

 Remember that some verbs have an irregular pattern:

ir → *fui* (I went)
tener → *tuve* (I had)
hacer → *hice* (I did/made)

For **reflexive verbs** such as *romperse* and *cortarse*, put the correct **reflexive pronoun** before the verb and use the definite article.
In English we say 'my arm', but Spanish uses 'the arm'.
Ayer **me** romp**í** el brazo.   Yesterday I broke my arm.

Me duele(n) (Unit 4, page 89)

 Read the grammar box on page 89. Write the correct form of *doler* (*duele/duelen*) and an indirect object pronoun from the word box to match the translation in brackets. Check for clues, such as singular/plural parts of the body.

Example: 1 **Me duele** la lengua.

| me | te | le | les |

1. _____ la garganta. (*My throat hurts.*)
2. ¿Qué **parte** del cuerpo _____ exactamente? (*Which part of your body hurts exactly?*)
3. A mi hermana _____ **los oídos**. (*My sister's ears hurt.*)
4. _____ **las rodillas**, **el hombro** y **la espalda**. (*My knees, shoulder and back hurt.*)
5. ¿Por qué _____ **los ojos**? (*Why do your eyes hurt?*)

 Translate these sentences into English.

1. Me duele mucho la pierna. Me caí de la bici hace dos días.
2. Me duelen mucho los pies porque ayer caminé mucho.
3. Me duele la lengua. Ayer bebí un té demasiado caliente.
4. A mi hermano le duelen la cabeza y los ojos. Ayer jugó a los videojuegos todo el día.
5. Ayer me senté en una silla que no era cómoda. Ahora me duele la espalda.
6. El domingo me caí en la calle y me rompí el diente. ¡Me duele mucho!
7. Estoy enfermo. Me duelen la cabeza y la garganta.

Módulo 4

The simple future tense (Unit 5, page 90)

 4 Read the grammar box on page 90. Complete Santiago's action plan for better health with the correct form of the simple future tense of the verbs in the box. Then translate the verbs into English.

Example: 1 *no fumaré – I will not smoke*

Para estar sano y evitar problemas de salud en el futuro, …
1 no ▬ porque es malo para el cuerpo.
2 no ▬ tantos pasteles como ahora.
3 ▬ deporte todas las semanas y ▬ una vida más activa.
4 no ▬ drogas porque tienen demasiados riesgos para la salud.
5 cada noche ▬ ocho horas.
6 ▬ el móvil una hora antes de ir a la cama.

Santiago Valverde

hacer ~~fumar~~
comer   tener   apagar
dormir   tomar

Using a range of tenses: imperfect, preterite, simple future (Unit 5, page 91)

 5 Read Alejandra's text and translate the verbs in purple into English. Then write down what tense they each are: imperfect, preterite or simple future.

Example: era – I was (imperfect)

Antes **era** una persona activa. **Llevaba** una vida sana y **hacía** mucho deporte. Pero hace un año **dejé de hacerlo**. La semana pasada el doctor **me recomendó** dejar de comer tanta comida malsana. Dice que si cambio mi dieta **tendré** más energía. Mañana **comenzaré** a hacer ejercicio. También **practicaré** la meditación y mi salud mental **mejorará**.

Alejandra González

6 In pairs, read out what Francisco says about his uncle, paying attention to pronunciation. Write down the verbs and classify them according to their tense. Then translate them into English.

Example: 1 *hacía (imperfect) – he used to do*

1 En el pasado mi tío nunca **hacía** deporte.
2 **No dormía** bien y siempre **estaba** enfadado.
3 **Tenía** problemas de salud porque **fumaba** mucho.
4 **Fue** al doctor y **decidió** cambiar su estilo de vida.
5 **Comenzó** a hacer ejercicio y **dejó de** fumar y beber.
6 En el futuro **hará** meditación y **montará** en bici.

¡En marcha! (Units 1–5)

 7 Translate these sentences into Spanish.

Imperfect tense
Preterite tense
Present tense

Indefinite adjectives – look back at page 83.

1 Before I didn't have a healthy diet.
2 I used to eat unhealthy food and too many chips.
3 One day I decided to change my lifestyle.
4 I started to exercise. Now I do it every week.
5 If I sleep well every night, I will have more energy.

Direct object pronoun
Simple future tense

noventa y cinco 95

Módulo 4 Leer y escuchar

Reading

Leer 1

Daily routine. Read Paula's post about her daily routine.

Me levanto temprano porque me gusta hacer ejercicio por la mañana – es relajante. Ya tengo todo preparado para el día: mi uniforme, los libros. Tomo un desayuno ligero como fruta. No me gustan los pasteles, pero me encanta el pan. Intento comer sano y ***evito*** comer mucho azúcar.

ligero/a light

a Complete the sentences below. Choose the correct letter, A, B or C, for each question.
  (i) Before she gets ready for school, Paula likes to …
   A read a book.
   B iron her uniform.
   C exercise.
  (ii) For breakfast, she likes to eat …
   A a light meal.
   B a lot of bread.
   C cakes.

b Which of these is the best translation for the word ***evito***? Choose the correct letter, A, B or C.
   A I enjoy
   B I avoid
   C I try to

Leer 2

Food. Read Alejandro's and Alba's emails about what they like to eat. Answer the questions **in English**. You do not have to write in full sentences.

Hola Alba:
No como carne y no como pescado porque soy vegetariano. Me encantan las verduras y el queso, pero no me gusta mucho comer huevos. Siempre vuelvo a casa para comer a mediodía porque no me gusta comer en el instituto.
Alejandro

Hola Alejandro:
Todos los viernes podemos comer comida de otros países en mi colegio. La semana pasada comí tortillas, una comida mexicana. ¡Me encantó! No me gusta la comida malsana y nunca como comida rápida.
Alba

a Alejandro:
  (i) One thing that he likes to eat
  (ii) The reason that he goes home for lunch

Watch out for negatives.

b Alba:
  (i) The type of food that is available in Alba's school on Fridays
  (ii) Food that she does not like

Leer 3

Physical health. Translate the following sentences **into English**.

These words will help you to work out which tenses to use.

a Tengo un estilo de vida sano.
b Hago ejercicio cada semana.
c Normalmente duermo ocho horas al día.
d Mi hermano mayor no es muy activo.
e Ayer estaba enfermo porque bebió demasiadas bebidas con azúcar.

Módulo 4

Listening

1 **Lifestyle.** Juan is talking about his lifestyle choices. What does he say? Listen and choose the correct letter, A, B or C, for each question.

a Juan used to …
  A exercise regularly.
  B eat lots of cakes.
  C drink lots of water.

b From time to time, he …
  A ate pizza.
  B felt unwell.
  C drank alcohol.

c He always felt …
  A tired.
  B hungry.
  C irritable.

d He decided to change his …
  A diet.
  B exercise regime.
  C lifestyle.

> Remember that you will sometimes hear about things that the speaker is **not** doing. Remember to listen for negatives such as *no, nunca, nada, nadie*. These words may affect the answer you choose.

2 **Health.** Lola is talking about her health. What does she say? Complete the gap in each sentence using a word or a phrase from the box below. There are more words/phrases than gaps.

a Lola has recently injured her ___.
b She did not hurt her ___.
c She thinks it's important to ___.
d In the future, she will ___.
e She won't ___.

> foot   arm   back   head
> be active   take risks   drink water   have a healthy diet
> take drugs   try a sport   eat sugary foods

> Before you listen, check which words/phrases would make sense in each gap. In this task, which row do you need to select from to complete each sentence?

3 **Food.** Listen to Nadim talking about his life when he was younger. Which things did he use to do? Listen and write down the correct letter (A–F) for each of the three correct options.

A watch films	D go out with friends
B eat vegetables	E play on his games console
C play sport	F eat cakes

4 You are going to hear someone talking about healthy lifestyles. Sentences 1–3: write down the missing words for each gap. For each gap, you will write **one** word **in Spanish**. (1–3)

1 ___ mucha fruta ___.
2 ___ con mis ___ de clase.
3 Intento dormir ___ ocho ___.

> These words may be unfamiliar so listen carefully to the sounds.

Sentences 4–6: write down the full sentences that you hear **in Spanish**. (4–6)

> Listen out for the following sounds:
> • **ca, co, cu** – which sound like 'k' in English
> • **rr** – which sounds like an engine revving!
> • **h** – which is silent in Spanish.

Módulo 4 Prueba oral

Read aloud

 1 Look at this task. With a partner, read aloud the <u>five</u> sentences, paying attention to the underlined letters.

Take extra care with how you pronounce these sounds:
- **ll** sounds like 'y' in English
- **v** is pronounced the same as **b**
- **ca**, **co**, **cu** sound like 'k' in English
- **z** sounds like 'th' in the English word 'thing'
- **e** is pronounced like 'eh' in English.

Daniel, your Spanish friend, has written a letter about his wellbeing.

Read out the text below to your partner.

L̲levar un estilo de v̲ida sano es importante.
Me gusta c̲orrer y j̲ugar al tenis.
Mi familia no c̲ome muchos pasteles.
C̲uando salgo al aire libre, estoy feliz̲.
Creo que pasaré̲ más tiempo en la naturalez̲a.

 2 Listen and check your pronunciation.

 3 Listen to the teacher asking the <u>two</u> follow-up questions. Translate each question **into English** and prepare your own answers **in Spanish**. Then listen again and respond to the teacher.

Role play

 1 Look at the role-play card and prepare what you are going to say.

Setting: At a restaurant

Scenario:
- You are talking to the waiter/waitress while on a school trip to Spain.
- The teacher will play the part of the waiter/waitress and will speak first.
- The teacher will ask questions **in Spanish** and you must answer **in Spanish**.
- Say a few words or a short phrase/sentence for each prompt. One-word answers are not sufficient to gain full marks.

Task:
1 Say for how many people you would like a table.
2 Say what you want to eat.
3 Give your opinion of Spanish food.
4 Say what you like doing in the town.
5 Ask a question about the price.

You choose how many people. Which verb will you use?

For example, you could ask 'How much is a bottle of water?'.

Keep your answer simple – you only need to mention one thing.

You could use an opinion verb such as 'I like' or an adjective such as 'tasty'.

Which form of the verb must you use after 'I like'?

 2 Practise what you have prepared. Then, using your notes, listen and respond to the teacher.

 3 Now listen to Jenny doing the role play task and write down the following information **in English**:
a how she answers points 1 and 2
b the opinion that she gives in point 3
c the verb that she uses in point 4.

98 noventa y ocho

Picture task

 1 Look at the photo below and read the **first part** of the task card. Then listen to Ollie describing the photo.

1. Where does Ollie say the people are?
2. How does Ollie describe the two people? (Give three details.)
3. What does Ollie say the woman is doing?

Prepare your own description of the photo.
Your description must cover:
- people
- location
- activity.

When you have finished your description, you will be asked **two questions** relating to the picture. Say a short **phrase/sentence** in response to each question.

One-word answers will not be sufficient to gain full marks.

You will then move on to a **conversation** on the broader thematic context of **Lifestyle and well-being**. During the conversation, you will be asked questions in the present, past and future tenses. Your responses should be as **full and detailed** as possible.

To talk about what someone is wearing, remember to use *lleva*.

 2 Prepare your own description of the photo, mentioning **people**, **location** and **activity**. Then, with a partner, take turns to describe the picture.

 Use *estar* to describe location and with the present continuous tense to say what people are doing.
Use *ser* for physical description and professions.

 3 Read the **second part** of the task card. Then listen to the **two** follow-up questions and respond to the teacher. Remember: you only need to give a short answer to each one.

 4 Read the **third part** of the task card. The teacher asks Ollie **two** further questions as part of the wider conversation. Listen and choose the correct letter (A–D) for each of the **two** correct statements.

Ollie ...

A	gets up at seven thirty.
B	always has breakfast.
C	has lunch at home.
D	wants to spend more time in nature.

- *Háblame de tu rutina diaria.*
- *¿Qué harás en el futuro para tener una buena salud?*

 5 Now prepare your own answers to the questions in exercise 4. Your responses should be as full and detailed as possible. Then listen to the questions and give your answers.

 6 Prepare your own answers to Módulo 4 questions 1–10 on page 228. Then practise with your partner.

Remember to use opinion phrases, time phrases, connectives and a range of verbs in present, past and future tenses.

noventa y nueve

Módulo 4 Prueba escrita

Photo description

 1 Look at this writing task. Spend one minute looking at the photo and thinking of useful vocabulary and structures you could use. Share and compare your ideas with a partner.

Describe the picture. Write four short sentences **in Spanish**.

You could include:
- who/what is in the photo
- where they are
- what they look like
- what they are doing (using the present tense or present continuous).

40–50 word writing task

 1 Look at this writing task and then, <u>for each bullet point</u>:
1. think about what vocabulary you have learned which you could use in your answer. For example:
   - **nouns** and **verbs** to talk about what you eat
   - **verbs of opinion** and **adjectives** to give your opinion
   - how to say what you will eat in the future.
2. write down <u>two or three</u> ideas for what you could write about
3. write down which tense(s) you will need to use in your answer.

Write a blog about your diet.

You **must** include the following points:
- a description of your diet
- your opinion of having a healthy diet
- what type of food you will eat in the future.

Write your answer **in Spanish**. You should aim to write between 40 and 50 words.

You don't have to tell the truth! Stick to what you've learned to say in Spanish, and don't worry if it doesn't accurately describe your approach to food in real life.

 2 Now read Jay's answer to this exam task. Answer the questions in the callouts.

1 What does Jay say about the **type** of food he eats? — Tomo mucha fruta y me gusta comer pasta. Intento comer comida sana pero a veces como pizza en casa.

2 What is his **opinion** about having a healthy diet? What else does he say? — Es importante llevar una dieta sana. No hay que comer demasiado azúcar.

En el futuro, comeré verduras con carne o pescado y fruta de postre. También me gustaría intentar cocinar comida mexicana.

3 Which verb shows that Jay is talking about the **future**? Which **foods** does he mention?

100 *cien*

Escribir 3 Now prepare your own answer to the 40–50 word writing task in exercise 1.

- Think about how you can develop your answer for each bullet point.
- Look back at your notes from exercises 1 and 2.
- Look at the 'Challenge checklist' and think about how you can show off your Spanish!
- Write a **brief** plan and organise your answer into <u>four</u> short paragraphs.
- Write your answer and then check the accuracy of what you have written.

Challenge checklist	
	✓ Present and future time frames ✓ Connectives, time phrases, sequencers ✓ Opinion phrases
	✓ Opinions with reasons ✓ Negatives (e.g. *nunca bebo*) ✓ A range of interesting vocabulary
	✓ Infinitive phrases (*me gustaría* + infinitive) ✓ Different persons of the verb ✓ A wider variety of connectives

Translation

Escribir 1 Read the English sentences and Priya's translation of them. Write down the missing word for each gap.

a I love eating fruit.
b My sister drinks a lot of water.
c She always has breakfast in the morning.
d I want to have a healthy lifestyle.
e Next year, I am going to do more sport in my free time.

a Me **1** comer **2** .
b Mi **3** bebe **4** agua.
c Ella **5** toma el desayuno por la **6** .
d **7** tener una vida **8** .
e El **9** próximo voy a hacer **10** deporte en mi tiempo libre.

Escribir 2 Translate the following <u>five</u> sentences **into Spanish**.

Remember that adjectives usually go after a noun in Spanish.

Take care not to miss any of the words from the English text when translating into Spanish.

a I like having a healthy lifestyle.
b My mum eats a lot of fish.
c It's always important to sleep well.
d My brother does exercise every day after school.
e Tomorrow I am going to relax in the afternoon.

Remember: *de + el = del*.

For this time phrase, which word will you need before 'the afternoon'?

 Remember that adjectives must agree with the noun that they describe.

Módulo 4 Palabras

Key:
bold = this word will appear in higher exams only
* = this word is not on the vocabulary list, but you may use it in your own sentences

¡Qué rico! (pages 80–81):

El/La ... es de ...	... is from ...
Los/Las ... son de ...	... are from ...
España / *Argentina / *Chile	Spain / Argentina / Chile
*Cuba / *México / *Perú	Cuba / Mexico / Peru
argentino/a	Argentinian
chileno/a	Chilean
cubano/a	Cuban
español/a	Spanish
mexicano/a	Mexican
peruano/a	Peruvian
¿Qué te gustaría comer y beber?	What would you like to eat and drink?
Me gustaría comer/beber ...	I would like to eat/drink ...
porque es / son ...	because it is / they are ...
muy sano/a(s)	very healthy
fácil(es) de preparar	easy to prepare
típico/a(s) en ...	typical in ...
rico/a(s)	tasty
una comida ...	a ... food
tradicional	traditional
típica	typical
popular	popular
ideal(es) cuando hace calor/frío	ideal when it is hot/cold
porque soy vegetariano/a / vegano/a	beause I am vegetarian / vegan
Pero no me gustaría comer/beber ...	But I would not like to eat/drink ...
porque no me gusta(n) ...	because I do not like ...

Llevas una vida sana (pages 82–83):

¿Cómo es tu rutina?	What is your routine like?
¿Qué haces en un día normal durante la semana?	What do you do on a normal day during the week?
¿Qué haces los fines de semana?	What do you do at the weekend?
Los fines de semana ...	At the weekend ...
me despierto ...	I wake up ...
me levanto ...	I get up ...
me voy a la cama ...	I go to bed ...
tomo el desayuno / el almuerzo	I have breakfast / lunch
tomo la merienda / la cena	I have an afternoon snack / dinner
como ...	I eat ...
termino las clases ...	I finish classes ...
vuelvo a casa	I return/go home ...
voy al estadio ...	I go to the stadium ...
hago ejercicio/deporte/ *meditación ...	I do exercise/sport/ meditation ...
pronto / más tarde	early / later
a las (siete) / a mediodía	at (seven) / at midday
a la misma hora todos los días	at the same time every day
cada día / cada (sábado)	every day / every (Saturday)
¿Prefieres los días normales o los fines de semana? ¿Por qué?	Do you prefer normal days or weekends? Why?
Prefiero los días normales / fines de semana porque ...	I prefer normal days / weekends because ...
¿Qué haces por la mañana normalmente?	What do you do in the morning normally?
Normalmente ...	Normally ...
Primero ...	First ...
Luego ...	Then ...
Finalmente ...	Finally ...
Después de las clases ...	After classes ...
¿A qué hora ...?	At what time do ...?
te despiertas	you wake up
te levantas	you get up
te vistes	you get dressed
te preparas	you get ready
te vas a la cama	you go to bed
vuelves a casa	you return/go home
tomas la cena	you have dinner

¿Somos lo que comemos? (pages 84–85):

¿De qué nacionalidad eres?	What nationality are you?
¿De dónde eres?	Where are you from?
Soy de España.	I am from Spain.
Soy español(a).	I am Spanish.
¿A qué hora tomas ... ?	(At) What time do you have ...?
el desayuno / el almuerzo	breakfast / lunch
la merienda / la cena	an afternoon snack / dinner
Normalmente / Generalmente ...	Normally / Generally ...
lo/la tomo ...	I have it ...
a la(s) ...	at ...
entre la(s) ... y la(s) ...	between ... and ...
A veces como a la(s) ..., pero los fines de semana como a la(s) ...	Sometimes I eat at ..., but at the weekend I eat at ...
¿Cómo es tu dieta?	What's your diet like?
(Creo que) Tengo una dieta bastante ...	(I think) I have a quite ... diet
diversa / sana	diverse / healthy
tradicional / típica	traditional / typical
porque soy vegetariano/a / vegano/a	because I am vegetarian / vegan
No tengo una dieta sana porque a veces como ...	I don't have a healthy diet because sometimes I eat ...
comida malsana	unhealthy food
demasiados pasteles	too many cakes
Para la cena tomo ...	For dinner I have ...
arroz / pescado / carne	rice / fish / meat
huevos / tortilla	eggs / omelette
¿Qué hay que hacer para tener una dieta sana?	What do you have to do to have a healthy diet?
Hay que comer una dieta ...	You/One must eat a diet ...
rica en (verduras/fruta)	rich in (vegetables/fruit)
diversa	diverse
Se necesita beber agua.	You/One need(s) to drink water.

¡Los tiempos cambian! (pages 86–87):

Mi vida antes y ahora	My life before and now
Cuando era más pequeño/a / joven …	When I was little / younger …
Antes / Cuando tenía … años, …	Before / When I was … years old, …
me levantaba temprano/tarde	I used to get up early/late
me iba a la cama tarde/temprano	I used to go to bed late/early
¿Qué te gustaba comer y beber?	What did you use to like to eat and drink?
Comía …	I used to eat …
comida rápida	fast food
pan / queso / arroz	bread / cheese / rice
demasiadas patatas fritas	too many chips
Bebía …	I used to drink …
demasiado café	too much coffee
bebidas con azúcar	sugary drinks
Tenía una dieta sana / malsana.	I used to have a healthy / an unhealthy diet.
No me gustaban las verduras.	I didn't use to like vegetables.
Me gustaba comer pasteles.	I used to eat cakes.
Siempre/Nunca tenía hambre.	I always/never used to be hungry.
¿Qué hacías en tu tiempo libre?	What did you use to do in your free time?
Era muy activo/a.	I used to be very active.
(Nunca) Hacía (mucho) deporte.	I (never) used to do (lots of) sport.
No hacía (mucho) deporte/ejercicio.	I didn't use to do (much) sport/exercise.
(Nunca) Jugaba a los *videojuegos.	I (never) used to play video games.
No jugaba a …	I didn't use to play …
No veía series/vídeos.	I didn't use to watch series/videos.
(No)No tenía mucha energía.	I (didn't) use to have much energy.
Pero ahora …	But now …
me levanto temprano/tarde	I get up early/late
me voy a la cama las diez	I go to bed at ten o'clock
Como / Bebo …	I eat / I drink …
Prefiero comer/beber …	I prefer to eat/drink …
No me gusta(n) …	I don't like …
Me gusta comer …	I like to eat …
Siempre/Nunca tengo hambre.	I am always/never hungry.
(No/Nunca) Hago …	I (don't/never) do …
(No/Nunca) Juego a …	I (don't/never) play…
(No/Nunca) Voy a …	I (don't/never) go…
(No/Nunca) Veo …	I (don't/never) watch …

¡Qué mal estoy! (pages 88–89):

¿Qué te pasa?	What's the matter with you?
Estoy enfermo/a / (muy) mal.	I'm ill / very bad.
Me duele …	My … hurts
la boca / la cabeza	mouth / head
la espalda / la garganta	back / throat
la mano / la nariz	hand / nose
la pierna / la rodilla	leg / knee
el brazo / el estómago / el pie	arm / stomach / foot
Me duelen …	My … hurt
los dientes / los dedos	teeth / fingers
los oídos / los ojos	ears / eyes
¿Desde cuándo estás así?	Since when have you been like this?
Desde ayer / la semana pasada	Since yesterday / last week
Ayer / La semana pasada …	Yesterday / Last week …
tuve un accidente	I had an accident
me rompí el brazo / la pierna	I broke my arm / leg
me corté el dedo	I cut my finger
me caí …	I fell …
de la bici	off my bike
en el parque / la calle	in the park / street
Debes …	You must …
Tienes que …	You have to …
ir al hospital inmediatamente	go to the hospital immediately
ir a la farmacia	go to the pharmacy/chemist's
descansar	rest
quedarte en la cama y dormir	stay in bed and sleep
pedir una cita con el doctor	ask for a doctor's appointment
comprar medicinas	buy medicines
Voy a ir a la cama.	I am going to go to bed.
Voy a pedir cita con el doctor.	I am going to ask for a doctor's appointment.

Cuerpo sano, mente sana (pages 90–91):

¿Cómo cambiarás tu estilo de vida para llevar una vida más sana?	How will you change your lifestyle to live a healthier life?
Si dejo de comer comida rápida, no tendré hambre todo el tiempo.	If I stop eating fast food, I won't be hungry all the time.
Si paso menos tiempo en las redes sociales, dormiré mejor.	If I spend less time on social media, I will sleep better.
Si cada noche duermo ocho horas, me levantaré con más energía.	If I sleep eight hours every night, I will get up with more energy.
Si practico más deporte, tendré más energía.	If I do more sport, I will have more energy.
Si practico la *meditación, mi salud mental mejorará y seré más feliz.	If I do meditation, my mental health will improve and I will be happier.
¿Qué harás para mejorar tu salud mental y física en el futuro?	What will you do to improve your mental and physical health in the future?
Para tener buena salud física, …	To have good physical health, …
comenzaré a hacer …	I will start to do …
haré ejercicio/deporte	I will do exercise/sport
nunca fumaré	I will never smoke
nunca tomaré drogas	I will never take drugs
Dejaré de …	I will stop …
comer comida malsana	eating unhealthy food
beber bebidas con azúcar	drinking sugary drinks
usar la tecnología / el móvil	using technology / my mobile
Para mejorar mi salud mental, pasaré …	To improve my mental health, I will spend …
más tiempo en la naturaleza	more time in nature
menos tiempo en las redes sociales	less time on social media
pediré ayuda	I will ask for help

Módulo 5 ¡A clase!

La vida escolar en España
- Learning about schools in Spain
- Using absolute superlatives

¿Lo sabías?

A la edad de doce años, los alumnos españoles dejan la escuela primaria y comienzan el instituto. Luego, a la edad de dieciséis años, hay dos opciones para continuar con los estudios: el Bachillerato (equivalente a los *A-Levels*) o la Formación Profesional.

> Estoy en …
> 1º (*primero*) de ESO.
> 2º (*segundo*) de ESO.
> 3º (*tercero*) de ESO.
> 4º (*cuarto*) de ESO.
> 1º (*primero*) de Bachillerato.
> 2º (*segundo*) de Bachillerato.

El año escolar
El año escolar comienza en septiembre y termina en junio. Hay dos semanas para las vacaciones de Navidad, una semana en abril – ¡y doce semanas en verano!

El día escolar
Normalmente, los alumnos van al instituto por la mañana. En algunos institutos, los alumnos mayores de dieciséis años pueden ir a clases por la noche si:
1. tienen trabajo, o
2. son deportistas o músicos de alto nivel.

¡Sus clases no terminan hasta las diez de la noche!

El uniforme
En el pasado, el uniforme escolar solamente era común en las escuelas privadas. Por ejemplo, una camisa, una corbata, una chaqueta y un pantalón o una falda. Ahora, es más común en las escuelas públicas también, pero todavía hay muchos colegios donde no hay uniforme escolar.

Las clases
En muchos institutos hay seis clases por día. En general, los alumnos llaman a los profesores por su nombre, no por su apellido.

la escuela pública	state school
el apellido	surname

1 Read the text above about schools in Spain. Copy and complete the sentences in English.

1. At the age of 12, Spanish children …
2. The school year starts in … and finishes …
3. In summer, Spanish pupils have …
4. In some schools, pupils who have a job can …
5. In the past, a school uniform was only common in …
6. Spanish children call their teachers …

2 Read the text again and write down the Spanish for the following phrases. Then take turns to read out the Spanish phrases, taking extra care with how you pronounce *ce*, *ci* and *z*.

1. they start secondary school
2. there are two options
3. the school year starts
4. the Christmas holidays
5. twelve weeks in summer
6. until ten o'clock at night

In most of Spain, **ce**, **ci** and **z** are pronounced like the 'th' in the English word 'thing'. In parts of southern Spain and in Latin America, they are pronounced like the 's' in 'sun'. Listen and repeat.
do**ce**   va**ca**c**i**ones   comen**z**ar

3 Listen to these teenagers from different Spanish-speaking countries talking about their school. Copy and complete the table in English. (1–4)

	School year starts	School year ends	What they wear for school
1			

| El año escolar | comienza en … |
| | termina en … |

Llevo	un jersey.	una camisa.
Llevamos	un vestido.	una camiseta.
Tengo que llevar	un pantalón.	una chaqueta.
	zapatos.	una falda.
	zapatillas de deporte.	

Zona de cultura

Módulo 5

En España, más de 8 millones de alumnos estudian en una de las 28.000 escuelas. Solo el 8 por ciento va a un colegio privado.

Nombre del colegio: Colegio Guzmán Miraflores
Tipo de instituto: público
Descripción: un edificio grande y antiguo
dos gimnasios, campos deportivos
Uniforme escolar: un jersey azul
una camiseta blanca
un pantalón o una falda gris

Leer 4

Read these opinions about life at *Colegio Guzmán Miraflores*. Which aspect is each pupil describing (a–e)? Is their opinion positive (P), negative (N) or positive and negative (P+N)?

1. Cuesta mucho dinero viajar a mi colegio – es carísimo.
   Clara

2. Los bocadillos son riquísimos, pero no son baratos.
   Natalia

3. La directora es simpática. Mi profesora de historia es buenísima – aprendo mucho en sus clases.
   Samuel

4. Creo que la falda es feísima, pero la chaqueta es bastante bonita.
   Isabel

5. El gimnasio nuevo es grandísimo. No trabajo en la biblioteca porque es muy pequeña.
   Andrés

a el uniforme
b el edificio
c la gente
d la comida
e el precio

G To say 'really [good]', 'extremely [expensive]', etc., use the **absolute superlative**.

Add **-ísimo/a** to the end of the adjective, and make it agree.
Es facilísimo/a.
It is **extremely easy**.

If the adjective ends in a vowel, remove it before adding the ending.
Son buenísimos/as.
They are **really good**

Page 116

Hablar 5

In pairs, talk about your school using the questions below. Include some examples of the absolute superlative. Use vocabulary from the word box and the texts above to help you.

- ¿Cómo se llama tu instituto?
- Mi instituto se llama … Es un instituto público/privado.
- ¿Qué ropa llevas en el insti?
- Llevo <u>una camisa blanca</u>, … y … En mi opinión, es …
- ¿Cómo es el edificio?
- El edificio es … Hay …
- ¿Te gusta la comida de tu insti?
- Sí, me gusta / No, no me gusta porque es …

bueno/a(s)   malo/a(s)
moderno/a(s) viejo/a(s)
caro/a(s)   barato/a(s)
bonito/a(s)   feo/a(s)
divertido/a(s) aburrido/a(s)

In Spanish, most adjectives come after the noun they are describing. Remember to make each adjective agree with the noun.
Llevo una camisa blanca y unos zapatos negros.

ciento cinco 105

1 Un día en el insti

- Talking about a typical day at school
- Forming questions
- Translating into English effectively

 Listen and read. Select the three correct statements below. Then translate the phrases in purple into English.

Polo y Santiago, Coahuila (México)

¿Cómo vas al instituto, Polo?

Normalmente voy al insti a pie, pero cuando llueve, voy en autobús.

¿A qué hora comienzan las clases?

Salgo de casa a las seis y media porque **las clases comienzan** a las siete de la mañana. ¡Es muy temprano! **Cada clase dura** una hora y hay un descanso a las diez.

¿Cuándo terminan las clases?

Normalmente **las clases terminan** a las tres, pero en este momento solamente voy al insti por la mañana porque hace muchísimo calor. ¡Hay temperaturas de más de cuarenta grados! Por la tarde, **vuelvo a casa**, donde tengo clases en línea.

¿Qué haces a la hora de comer?

Siempre voy a la cantina, donde compro algo para comer. ¡Los bocadillos son riquísimos! Luego, **voy a la biblioteca** o juego al baloncesto en el patio con mi amigo Santiago.

¿Qué día de la semana prefieres?

Prefiero los martes porque hago actividades extraescolares después del insti, y también los jueves, cuando **tengo mis asignaturas favoritas**.

1 Polo always walks to school.
2 He leaves home at 6.30 a.m.
3 His school is currently closed because of the heat.
4 Polo always buys something to eat in the canteen.
5 At lunchtime, he plays basketball outside.
6 He has his favourite subjects on Tuesdays.

 Listen to Rosa answering the five questions from exercise 1. Select the correct option for each question.

1 Rosa normally goes to school by **bike** / **bus** / **car**.
2 Break time is at **8.00** / **10.00** / **10.50**.
3 Lessons finish at 2.30 on **Mondays** / **Thursdays** / **Fridays**.
4 She speaks to her friends in the **playground** / **canteen** / **library**.
5 She plays football **every day** / **on Mondays** / **after school**.

> In the present tense, some verbs end in **-go** in the 'I' form only. They include:
> hacer → ha**go** (I do/make)
> poner → pon**go** (I put)
> salir → sal**go** (I go out/leave)
> tener → ten**go** (I have)
> venir → ven**go** (I come)

 In pairs, take turns to ask and answer the five questions from exercise 1.

- ¿Cómo vas al instituto?
- Normalmente voy al insti <u>en autobús</u>, pero cuando <u>hace sol</u> voy ...

Normalmente Cuando llueve Cuando hace [sol]	voy al insti	**a** pie. **en** [autobús].
Las clases	comienzan a las ... terminan a las ...	
A la hora de comer En el descanso	compro ... voy al / a la ...	hablo ... juego ...
Prefiero	los [lunes] porque ...	

106 ciento seis

Módulo 5

 Leer 4 Read the texts and write the correct name for each question. Then translate Raquel's text into English.

¿Qué actividades extraescolares haces?

Raquel

Los viernes ayudo con la radio escolar a la hora de comer. Me encanta porque es creativo y te ayuda a aprender cosas nuevas. Pero mi pasión es el deporte y juego al voleibol con el equipo después del insti. Ayer jugamos en una competición nacional – ¡y ganamos! Fue increíble.

Pablo

Mi pasión es el medioambiente y soy miembro del club 'Ecoescuela'. La semana pasada organicé una competición para celebrar el Día de la Biodiversidad. También toco en la banda y voy al club de baile. En mi opinión, es divertido porque te ayuda a hacer nuevos amigos. En marzo participé en un espectáculo y fue muy emocionante.

Who ...
1 plays in a team?
2 took part in a show?
3 likes to learn new things?
4 recently won a competition?
5 recently organised a competition?
6 plays an instrument?

> When translating into English, remember that some phrases do not translate word for word. Spanish often uses the word **de** to give more information about a noun.
> *la hora de comer* — lunchtime
> *el club de baile* — dance club

 Escuchar 5 Listen to some students talking about their extracurricular activities. Copy and complete the table in English. (1–4)

	Activity	When	Opinion (**one** detail)	Recent event (**one** detail)
1				

el jugador / la jugadora — player

> **G** Questions often start with a **question word**:
> **¿Qué?** (What?) **¿Cómo?** (How?)
> **¿Cuál?** (Which?) **¿Dónde?** (Where?)
> **¿Cuándo?** (When?) **¿Quién?** (Who?)
> **¿Cuánto/a?** (How much?)
>
> Usually, the <u>verb</u> immediately follows the question word:
> ¿Cuándo <u>termina</u> el insti?
> **When** does school <u>finish</u>?
> ¿Qué <u>hiciste</u> ayer?
> **What** did you <u>do</u> yesterday?
>
> When followed by a <u>noun</u>, ¿Qué? means 'Which?'.
> ¿**Qué** <u>día</u> prefieres? Which <u>day</u> do you prefer?
>
> Page 117

 Hablar 6 In pairs, take turns to ask and answer the following questions.
- ¿Qué actividades extraescolares haces?
  - Juego / Toco / Voy / Soy miembro de …
- ¿Cuándo lo haces?
  - Lo hago los <u>lunes</u>, <u>después del insti</u>.
- ¿Por qué te gusta?
  - Me gusta porque es … También te ayuda a …
- ¿Que hiciste recientemente?
  - <u>En septiembre</u> / <u>La semana pasada</u> …

Mi pasión es	el deporte / el arte / la música.
Los [lunes] A la hora de comer Después del insti	juego … toco … voy [al club / a clases de …]
Soy miembro	del club/equipo de [natación]. de la banda.
Es	divertido. emocionante. relajante.
Te ayuda a	aprender cosas nuevas. hacer nuevos amigos. ser creativo/a.
Participé en Organicé	un concierto. un espectáculo. una competición. una exposición.
Jugué [un partido].	Gané [un trofeo / una carrera].

 Escribir 7 Write a text about your extracurricular activities. Look at the texts in exercise 4 for ideas.

ciento siete 107

2 ¿Qué tal tus estudios?

- Talking about your studies
- Talking about the opinions of others
- Using correct spelling

 1 Listen and for each person write the following information in English. (1–5)
- the two subjects they mention
- their opinion of each subject

Me encanta (No) me gusta Odio	**el** dibujo **el** español **el** inglés **la** geografía **la** historia **la** informática **la** música **la** religión **la** educación física **la** tecnología	porque es	aburrid**o/a**. divertid**o/a**. dur**o/a**. práctic**o/a**. importante. imposible. interesante. fácil. difícil. útil.
Me encanta**n** (No) me gusta**n** Odio	**las** lenguas **las** ciencias **las** matemáticas	porque son	aburrid**as**. interesante**s**. fácil**es**. etc

 2 Complete the sentences with the correct subject in Spanish. Remember to include the definite article (**el**/**la**/**los**/**las**). Then translate the phrases in **bold** into English.

1 Me gustan ____, ya que **me interesa** la naturaleza.
2 **Prefiero** ____ y mi profe dice que pinto bien.
3 **Mi pasión es** ____ porque me encanta aprender sobre el pasado.
4 Me encanta ____ porque **soy aficionado** del deporte.
5 **No me interesan** los ordenadores y odio ____.
6 **Mi asignatura favorita es** ____ porque canto y toco en una banda.

> **decir (dice)** to say (he/she says)

> The four consonants in the word **CaRoLiNa** are the only ones which can be written as double letters in Spanish.
> ab**b**urrido
>
> Take extra care with cognates.
> di**f**ícil   impo**s**sible
>
> The only exceptions are some words taken from other languages (e.g. *el jazz*).

 3 In pairs, give your opinion about the subjects you study. Use phrases from exercise 2 to extend your answers.

- ¿Cuál es tu asignatura favorita?
- *Prefiero el/la/los/las ..., porque es/son ...*
- ¿Qué otras asignaturas te gustan?
- *También, me gusta(n) ..., ya que es/son ...*
- ¿Y qué asignaturas no te gustan?
- *Odio / No me gusta(n) nada ... porque es/son ...*

> **la lengua materna** mother tongue

En los países hispanohablantes, millones de jóvenes hablan dos o tres lenguas como lengua materna (por ejemplo, el quechua). En Perú, hay más de 20.000 escuelas bilingües, donde los alumnos tienen clases en español y en otra lengua.

Leer 4 Read the texts. Then copy and complete the sentences in English.

Alba: A mi amiga Rosa le gustan las matemáticas, pero yo prefiero la educación física porque me encanta correr. Odio la informática porque siempre tenemos muchos deberes. Mañana tengo un examen de historia, pero es duro recordar todas las fechas. Voy a estudiar mucho porque quiero aprobar.

Diego: Mi asignatura favorita es el inglés. No comprendo todo, pero me gusta aprender nuevas palabras. A mi amigo Ricardo le gusta la religión, pero en mi opinión es aburridísima. Desafortunadamente, tengo un examen pronto. Voy a aprender de mis errores y voy a participar más en clase porque quiero sacar buenas notas.

pronto — soon

1. **Alba** prefers … because she …
2. She hates … because they always have …
3. In history, she finds it hard to …
4. In English, **Diego** likes learning …
5. He thinks that religious studies is …
6. He is going to learn from … and participate …

G For verbs like *gustar*, *encantar* and *interesar*, change the **pronoun** to talk about other people's opinions.
me gusta(n) — I like
te gusta(n) — you like
le gusta(n) — he/she likes
les gusta(n) — they like

Always include the **definite article** (*el/la/los/las*) when giving an opinion of a noun.
No les gusta la historia. They don't like history.

Use the word *a* when mentioning another person.
A mi amigo le interesa el inglés.
My friend is interested in English.

Page 117

Hablar 5 In pairs, read out <u>one</u> of the texts from exercise 4, paying attention to the letters *r* and *rr*.

r is pronounced by touching your tongue against the back of your front teeth.
rr (or *r* at the start of a word) has a stronger, rolled sound – a bit like an engine revving!

Escuchar 6 Listen to some students talking about what they are going to do to improve. Copy and complete the table in English. (1–5)

¿Qué vas a hacer para mejorar?

	Subject	Is going to …	Wants to …
1	English	participate more …	

Voy a — escuchar/participar más en clase / aprender de mis errores / estudiar mucho / preguntar al profe si no comprendo

porque quiero — aprobar el examen. / mejorar mi nivel. / sacar buenas notas. / tener éxito.

Escribir 7 Translate these sentences into Spanish.

Include *el/la/los/las*.
Make the adjective agree with the noun.

1. I don't like English, but I love music because it's fun.
2. I prefer practical subjects because they are easy.
3. My friend likes history, but it's hard to remember all the dates.
4. I am going to study a lot because I want to get good grades in the exam.

See the green grammar box.
See Alba's text in exercise 4.
Near future tense

3 ¿Cómo cambiarías tu instituto?

- Talking about how you would change your school
- Using the conditional tense
- Using impersonal verbs with an infinitive

Leer 1 Read how these students would improve their school and match each text (1–6) to the photo captions (a–f). Then translate the six conditional tense verbs in **bold** into English.

¿Cómo cambiarías tu instituto?

a **Pondría** una piscina.

b **Mejoraría** la comida.

c **Cambiaría** las reglas.

d **Bajaría** el precio del uniforme.

e **Organizaría** más actividades extraescolares.

f **Lucharía** contra el acoso.

el acoso — bullying

1 La chaqueta y la corbata son carísimas.
2 No se puede hacer natación en mi insti.
3 Los bocadillos son malísimos.
4 No hay muchas actividades después del insti.
5 Está prohibido usar el móvil. No es justo.
6 Muchos alumnos tienen miedo en el insti.

> **G** Use the **conditional tense** to say what you would do.
> You already know *me gustaría* (I would like).
>
> To form the conditional, add the imperfect tense endings of *-er/-ir* verbs to the infinitive.
> *compraría* — I would buy
> *comprarías* — you (singular) would buy
> *compraría* — he/she would buy
>
> Some verbs have an **irregular stem**. They include:
> *tener* → **tendría** (I would have)
> *poner* → **pondría** (I would put)
> See page 117 for other verbs with an irregular stem.
>
> **Page 117**

Escuchar 2 Listen to check your answers to exercise 1. Select which additional change each person would make to their school. (1–6)

1 Íñigo would open a **cinema** / **video games room**.
2 Eliana would serve **chips** / **ice cream** every day.
3 Sebastián would buy a **tablet** / **laptop** for every pupil.
4 Valentina would change the school **year** / **day**.
5 Julieta would change the **colour** / **style** of the uniform.
6 Jaime would paint the **library** / **classrooms**.

These are conditional verbs that you will hear in Escuchar 2. Can you match them to the English translations in 1–6 before you listen?
Example: abriría – he would open

abriría   pintaría   cambiaría
serviría   compraría

3 In pairs, discuss what you would change in your school. Use exercises 1 and 2 to help you.

- ¿Cómo cambiarías tu instituto?
- Primero, *mejoraría la comida* porque <u>los bocadillos son malísimos</u>. Luego, <u>pintaría las clases</u>. ¿Y tú?
- Primero, ...

4 Read the list of school rules and write the correct letter (a–f) for each one.

Normas para los alumnos de secundaria

1 Se debe respetar a los profesores.
2 No se debe usar el móvil en el instituto.
3 Está prohibido ir al servicio durante la clase.
4 Está prohibido comer en clase.
5 Hay que quedarse sentado en clase.
6 Hay que llegar a tiempo.

G These **impersonal verbs** are followed by the <u>infinitive</u>:
hay que — you/one must
(no) se debe — you/one must (not)
está prohibido — it is forbidden (to)

No se debe <u>comer</u> en clase.
You mustn't <u>eat</u> in class.

(no) estoy de acuerdo con — I (don't) agree with

5 Listen to some pupils discussing the rules from exercise 4. For each person, write down the correct letter (a–f). Then listen again and write down **why** they agree/disagree with the rule in English. (1–5)

6 Write a text about what you would change in your school. Mention:

- a school rule that you disagree with
- why you would change it
- <u>two</u> other changes you would make and why.

En mi insti <u>no se debe comer</u> ...
Cambiaría esta regla porque ...
También, <u>pondría</u> ... porque ...
Finalmente, ...

7 Read the text and select the correct option to complete each sentence.

Clases con perros

Respétame es el nombre de un programa creado por la Fundación Affinity y la escuela Lleó XIII de Barcelona para reducir el acoso en el instituto.

Durante doce semanas, los alumnos tienen clases especiales. Hacen actividades diferentes con los perros y aprenden el respeto, la cooperación y la buena comunicación.

Muchos perros diferentes participan en los ejercicios – grandes y pequeños, algunos rápidos en aprender y otros más lentos.

Los alumnos aprenden la importancia de trabajar en equipo y de aceptar las diferencias.

1 Lleó XIII is the name of a **dog** / **charity** / **school**.
2 The programme aims to reduce **animal cruelty** / **bullying** / **stress**.
3 It lasts **two** / **ten** / **twelve** weeks.
4 Some dogs **learn** / **run** / **eat** more quickly than others.
5 Pupils learn to work **hard** / **in a team** / **with animals**.

4 La gente de mi insti

- Talking about students and teachers at school
- Using negatives
- Forming 'yes/no' questions

Read this survey and look at how Gorka has answered each question. Then correct the mistake in each of the four statements in English.

¿Qué tipo de alumno eres?

1 ¿Cuándo llegas al insti por la mañana?
  - **a** Siempre llego temprano.
  - **b** A veces llego un poco tarde.
  - **c** **Nunca** llego a tiempo.

2 ¿Qué cosas llevas al instituto?
  - **a** Siempre llevo mis cuadernos y mis libros.
  - **b** A veces olvido algo.
  - **c** **No** llevo **ningún equipo** al instituto.

3 ¿Cómo te preparas para los exámenes?
  - **a** Estudio mucho para los exámenes.
  - **b** Estudio un poco, si tengo tiempo.
  - **c** **No** hago **nada**.

4 ¿Aprendes mucho en clase?
  - **a** Sí, porque siempre escucho al profe.
  - **b** Depende. A veces hablo con mis amigos.
  - **c** No, porque no escucho a **nadie**.

Tus respuestas
- Mayoría de **a** Siempre eres responsable, trabajador(a) e independiente.
- Mayoría de **b** A veces eres un(a) buen(a) estudiante, pero podrías hacer más.
- Mayoría de **c** Necesitas una actitud más positiva si quieres tener éxito.

1. Gorka always arrives late for school.
2. He often forgets something.
3. He studies a lot for his exams, if he has time.
4. Sometimes he argues with his friends in class.

> **G** Many **negative** expressions form a 'sandwich' around the verb:
>
> | | |
> |---|---|
> | **No** hago **nada**. | I **don't** do **anything**. |
> | **No** escucho a **nadie**. | I **don't** listen to **anyone**. |
> | **No** llevo **ningún** equipo. | I **don't** take **any** equipment. |
> | **No** me gusta **ninguna** asignatura. | I **don't** like **any / a single** subject. |
>
> **Nunca** (never) can go before or after the verb. When used after, add **no** before the verb.
> **Nunca** leo. / **No** leo **nunca**. I **never** read.
>
> Page 118

Leer 2 Write down your own answers to the survey to find out what sort of student you are. Then translate option **c** of each question into English.

Escuchar 3 Listen to Yoli answering the survey. Write down the four correct letters. Then listen again and write down her reason for each answer in English. (1–4)

		organiz**ado/a**.
(No) Soy	muy bastante	trabajador(**a**). responsable.
(No) Es		aburr**ido/a**. importante.
Salgo de casa	temprano.	a tiempo. tarde.
(No) Me gusta	aprender.	escuchar. hablar.

Hablar 4 In pairs, take turns to ask and answer the survey in exercise 1. Try to extend your answers by giving reasons. Use the language in the blue box to help you.

For 'yes/no' questions, just use question marks (when writing) or correct intonation (when speaking) to turn the statement into a question.

Aprendes mucho en clase. You learn a lot in class.
¿Aprendes mucho en clase? Do you learn a lot in class?

Módulo 5

 5 Write the correct letters (a–h) for each sentence (1–2) to complete Paula's descriptions of what her maths teacher **is** like and what her perfect teacher **would be** like. Then listen and write down <u>one</u> more detail about each teacher in English. (1–2)

1 Mi profe de matemáticas …

2 Mi profe perfecto/a …

Present tense verbs describe what someone/something **is** like.
Conditional tense verbs describe what someone/something **would be** like.

a sería divertid**o/a** y alegre.
b es trabajador(a) pero aburrid**o/a**.
c no es muy agradable.
d no sería muy estrict**o/a**.
e pone muchos deberes.
f no pondría deberes.
g nunca estaría enfadad**o/a**.
h nunca está content**o/a**.

Hablar 6 In pairs, take turns to read out the text. Pay attention to the letters **ñ** and **u**. Then put the pictures below (a–e) in the order in which they are mentioned.

The letter **ñ** is pronounced 'ny', as in the English word 'canyon'.
The letter **u** is a short, crisp sound which is pronounced with your lips rounded and pushing forward.

Me llamo Íñigo. Soy **u**n b**u**en al**u**mno y n**u**nca llego tarde por la ma**ñ**ana, pero mi amiga Bego**ñ**a no tiene **u**na actit**u**d positiva en el instit**u**to. No esc**u**cha en clase, n**u**nca tiene bolígrafo y hace los deberes en el autob**ú**s.

Me llevo bien con mi profesor de dib**u**jo porque me deja esc**u**char m**ú**sica en clase. Pero no me g**u**sta nada la se**ñ**ora N**úñ**ez, mi profe de espa**ñ**ol. S**u**s clases son ab**u**rridas y me trata como a **u**n ni**ñ**o peque**ñ**o.

Mi profesor perfecto sería g**u**ay y n**u**nca pondría exámenes.

a

b

c

d

e

 7 Listen to check your pronunciation. In Spanish, write down the <u>seven</u> differences in the recording.

 8 Write a text about your teachers and what your perfect teacher would be like.

- Me llevo bien con mi profesor(a) de <u>inglés</u> porque es <u>alegre</u>.
- También me deja <u>comer</u> en clase y no pone …
- No me gusta mi profesor(a) de …, porque …
- Mi profesor(a) perfecto/a sería … y …
- Nunca …

	es sería	divertido/a. estricto/a. serio/a.	alegre. agradable. guay.
(No) (Nunca)	está estaría	contento/a. enfadado/a.	
	me deja me dejaría	hablar … comer …	escuchar … beber …
	pone pondría	muchos exámenes. muchos deberes.	

ciento trece 113

5 El viaje de fin de curso

- Describing a school trip in the past
- Using adjectives and adverbs
- Identifying false friends

1 Listen and read. Match each caption (1–5) to the correct paragraph (A–E).

1 Tuvimos una clase de cocina.
2 Fuimos a un parque temático.
3 Visitamos un acuario enorme.
4 Vimos muchos animales.
5 Hizo buen tiempo.

En muchos países hispanohablantes, los alumnos hacen **un viaje de fin de curso** cuando terminan los estudios de secundaria.

Normalmente los padres lo tienen que pagar, pero en Buenos Aires (Argentina), los alumnos pueden hacer un viaje de tres noches – ¡y es gratuito!

Noticias

Viaje de fin de curso 4º ESO

Yolanda Marzo, alumna de 4ºC, describe el viaje de fin de curso a Valencia.

A **Recientemente** fui a Valencia con mi clase y fue muy divertido. El primer día visitamos el Parque Natural de la Albufera. **Normalmente** no me interesa la naturaleza, pero me encantó.

B Por la noche, aprendimos a preparar la paella, la comida tradicional de arroz de Valencia. Fue un poco difícil, pero aprendí **rápidamente**. ¡Estaba riquísima!

C El segundo día jugamos un partido de voleibol en la playa. Hizo sol y mucho calor. **Desafortunadamente**, mi amigo Esteban perdió su móvil.

D El tercer día fue **completamente** diferente – hizo mal tiempo y llovió mucho. Pero no importó porque visitamos L'Oceanogràfic y fue emocionante.

E **Finalmente**, el último día, fuimos a Terra Mítica, donde había mucha gente. Bebimos horchata, una bebida típica de Valencia, pero nuestro director bebió demasiado y vomitó en una montaña rusa. Fue **realmente** terrible.

El viaje fue un gran éxito. Valencia es una ciudad **verdaderamente** única y me gustaría volver en el futuro.

Yolanda

L'Oceanogràfic

Terra Mítica

2 Read the text again and answer the following questions in English. Then translate the eight adverbs ending in *-mente* into English.

1 What did they do on the first day?
2 What does Yolanda tell us about paella? (Give two details.)
3 What did her friend Esteban do?
4 Why didn't it matter when it rained?
5 Why was the headteacher sick?

Look out for **'false friends'** – words that look or sound like an English word but have a different meaning.
What do these words/phrases from the text in exercise 1 mean?

divertido   partido   playa   no importó
emocionante   último   gran   éxito

3 Listen to another pupil describing the class trip from exercise 1. Write down the five details that do not match Yolanda's text in English. (1–5)

Adverbs are used to say when, where or how something is done. In English, many adverbs end in '-ly'.

In Spanish, add **-mente** to the **feminine** form of the adjective.

rápido → rápida → rápidamente (quickly)
fácil → fácil → fácilmente (easily)

4 Copy and translate these phrases from exercise 1 into English. Then <u>underline</u> the adjectives in both Spanish and English.

Example: 1 visitamos un acuario <u>enorme</u> –
we visited an <u>enormous</u> aquarium

1 visitamos un acuario enorme
2 vimos muchos animales
3 la comida tradicional de arroz
4 el tercer día
5 hizo mal tiempo
6 una bebida típica
7 fue un gran éxito
8 es una ciudad única

> **G** Adjectives must agree with the noun they are describing and usually come after the noun.
> una bebid**a** típic**a**   a **typical** drink
>
> Some adjectives come before the noun. These include:
> **mucho/a** (much/a lot)   **próximo/a** (next)
> **poco/a** (little/few)   **último/a** (last/latest)
>
> Some adjectives are shortened before a **masculine** singular noun:
> primer**o** → **primer**   buen**o** → **buen**
> tercer**o** → **tercer**   mal**o** → **mal**
>
> When used before any singular noun, **grande** shortens to **gran** and often means 'great'.
> una **gran** persona   a **great** person
>
> The word **único** means 'only' when used before a noun, and 'unique' when used after.
>
> Page 119

5 Read the text and look at the words in brackets. Write the correct form of each adverb ending in *-mente* and change the spelling of each adjective to match the noun it is describing.

1 (**reciente**) fui a Bariloche en la Patagonia con mi clase.
2 (**general**) hizo 3 (**bueno**) tiempo y me encantó.
El 4 (**primero**) día llegamos al hotel y luego salimos 5 (**inmediato**) para visitar el parque nacional. Tenía vistas 6 (**maravilloso**) de las montañas, los bosques y los lagos – fue una experiencia 7 (**único**).
El viaje fue increíble – 8 (**especial**) la 9 (**último**) noche, cuando tuvimos una fiesta. Fue una 10 (**grande**) oportunidad para celebrar el fin de nuestros estudios.

El Lago Nahuel Huapi, Argentina

6 In pairs, talk about a school trip using the questions below.

- ¿Adónde fuiste?
- ¿Qué actividades hiciste?
- ¿Qué tiempo hizo?
- ¿Cómo era (el pueblo / la ciudad)?
- ¿Te gustaría volver en el futuro?

- Fui a <u>Liverpool</u> con mi clase y fue <u>increíble</u>.
- El primer día <u>fuimos</u> ... Luego <u>visitamos</u> ...
  El segundo día ... Fue ...
- Hizo sol y ...
- La ciudad era <u>bonita</u> y había <u>mucha gente</u>.
- Sí, me gustaría / No, no me gustaría volver porque ...

7 Use your imagination to write about an end-of-year school trip to Barcelona. Use exercise 6 and this trip itinerary to help you.

Viaje de fin de curso a Barcelona

	mañana	tarde/noche
Día 1	Monumentos históricos	Espectáculo de agua, música y luces
Día 2	Actividades deportivas (playa)	Compras (centro comercial)
Día 3	Parque temático (PortAventura)	

> ⭐ Use the **preterite tense** to say what you did, what happened, what the weather was like and to give opinions in the past.
> fuimos   hicimos   visitamos
> vimos   compramos   comimos
>
> Use the **imperfect tense** to describe things in the past.
> era   estaba   había   tenía

Gramática 1

Absolute superlatives (Zona de cultura, page 105)

 Complete the sentences below with the absolute superlative form of the adjectives in brackets. Then translate the sentences into English.

Example: 1 Los profesores son **malísimos** y …
The teachers are really bad and …

1 Los profesores son **(malo)** y el edificio es **(viejo)**.
2 El insti es **(bueno)** y los alumnos son **(simpático)**.
3 El servicio en la cantina es **(lento)**, pero la comida es **(rico)**.
4 Las lenguas son **(útil)**, pero los exámenes son **(duro)**.
5 El uniforme escolar es **(caro)** y la chaqueta es **(feo)**.

> To say 'really [good]', 'extremely [expensive]', use the **absolute superlative**.
> Add **-ísimo/a** to the end of the adjective, and make it agree.
> **Las** ciencias son fac**ilísimas**.
>
> If the adjective ends in a vowel, remove it before adding **-ísimo/a**.
> barat~~o~~ → barat**ísimo**
>
> Some adjectives have a spelling change to preserve the sound.
> ri**c**o → ri**qu**ísimo
>
> Only the **-ísimo/a** part of the word has an accent.
> difícil → dific**ilísimo**
>
> You can only use the absolute superlative if it would also make sense to use **muy** or **bastante** before the adjective.
> grande ✓   famoso ✓   favorito ✗   primero ✗

Look at the article (**el**/**la**/**los**/**las**) to help you to make the adjective agree with the noun.

Forming questions (Unit 1, page 107)

 Write the words below in the correct order to form questions. Then translate each question into English.

1 terminan   ¿A qué hora   clases?   las
2 haces   el descanso?   en   ¿Qué
3 ¿Cuántos   en tu instituto? hay   alumnos
4 el uniforme?   te gusta   ¿Por qué   no
5 clase?   en   mucho   ¿Aprendes

 Select the most appropriate question word to complete each question.

1 ¿**Qué** / **Cuándo** / **Dónde** haces a la hora de comer?
2 ¿**Quién** / **Cuál** / **Cómo** vas al instituto?
3 ¿**Cuánto** / **Qué** / **Cuándo** comienzan las clases?
4 ¿**Dónde** / **Qué** / **Por qué** asignatura prefieres?
5 ¿**Quién** / **A qué hora** / **Qué** es tu profesor favorito?

> Questions often start with a **question word**:
>
> ¿**Qué**? (What?)   ¿**Cuál**? (Which?)
> ¿**Cómo**? (How?)   ¿**Dónde**? (Where?)
> ¿**Cuándo**? (When?)   ¿**Quién**? (Who?)
> ¿**Cuánto/a**? (How much?) ¿**Por qué**? (Why?)
> ¿**Cuántos/as**? (How many?) ¿**A qué hora**? (At what time?)
>
> Often, the verb immediately follows the **question word**:
> ¿**Cuándo** termina el insti?   **When** does school finish?
> ¿**Qué** hiciste?   **What** did you do?
>
> When followed by a noun, ¿**Qué**? means 'Which?'.
> ¿**Qué** día prefieres?   Which day do you prefer?
>
> For 'yes/no' questions, just use question marks (when writing) or correct intonation (when speaking) to turn the statement into a question.
> Te gusta el español.   You like Spanish.
> ¿Te gusta el español?   Do you like Spanish?

Talking about the opinions of others (Unit 2, page 109)

 4 Read the grammar box on page 109, then listen and write down the correct letter (a–f) for each person. Listen again and write down the opinion phrase, then translate it into English. (1–6)

Example: 1 e – les encanta – they love

a  b  c  d  e  f

 5 In pairs, take turns to build sentences. Your partner then translates your sentence into English.

Example:
- *No te interesan las lenguas.*
- *You are not interested in languages.*

| (No) | Me Te Le Les | gusta encanta interesa | el dibujo. el inglés. la geografía. la educación física. la tecnología. |
| | | gustan encantan interesan | las lenguas. las ciencias. las matemáticas. |

Conditional tense (Unit 3, page 110)

 6 How would Eva change her school? Copy and complete Eva's sentences in the 'I' form by choosing the correct verb from the word box and writing it in the conditional tense. Then translate each sentence into English.

1 ___ más libros para la biblioteca.
2 ___ el uniforme.
3 ___ el precio de la comida.
4 ___ helados en la cantina.
5 ___ un nuevo centro deportivo.
6 ___ más conciertos en el instituto.

bajar   cambiar   comprar
organizar   poner   servir

7 Read what Santi's perfect school would be like. Then copy and complete the English sentences.

> Mi instituto perfecto **comenzaría** a las diez.
> **Habría** cuatro descansos al día y **no iría** al instituto los miércoles.
> **No habría** reglas y **podría** jugar a los videojuegos en clase.
> Todos los días **tendría** mis asignaturas favoritas. **Nunca haría** los deberes.
> Mi amigo Iván **sería** el director.

1 Santi's perfect school would start …
2 There would be four … and he wouldn't go …
3 There wouldn't be any … and he would be able to …
4 Every day he would have his … He would never …
5 His friend Iván …

 Use the **conditional tense** to say what you would do. You already know *me gustaría* (I would like).

To form the conditional, add the imperfect tense endings of **-er/-ir** verbs to the infinitive.
compraría   I would buy
comprarías   you (singular) would buy
compraría   he/she/it would buy

Some verbs have an **irregular stem** in both the simple future and conditional tenses, but the endings are the same as for regular verbs. They include:
hacer → **haría** (I would do/make)
poder → **podría** (I would be able to)
poner → **pondría** (I would put)
tener → **tendría** (I would have)

 The conditional of *hay* (there is/are) is **habría** (there would be).

Gramática 2

Impersonal verbs with an infinitive (Unit 3, page 111)

 1 Read Héctor's text. Write a list of <u>six</u> school rules he is breaking in Spanish, using a range of impersonal verbs. Remember to change the 'I' form of the verbs in purple into the <u>infinitive</u>.

Example: **No se debe** <u>usar</u> *el móvil en el insti.*

> Siempre **uso** el móvil en el insti.
> A veces **bebo** en la biblioteca.
> Normalmente **llevo** zapatillas de deporte.
> No **llego** a tiempo y nunca **hago** los deberes.
> A menudo **voy** al servicio durante la clase.
> Nunca **escucho** a los profesores.

These **impersonal verbs** are followed by the <u>infinitive</u>:

hay que	you/one must
se debe	you/one must
no se debe	you/one mustn't
está prohibido	it is forbidden to

No se debe <u>comer</u> *en clase.*
You mustn't <u>eat</u> *in class.*

For each **verb**, decide whether the <u>infinitive</u> ends in -**ar**, -**er** or -**ir**. Take care with *voy* (I go) and *hago* (I do). What is the <u>infinitive</u> for these verbs?

Negatives (Unit 4, page 112)

 2 Read the grammar box on page 112. Then translate these sentences into English.
1 Nunca juego al fútbol.
2 No saco buenas notas.
3 No tengo ningún examen mañana.
4 No voy al insti con nadie.
5 No hago ninguna actividad extraescolar.
6 No toco nunca en la banda.
7 Mi amigo no dice nada en clase.
8 ¿Por qué no hiciste los deberes?

 3 In pairs, take turns to read out the sentences in exercise 2, paying attention to pronunciation.

 4 Copy and complete the following sentences in Spanish. Use the translations in brackets to help you.
1 ▁▁ hablo con ▁▁. (*I don't talk to anyone.*)
2 ▁▁ llevo corbata. (*I never wear a tie.*)
3 ▁▁ me gusta ▁▁ asignatura. (*I don't like any subject.*)
4 Ayer ▁▁ comí ▁▁ en el descanso. (*Yesterday I didn't eat anything at breaktime.*)
5 ▁▁ conozco a ▁▁ en mi colegio. (*I don't know anyone in my school.*)

118 ciento dieciocho

Adverbs ending in -mente (Unit 5, page 114)

 Change these adjectives into adverbs and translate them into English.

Example: 1 perfect**a**mente – perfectly

1. perfecto
2. probable
3. total
4. inmediato
5. general
6. rápido
7. real
8. desafortunado
9. triste
10. malo *(Be careful!)*

Adverbs are used to say when, where or how something is done. In English, many adverbs end in '-ly'. In Spanish, add *-mente* to the **feminine** form of the adjective.

rápid**o** → rápid**a** → rápid**amente** (quickly)
posible → posible → posible**mente** (possibly)
normal → normal → normal**mente** (normally)

Some adverbs don't end in *-mente*. These include:
bien (well) *mucho* (a lot) *aquí/acá* (here)
mal (badly) *poco* (a little) *allí/allá* (there)

 Translate these sentences into Spanish. Use the adjectives in the word box to help you form the correct adverb.

1. **Normally**, I play volleyball **regularly**. I **rarely** go swimming, **especially** in winter.

2. **Recently**, I went to Spain with my class. The town was **truly** beautiful but **completely** different.

completo   especial   normal   raro
reciente   regular   verdadero

The spelling and position of adjectives (Unit 5, page 115)

 Read the grammar box on page 115. Copy and complete the sentences, selecting the correct spelling of each adjective. Then translate each sentence into English.

1. Fui a Barcelona con mi **bueno** / **buen** amigo, Tomás.
2. En mi opinión, Barcelona es una **gran** / **grande** ciudad.
3. Visitamos **mucho** / **muchos** museos **interesante** / **interesantes**.
4. El **primer** / **primero** día vimos la arquitectura **único** / **única**.
5. El **único** / **única** problema fue el tiempo. Todos los días hizo **malo** / **mal** tiempo.
6. La **tercer** / **tercera** noche fuimos a un restaurante **gran** / **grande**.

¡En marcha! (Units 1–5)

 Listen and write down the correct word(s) for each gap in Spanish. Then translate the text into English.

A mi hermano **1** las ciencias, pero a mí no. En mi opinión, son **2**.

Mi asignatura favorita es el teatro. En mi instituto perfecto, solamente **3** clases de teatro. **4**, no es posible – **5** estudiar otras asignaturas también.

En febrero participé en un festival de teatro con mi clase. No ganamos **6**, pero fue una **7** experiencia.

¿Y tú? ¿ **8** es tu asignatura favorita?

Módulo 5 Leer y escuchar

Reading

1 *My studies.* Read Amira's social media post about what she enjoys studying at school.

 Me gusta estudiar matemáticas porque son interesantes y muy útiles. También me encantan las ciencias y voy al club de ciencias los martes después de las clases. Es divertido. La verdad es que no me gusta mucho la tecnología porque es difícil y no me gusta nada el profe. Es muy estricto y nunca tiene una **sonrisa** en la cara.

a Complete the sentences below. Write the correct letter, A, B or C, for each question.
  (i) On Tuesdays after school, Amira goes to …
    A maths club.   B science club.   C technology club.
  (ii) She thinks the technology teacher is …
    A nice.   B funny.   C strict.

b Which of these is the best translation for the word **sonrisa**? Write the correct letter, A, B or C.
  A frown   B scowl   C smile

2 *Going back to school.* Read Jorge's email to his friend, Malek.

Hola, Malek:

Aquí en Colombia el año escolar va a comenzar pronto en enero. Tengo que levantarme a las seis para ir al colegio. Mi hermana mayor se levanta a la misma hora. Cojo el autobús con mis amigos a las seis y media. Voy a clase a las siete.

> This is the part of the text which is leading you to the answer for question a (i) – think about the months of the year.

a Write down the missing word for each gap using a word from the box. There are more words than gaps.
  (i) The school year in Colombia starts in ___.
  (ii) Jorge gets up at ___.
  (iii) He catches the bus at ___.

> February   September   January
> 6.00 a.m.   6.30 a.m.   7.00 a.m.   7.30 a.m.

Jorge continues to discuss his school in his email.

> Don't forget that the details of his uniform might be important.

> Look at the verb tenses to help you with question c (i).

Llevamos uniforme: un pantalón negro con una camisa azul. Creo que el uniforme es cómodo pero mi madre dice que cuesta mucho.
Estudio inglés y este año también voy a estudiar otra lengua por primera vez. Es emocionante porque disfruto de comunicarme con otra gente. ¿Y tú?
Jorge

b Complete the sentences below. Write the correct letter, A, B or C, for each question.
  (i) At school, Jorge wears …
    A blue trousers.   B a white shirt.   C black trousers.
  (ii) Jorge thinks that school uniform is …
    A comfortable.   B boring.   C expensive.

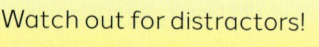 Watch out for distractors!

c Answer the following questions **in English**. You do not need to write in full sentences.
  (i) What **type** of subject is Jorge going to study for the first time this year?
  (ii) How does he feel about this?

Módulo 5

3 *School rules.* Translate the following sentences **into English**.

How will you translate these phrases? Which person of the verb will you use for each one in English?

a En mi instituto llevo uniforme.
b Se debe escuchar a los profesores.
c Está prohibido usar el móvil en clase.
d Siempre tenemos que respetar las normas.

How will you translate these conditional tense verbs?

e Mi instituto ideal tendría una piscina y terminaría a mediodía.

Listening

1 *School uniform.* Jalil, Elena and Leya are talking about their school uniform. What do they say? Listen and choose A, B or C for each question.

1 Jalil thinks school uniform is …
   A cheap.   B a good idea.   C expensive.

2 Elena … her uniform.
   A likes   B likes part of   C does not like

3 At school, Leya …
   A wears her own clothes.   B wears a uniform in winter.   C wears trousers.

4 Leya thinks that school uniform is …
   A a bad idea.   B a good idea.   C not very popular.

You will sometimes hear more than one of the options to test whether you have really understood what the speakers are saying. Pay attention to the detail of what they say and try to eliminate the wrong answers.

2 *Lunchtime activities.* Sasha is talking about the lunchtime activities that he does at school. What does he say he does? Write down the information **in English**. You do not need to write in full sentences.

a Where he goes on Mondays
b What he does on Wednesdays
c When he goes to art club

Listen out for the days of the week as these will help you to work out the correct answer. Remember that other information will be given that you won't need to answer the questions.

3 *School.* Listen to María talking about school. Which <u>three</u> things does she mention? Choose the correct letter (A–F) for each of the <u>three</u> correct statements.

A teachers	D homework
B canteen food	E school equipment
C school rules	F school buildings

4 You are going to hear someone talking about their new school. Sentences 1–3: write down the missing words for each gap. For each gap, you will write one word **in Spanish**. (1–3)

1 ▭ un uniforme muy ▭.
2 El profesor de ▭ es ▭.
3 La ▭ es ▭.

These words may be unfamiliar, listen carefully to the sounds.

Sentences 4–6: write down the full sentences that you hear **in Spanish**. (4–6)

Listen out for the following sounds:
- **ce**, **ci**, **z** – which sound like 'th' in the English word 'thing'
- **r** (at the start of a word) and **rr** which sounds like an engine revving!

ciento veintiuno

Módulo 5 Prueba oral

Read aloud

 Look at this task. With a partner, read aloud the <u>five</u> sentences, paying attention to the underlined letters.

Take extra care with how you pronounce:
- **ce**, **ci**, **z** – which sound like 'th' in the English word 'thing'
- **r** (at the start of a word) and **rr** which sounds like an engine revving!
- **ñ** – which sounds like 'ny' in 'canyon'.

Luisa, your Mexican friend, has sent you this email to tell you about school subjects.

Read out the text below to your partner.

Creo que las <u>c</u>ien<u>c</u>ias son abu<u>rr</u>idas.
Prefiero el deporte porque me gusta co<u>rr</u>er.
<u>R</u>ecordar las fechas en historia es dif<u>í</u>cil.
Mi sue<u>ñ</u>o es estudiar otras lenguas.
Mi profe de música di<u>ce</u> que tengo una vo<u>z</u> bonita.

 Listen and check your pronunciation.

 Listen to the teacher asking the <u>two</u> follow-up questions. Translate each question into English and prepare your own answers in Spanish. Then listen again and respond to the teacher.

Role play

 Look at the role-play card and prepare what you are going to say.

Setting: At the tourist office

Scenario:
- You are talking to an employee at the tourist office while on a school trip to Spain.
- The teacher will play the part of the employee and will speak first.
- The teacher will ask questions **in Spanish** and you must answer **in Spanish**.
- Say a few words or a short phrase/sentence for each prompt. One-word answers are not sufficient to gain full marks.

Task:
1 Say you want a map of the region.
2 Say why you like learning Spanish.
3 Say who you are with.
4 Give your opinion of the region.
5 Ask a question about the price.

Which verb will you need for 'I want'? (Tip – the words for 'map' and 'region' are cognates.)

For example, 'How much is a ticket for the museum?'

Keep your answer simple – there are no extra marks for a more complex answer in the role play.

You could use a phrase such as 'I love' or 'I think it's …'

 Practise what you have prepared. Then, using your notes, listen and respond to the teacher.

 Now listen to Andrea doing the role play task and answer the questions.

In English, make a note of:
a how she answers points 2 and 3
b the phrase she uses in Spanish to give an opinion in point 4
c the question word she uses in Spanish in point 5.

Módulo 5

Picture task

 1 Look at the photo below and read the **first part** of the task card. Then listen to Amir describing the photo.

1. Who does Amir think the people are?
2. Where does he say the people are?
3. What does he say about what they are wearing?
4. Write down in Spanish <u>two</u> examples of where he uses the present continuous tense.

> In your description, try to add some extra details – maybe you can describe the people's appearance? Can you draw any conclusions from what they are wearing? For example, what time of year it is or what the weather is like?

Prepare your own description of the photo.
Your description must cover:
- people
- location
- activity.

When you have finished your description, you will be asked **two questions** relating to the picture. Say a short **phrase/sentence** in response to each question. One-word answers will not be sufficient to gain full marks.

You will then move on to a **conversation** on the broader thematic context of **Studying and my future**. During the conversation, you will be asked questions in the present, past and future tenses. Your responses should be as **full and detailed** as possible.

 2 Prepare your own description of the photo, mentioning **people**, **location** and **activity**. Then, with a partner, take turns to describe the picture.

> Try to develop your answers as much as you can and give extra information.

 3 Read the **second part** of the task card. Then listen to the <u>two</u> follow-up questions and respond to the teacher. Remember: you only need to give a short answer to each one.

 4 Read the **third part** of the task card. Listen to how Amir answers the <u>two</u> wider conversation questions and answer the questions below.

For his first answer, choose the correct letter, A, B or C.

> - ¿Cómo es tu día escolar?
> - Háblame de un viaje escolar que hiciste.

1. Amir goes to school by …
   - **A** car.
   - **B** bus.
   - **C** bike.
2. At lunchtime, he sometimes does …
   - **A** sport.
   - **B** his homework.
   - **C** an extra-curricular activity.
3. He has to do his homework …
   - **A** before dinner.
   - **B** after dinner.
   - **C** by 5 o'clock.

For his second answer, note down as much detail as you can **in English** about …

a when he went on his trip   **b** where he went   **c** what he did there.

 5 Now prepare your own answers to the questions in exercise 4. Your responses should be as full and detailed as possible. Then listen to the questions and give your answers.

 6 Prepare your own answers to Módulo 5 questions 1–10 on page 229. Then practise with your partner.

Módulo 5 Prueba escrita

80–90 word writing task

 Look at this longer writing task and then, for each bullet point:

1 think about what vocabulary you have learned which you could use in your answer. For example:
   • **nouns** and **verbs** to talk about what your school is like
   • **verbs of opinion** and **adjectives** to give your opinion
   • how to say what after-school activities you will do next week.
2 write down <u>two or three</u> ideas for what you could write about
3 write down which tense(s) you will need to use in your answer.

> Write an email to a Spanish friend about your school.
>
> You **must** include the following points:
> • what your school is like
> • your opinion of the uniform with reasons
> • what you did in school yesterday
> • what after-school activities you will do next week.
>
> Write your answer **in Spanish**. You should aim to write between 80 and 90 words.

> Set out your answer using a separate paragraph for each bullet point. This shows clearly that you have answered each one.

 Now read Zara's answer to this exam task and answer the questions 1–4 in the callouts.

1 What does Zara say about her new school?

Hola Marta:

Mi nuevo instituto es increíble y ¡me encanta! Es bastante grande y moderno y las clases son muy bonitas.

Desafortunadamente, tenemos que llevar uniforme. Llevo una camiseta amarilla con una falda azul. Creo que llevar uniforme es más fácil, pero no me gusta el color. ¡Qué aburrido!

3 What does she not like about her uniform?

2 Which verbs show that she is talking about the past in this paragraph?

Ayer a la hora de comer compré un bocadillo y luego mi amiga y yo fuimos a la biblioteca. Volví a casa en coche con mi madre.

La semana que viene voy a ir al club de baile. También voy a jugar al baloncesto porque soy miembro del equipo.

4 Which verbs show that she is talking about the future?

Hasta pronto,

Zara

124 ciento veinticuatro

3 Now prepare your own answer to the task.
- Think about how you can develop your answer for each bullet point.
- Look back at your notes from exercises 1 and 2.
- Look at the 'Challenge checklist' and consider how you can show off your Spanish!
- Write a **brief** plan and organise your answer into four short paragraphs.
- Write your answer and then carefully check the accuracy of what you have written.

Challenge checklist

- ✓ Past, present and future time frames
- ✓ Connectives, time phrases, sequencers
- ✓ Some extended sentences
- ✓ Different opinion phrases

- ✓ Different persons of the verb
- ✓ Exclamations (e.g. ¡Qué aburrido!)
- ✓ Negatives (e.g. no jugué)
- ✓ A range of interesting vocabulary

- ✓ Expressions followed by the infinitive
- ✓ Phrases with more than one tense
- ✓ Complex language (e.g. comparatives)
- ✓ Adverbs (e.g. desafortunadamente)

Translation

 1 Read the English sentences and Amy's translation of them. Write down the missing word for each gap.

a I always go to school by bus.
b Lessons begin at half past eight.
c We study English and maths on Thursdays.
d Last week, I passed my science exam.
e Next week, we are going visit a museum.

a Siempre 1 al instituto en 2 .
b Las clases 3 a las ocho y 4 .
c Estudiamos 5 y matemáticas los 6 .
d La semana 7 aprobé mi 8 de ciencias.
e La semana próxima 9 a visitar un 10 .

 2 Translate the following five sentences **into Spanish.**

a My school is near the park.
b There are a lot of rules.
c I go to maths club on Fridays.
d My sister does homework every night.
e She is going to get good marks in the exams.

 Remember to use the 'he/she/it' form of the verb if you are talking about another person such as your sister.

ciento veinticinco **125**

Módulo 5

Módulo 5 Palabras

Key:
bold = this word will appear in higher exams only
* = this word is not on the vocabulary list, but you may use it in your own sentences

La vida escolar en España (pages 104–105):

¿Cómo es tu instituto?	What's your high school like?
El año escolar comienza/termina en …	The school year starts/ends in …
el instituto	secondary school
la escuela *primaria	primary school
la escuela privada/pública	private/state school
los alumnos / los estudios	students / studies
la Formación **profesional**	vocational training
el *Bachillerato	Baccalaureate (equivalent to A-levels)
¿Qué ropa llevas en el insti?	What clothes do you wear at school?
Llevo/Llevamos …	I/We wear …
Tenemos que llevar …	We have to wear …
uniforme	uniform
un jersey / un pantalón	a jumper / trousers
un vestido	a dress
una chaqueta / una corbata	a jacket / a tie
una camisa / una camiseta	a shirt / a T-shirt
una falda	a skirt
zapatos	shoes
zapatillas de deporte	trainers
azul(es) / blanco/a(s)	blue / white
gris(es) / negro/a(s) / rojo/a(s)	grey / black / red
¿Cómo es el edificio?	What is the building like?
El edificio es …	The building is …
moderno / viejo	modern / old
bonito / *feo	pretty / ugly
grande / pequeño	big / small
Hay una biblioteca.	There is a library.
Hay dos **gimnasios** / campos deportivos.	There are two gyms / playing fields.
¿Te gusta la comida de tu insti?	Do you like the food at your school?
Me gusta la comida porque es …	I like the food because it is …
buena / buenísima	good / very good
rica / riquísima	tasty / very tasty
barata / baratísima	cheap / very cheap
No me gusta porque es …	I don't like it because it is …
cara / carísima	expensive / very expensive

Un día en el insti (pages 106–107):

¿Cómo vas al instituto?	How do you go to school?
Normalmente …	Normally …
Cuando llueve / hace sol …	When it rains / is sunny …
voy al insti …	I go to school …
a pie	on foot
en autobús/bicicleta	by bus/bicycle
¿A qué hora empiezan/terminan las clases?	(At) What time do classes start/finish?
Las clases empiezan a las …	Classes start at …
Las clases terminan a las …	Classes finish at …
¿Qué haces a la hora de comer?	What do you do at lunchtime?
A la hora de comer / En el descanso …	At lunchtime/break …
compro / hablo con …	I buy / I talk to …
juego / voy …	I play / I go …
¿Qué día de la semana prefieres?	What day of the week do you prefer?
Prefiero los (lunes) porque …	I prefer (Mondays) because …
¿Qué actividades *extraescolares haces?	What extracurricular activities do you do?
Juego/Toco …	I play …
Voy al club / a clases de …	I go to the … club / to … classes
Soy miembro …	I am a member …
del club/equipo de (natación)	of the (swimming) club/team
de la banda	of the band
¿Cuándo lo haces?	When do you do it?
Lo hago los (lunes) …	I do it on (Mondays) …
después del insti	after school
a la hora de comer	at lunchtime
Me gusta porque es divertido/emocionante/relajante.	I like it because it is amusing/exciting/relaxing.
(También) Te ayuda a …	It (also) helps you to …
aprender cosas nuevas	learn new things
ser *creativo/a	be creative
hacer nuevos amigos	to make new friends
¿Que hiciste recientemente?	What did you do recently?
En septiembre …	In September …
La semana pasada …	Last week …
participé en …	I participated in …
organicé …	I organised …
un concierto/espectáculo	a concert/show
una competición	a competition
una exposición	an exhibition
jugué (un partido)	I played (a match)
gané un *trofeo / una carrera	I won a trophy / a race

¿Qué tal tus estudios? (pages 108–109):

¿Cuál es tu asignatura favorita?	What is your favourite subject?
(No) Me gusta(n) (nada) …	I (don't) like … (at all)
Mi asignatura favorita es …	My favourite subject is …
Prefiero / Odio …	I prefer / I hate …
Mi pasión es/son …	My passion is …
el arte / el dibujo / el deporte	art / drawing / sport
el español / el inglés	Spanish / English
la geografía / la historia	geography / history
la *literatura / la música	literatura / music
la religión / la educación física	religion / PE
la tecnología / la *informática	technology / IT
las lenguas	languages
las ciencias / las matemáticas	science(s) / maths
porque es / son …	because it is / they are …
aburrido/a(s)	boring
difícil(es) / duro/a(s)	difficult / hard
divertido/a(s)	fun, amusing
fácil(es) / importante(s)	easy / important
imposible(s) / interesante(s)	impossible / interesting
práctico/a(s) / útil(es)	practical / useful

¿Qué vas a hacer para mejorar?	What are you going to do improve?	porque quiero ...	because I want ...
Voy a ...	I'm going to ...	aprobar el examen	to pass the exam
escuchar/participar más en clase ...	listen/participate more in class ...	mejorar mi nivel	to improve my level
aprender de mis errores ...	learn from my mistakes ...	sacar buenas notas	to get good marks
estudiar mucho ...	study a lot ...	tener éxito	to be successful
preguntar al profe si no comprendo ...	ask the teacher if I don't understand ...		

¿Cómo cambiarías tu instituto? (pages 110–111):

Mejoraría la comida.	I would improve the food.	Lucharía contra el *acoso.	I would fight against bullying.
Pintaría las clases.	I would paint the classrooms.	Hay que / Se debe ...	You/One must ...
Abriría una sala de *videojuegos.	I would open a video games room.	respetar a los profesores	respect the teachers
Pondría una piscina.	I would put in a swimming pool.	quedarse sentado en clase	stay seated in class
Cambiaría las reglas / el color del uniforme.	I would change the rules / colour of the uniform.	llegar a tiempo	arrive on time
Compraría un ordenador portátil para todos los alumnos.	I would buy a laptop computer for all the students.	No se debe ...	You/One must not ...
Serviría (patatas fritas) todos los días.	I would serve (chips) every day.	Está prohibido ...	It is forbidden to ...
Organizaría más actividades *extraescolares.	I would organise more *extracurricular activities.	usar el móvil	use your mobile phone
		comer en clase	eat in class
		ir al servicio	go to the toilet
Bajaría el precio del uniforme.	I would lower the price of the uniform.	(No) Estoy de acuerdo con esta regla porque ...	I (don't) agree with this rule because ...

La gente de mi insti (pages 112–113):

¿Qué tipo de alumno eres?	What type of student are you?	Siempre escucho al profe.	I always listen to the teacher.
Soy muy/bastante ...	I am very/quite ...	No escucho a nadie.	I don't listen to anyone.
No soy muy ...	I am not very ...	¿Cómo es tu profesor(a)?	What is your teacher like?
organizado/a	organised	¿Cómo sería tu profesor(a) perfecto/a?	What would your perfect teacher be like?
trabajador(a)	hardworking		
responsable	responsible		
Me gusta aprender / escuchar / hablar ...	I like to learn / listen / talk ...	Me llevo bien con mi profesor(a) de (español) porque es ...	I get on well with my (Spanish) teacher because he/she is ...
No me gusta ninguna asignatura.	I don't like any subject.	No me gusta mi profesor(a) de (arte) porque es ...	I don't like my (art) teacher because he/she ...
Nunca leo / No leo nunca.	I never read.	Mi profesor(a) (no) es ...	My teacher is (not) ...
Siempre / A veces / Nunca ...	Always / Sometimes / Never ...	Mi profesor(a) perfecto/a (no) sería ...	My perfect teacher would (not) be ...
Llego / Salgo de casa ...	I arrive / I leave the house ...		
temprano / a tiempo	early / on time	agradable / alegre	pleasant / cheerful
(un poco) tarde	(a little) late	divertido/a / estricto/a	fun / strict
		guay / serio/a	cool / serious
¿Qué cosas llevas al instituto?	What do you take to school?	(No) Está ...	He/She is (not) ...
Siempre llevo mis cuadernos y mis libros.	I always take my notebooks and books.	(No) Estaría ...	He/She would (not) be ...
A veces olvido algo.	I sometimes forget something.	contento/a / enfadado/a	happy / angry
No llevo ningún equipo.	I don't take any equipment.	(No) Me deja ...	He/She lets me / doesn't let me ...
¿Cómo te preparas para los exámenes?	How do you prepare yourself for the exams?	(No) Me dejaría ...	He/She would (not) let me ...
		beber / comer	drink / eat
		hablar / escuchar	talk / listen
Estudio mucho ...	I study a lot ...	(No) Pone ...	He/She sets / doesn't set ...
Estudio un poco, si tengo tiempo.	I study a little, if I have time.	(No) Pondría ...	He/She would (not) set ...
No hago nada.	I don't do anything.	muchos exámenes/deberes	lots of exams/homework

El viaje de fin de curso (pages 114–115):

¿Adónde fuiste?	Where did you go?	comimos / compramos ...	we ate / we bought ...
Fui a (Liverpool) con mi clase.	I went to (Liverpool) with my class.	visitamos / vimos ...	we visited / we saw ...
Fue ...	It was ...	¿Cómo era el pueblo / la ciudad?	What was the town / city like?
divertido / emocionante	fun / exciting		
especial / increíble	special / incredible	El pueblo / La ciudad era (bonito/a) y había (mucha gente).	The town / city was (pretty) and there were (lots of people).
maravilloso / terrible	marvellous / terrible		
El primer/segundo día ...	The first/second day ...		
El tercer/último día ...	The third/last day ...	Me encantó porque ...	I loved it because ...
fuimos a ...	we went to ...	(No) Me gustaría volver ...	I would (not) like to return ...

Módulos 1–5 Repaso de gramática

Using *ser*, *estar* and *tener* in the present tense (pages 58, 59, 62, 63 and 66)

1 Read the sentences. Copy and complete the table by categorising the underlined verb phrases. Then translate the sentences into English.

ser (description/nationality)	estar (location)	tener (age/possession)
es lista		

1 Mi mejor amiga <u>es lista</u>. <u>Es colombiana</u> y <u>tiene la misma edad</u> que yo.
2 Mi hermano menor <u>tiene once años</u>. <u>Es alérgico a</u> la leche.
3 Mi colegio <u>está lejos</u> de mi casa. <u>Tiene una biblioteca</u> moderna, pero el edificio <u>es antiguo</u>.
4 <u>Estoy en el instituto</u> con mis compañeros. <u>Estamos en el laboratorio de ciencias</u>.
5 El gato <u>es activo</u>, <u>no es tranquilo</u>. Ahora <u>está en el jardín</u>.
6 No me gusta la clase de historia porque <u>es aburrida</u>.
7 Mis amigos y yo <u>estamos en nuestro restaurante favorito</u>. <u>Es chileno</u>.

2 Fill in the gaps in the sentences below using the correct present tense form of the verb(s) in brackets. Use exercise 1 to help you.

Example: 1 es

a Mi familia **1** pequeña. Mi madre y yo **2** muy diferentes porque yo **3** más alta que ella. (*ser*)
b Ella **4** el pelo castaño, pero yo **5** el pelo rubio. (*tener*)
c Sonia **6** mi mejor amiga. Me gusta porque **7** muy responsable, seria y trabajadora. (*ser*)
d Sonia **8** los ojos verdes. **9** pelirroja y muy alta. (*tener, ser*)
e Sonia y yo **10** juntas en la misma clase. (*estar*)
f Nuestro instituto **11** en una zona que **12** muy tranquila y bonita. (*estar, ser*)

Using *estar* with feelings and emotions (pages 66 and 89)

3 Read the sentences and choose the correct form of the verb *estar*.

1 Mis padres **está** / **estamos** / **están** enfadados porque no hago mis deberes.
2 Me duelen los oídos y la garganta. **Estás** / **Estoy** / **Está** muy enferma.
3 Víctor, ¿qué te pasa? ¿Por qué **está** / **estáis** / **estás** siempre cansado y enfermo?
4 Me llevo bien con mi mejor amiga porque siempre **estoy** / **está** / **estás** contenta.
5 Mi hermano y yo **estoy** / **estás** / **estamos** cansados porque tenemos muchos deberes.
6 Amelia y Virginia, ¿por qué **estás** / **estáis** / **estamos** tristes hoy?

Using *ser* and *estar* in different tenses (pages 12, 38, 58 and 68)

4 Complete the sentences using the verbs from the box.

1 El curso que viene mi amiga y yo ___ juntas en la misma clase.
2 Mi antiguo colegio ___ lejos de mi casa.
3 Ahora mi madre ___ información en la página web.
4 Si duermes más, no ___ tan cansada.
5 El chocolate con churros ___ una merienda típica en invierno.
6 Solo bajo aplicaciones que ___ útiles para organizar mi vida social.

> estarás
> van a ser
> estaba
> está buscando
> es
> vamos a estar

| | Repaso de gramática | Módulos 1–5 |

Reflexive verbs in the present tense (pages 62 and 63)

 5 Complete each sentence with the correct present tense form of the verbs in brackets. Then translate each sentence into English.

1 Por la mañana ▬ temprano. Primero ▬ y luego ▬ para ir al colegio. (*I – levantarse*) (*I – vestirse*) (*I – prepararse*)
2 ▬ mucho con mi mejor amigo cuando estamos juntos. (*I – divertirse*)
3 En las vacaciones ▬ más tarde porque no tengo que ir al instituto. (*I – despertarse*)
4 ¿Cómo ▬ con tus amigos los fines de semana? (*you – divertirse*)
5 Alicia siempre ▬ la cara, las manos y los dientes después de la cena. (*she – lavarse*)
6 Mi hermano ▬ muy bien con su mejor amigo y ▬ mucho cuando está con él. (*he – llevarse*) (*he – divertirse*)
7 Hoy no ▬ bien. Me duelen mucho la cabeza y la garganta. (*I – encontrarse*)

> Remember that the verbs **vestirse**, **divertirse** and **encontrarse** are stem-changing in the present tense.

Talking about the past (page 63)

 6 Read the sentences and identify the verbs. Copy and complete the table by categorising the verbs according to their tense. Then translate the sentences into English.

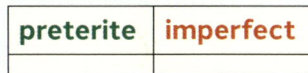

1 Ayer fui al cine con mis amigos, pero antes iba con mis padres.
2 Para estar en forma, la semana pasada hice natación y monté en bicicleta.
3 En mi antiguo colegio no practicaba ningún deporte y no estaba en forma.
4 Cuando era más joven me encantaban los pasteles y el chocolate.
5 El sábado jugué un partido de baloncesto con mi equipo escolar.
6 Antes llevaba gafas y tenía el pelo largo. También era vegetariano.

 7 Translate these sentences into Spanish. Use some of the verbs and vocabulary from exercise 6 to help you. Then <u>underline</u> the preterite verbs and circle the imperfect verbs in your sentences.

1 When **I was** younger, **I used to do** a lot of sport every day and **I was** in shape.
2 Last week, **I went** to the park and **played** a football match with my friends.
3 In my old school, **I used to play** on the basketball team.
4 Yesterday **I did** my homework in the library.

Verbs and phrases followed by the infinitive (pages 85 and 111)

 8 Complete the sentences about healthy living and school rules with a verb from the list. Then translate each sentence into English.

Example: 1 *No se debe <u>tomar</u> drogas o <u>fumar</u>.* – You mustn't take drugs or smoke.

1 No se debe ▬ drogas o ▬.
2 Hay que ▬ la cantidad de azúcar en la dieta.
3 Se necesita ▬ ejercicio regularmente.
4 Está prohibido ▬ en la biblioteca.
5 Hay que ▬ a los profesores en clase para aprender bien.
6 Siempre se debe ▬ a los profesores.
7 Está prohibido ▬ el móvil en clase.

comer	respetar
~~fumar~~	~~tomar~~
usar	escuchar
reducir	hacer

ciento veintinueve **129**

Módulos 1–5 Repaso de gramática

Using adjectives (pages 58, 59, 62, 63 and 105)

 1 Complete the sentences by translating the adjectives in brackets in the correct form into Spanish.

1 Mi mejor amiga es ▇ pero también es ▇; no es ▇. (*hardworking, fun, serious*)
2 Las hamburguesas y las patatas fritas no son ▇. (*healthy*)
3 ¿Prefieres la comida ▇ o los postres ▇? (*Spanish, English*)
4 Odio mi uniforme escolar porque no es ▇ y la falda es muy ▇. (*comfortable, ugly*)
5 La mayoría de mis profesores son bastante ▇ y no son demasiado ▇. (*friendly, strict*)
6 El edificio de mi instituto es bastante ▇, pero no es ▇. (*old, small*)

Remember:
- adjectives have to agree with the noun they are describing
- adjectives of nationality and those ending in **-or** follow an irregular pattern.

 2 Read the sentences and choose the correct absolute superlative. Then translate the sentences into English.

1 Ayer tuve un examen de matemáticas y fue **famosísimo** / **feísimo** / **dificilísimo**.
2 Me gustó mucho el pastel de cumpleaños. ¡Estaba **malísimo** / **riquísimo** / **carísimo**!
3 El viaje escolar del mes pasado fue **interesantísimo** / **viejísimo** / **pequeñísimo**.
4 El canal de cocina que sigo en las redes sociales es **baratísimo** / **buenísimo** / **modernísimo**.
5 La semana pasada compré unas zapatillas de deporte. ¡Son **facilísimas** / **viejísimas** / **comodísimas**!
6 Siempre me duermo en la clase de historia porque es **aburridísima** / **baratísima** / **tristísima**.

Talking about the future (pages 12, 13, 90 and 91)

 3 Rewrite the following text, changing the underlined sections from the near future tense to the simple future tense. Then translate the new text into English.

Mañana <u>voy a empezar</u> mi plan para una vida más sana.
<u>Voy a dejar de</u> comer comida malsana y <u>voy a hacer</u> deporte regularmente.
Para dormir mejor, <u>no voy a usar</u> el móvil o la tableta por la noche.
También, <u>voy a cerrar</u> mis cuentas en todas las redes sociales para mejorar mi salud mental.
De esta manera, <u>voy a estudiar</u> mejor y <u>voy a tener</u> más tiempo para participar en las actividades extraescolares de mi instituto.
El miércoles próximo <u>voy a ir</u> al campo con una excursión escolar. <u>Voy a pasar</u> el día al aire libre en contacto con la naturaleza.

Remember that **hacer** and **tener** have an irregular stem in the simple future tense. Don't forget to write the accent on the vowel of the simple future ending.

Repaso de gramática — Módulos 1–5

Using different tenses (pages 8, 12, 15, 86, 90 and 91)

 4 Read the sentences and complete the key for each tense (imperfect, preterite, present, near future, simple future). Then translate the sentences into English.

Number	Tense

1 **Prefiero**[1] hacer los deberes con mi mejor amiga en la biblioteca.
2 Ayer **usé**[2] el ordenador para buscar información. **Encontré**[2] ideas útiles para mi proyecto.
3 Antes **era**[3] mal estudiante y **sacaba**[3] malas notas. Siempre **llegaba**[3] tarde al insti.
4 Cuando **estoy**[1] con mis amigos **hacemos**[1] ciclismo para estar en forma porque **es**[1] divertido.
5 El domingo pasado **jugué**[2] un partido en una competición nacional con mi equipo escolar.
6 Para llevar una vida sana **voy a caminar**[4] más. También **reduciré**[5] la cantidad de pasteles y postres en mi dieta.

 5 Copy and complete the sentences in Spanish by translating the English verbs in the box. Use the prompts in the brackets to help you.

1 La semana pasada (*participar*) por primera vez en el club de baile.
2 (*divertirse*) mucho en el club.
3 En el pasado (*llevarse*) mal con mi padre.
4 (*discutir*) mucho con él.
5 Mañana (*hacer*) una excursión escolar.
6 (*aprender*) cosas nuevas en la excursión.
7 (*ser*) buena estudiante.
8 Siempre (*hacer*) mis deberes.
9 Ayer no (*dormir*) bien.
10 Ahora (*estar*) cansadísima.
11 (*querer*) llevar una vida más sana.
12 En el futuro (*ir*) a clases de cocina después del colegio.

1 I participated (preterite)
2 I had fun (preterite)
3 I used to get on (imperfect)
4 I used to argue (imperfect)
5 I will do (simple future)
6 I will learn (simple future)
7 I am (present)
8 I do (present)
9 I slept (preterite)
10 I am (present)
11 I want (present)
12 I'm going to go (near future)

Don't forget to write the accents:
- on the last vowel of regular preterite verbs: *intent**é***, *sal**í***
- on the last vowel of the simple future tense: *estudiar**é***
- on the final ***í*** of the imperfect ending for **-er** and **-ir** verbs: *ten**í**a*, *viv**í**a*.

Remember that you must add the correct simple future ending to the infinitive of regular verbs: <u>cocinar**é**</u>, <u>descansar**é**</u>.
For the preterite, you must remove the infinitive ending and add the correct ending to the stem: <u>cocin**é**</u>, <u>descans**é**</u>.

 6 Translate the following sentences into Spanish. Use your key from exercise 4 to help you use the right tense.

1 Last week **I used**[2] my mobile phone to chat with my friends. **I sent**[2] messages and **saw**[2] funny videos.
2 Before **I was not**[3] fit. **I didn't use to do**[3] sport and **I didn't use to have**[3] a healthy diet.
3 When **I am**[1] with my family, **we do**[1] many activities outdoors.
4 **I will post**[5] photos and videos of my holidays on social media.
5 Before **I used to play**[3] video games. Now **I prefer**[1] to do sport and go for a walk.
6 **I'm going to learn**[4] to cook to prepare healthy meals.

Módulo 6 — Mi barrio y yo

En Colombia todo es posible
- Finding out about Colombia
- Talking about your area

Colombia: un país megadiverso

Colombia tiene muchos animales, montañas y plantas. Bogotá, la capital, es la ciudad más grande del país, con once millones de habitantes.*

 Hay playas bellas y blancas en el norte del país. El Caribe es un destino increíble para disfrutar de la naturaleza tropical.

 En el oeste se encuentra el Pacífico, con un clima tropical y una costa larga. Es la región con más personas afrocolombianas.

 En el sur, viven veintiséis comunidades indígenas. También es una región perfecta para animales.

El Caribe · El Pacífico · La Andina · La Orinoquía · La Amazonia

 La región Andina está en el centro del país. Es la región donde vive la mayoría de la gente. Aquí hay muchas ciudades históricas como Bogotá y Medellín.

 La Orinoquía, en el este del país, es un lugar seco con mucho campo. También es una región con mucho petróleo.

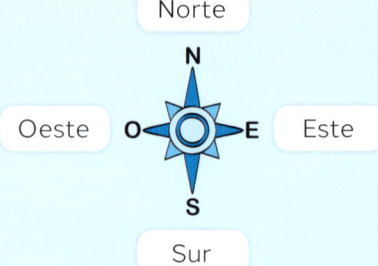

Norte · Oeste · Este · Sur

> Remember to make **adjectives** agree with the nouns they describe:
> un país **bonito** — a **beautiful** country
> una región **moderna** — a **modern** region
> unos ríos **pequeños** — some **small** rivers
> unas ciudades **grandes** — some **big** cities

*Statistics from World Population Review (2023).

| el petróleo | oil |
| afrocolombiano/a | Afrocolombian |

 1 Listen to and read about the diverse geography of Colombia. Find these phrases in Spanish.

Example: 1 There are beautiful, white beaches – Hay playas bellas y blancas

1 There are beautiful, white beaches
2 an incredible destination
3 it is a dry place
4 this region is perfect
5 The Pacific is located in the west
6 26 indigenous communities

 2 Copy and complete the table in Spanish with information about the five regions described in exercise 1.

Región	¿Dónde está?	Un detalle
El Caribe	en el norte	playas bellas y blancas

132 ciento treinta y dos

Zona de cultura — Módulo 6

3 Listen to and read these texts about some famous Colombians. Match each description (1–4) to the correct person (a–d).

a) Jugó en la segunda división del fútbol colombiano. Es de origen wayuu. Los wayuu son una comunidad indígena.
Luis Díaz

c) Es un cantante popular de la música rap y reguetón en español e inglés. Canta con músicos internacionales como Beyoncé y Ed Sheeran.
J Balvin

b) Ganó la primera medalla de oro en unos Juegos Olímpicos para Colombia. Practicó muchos deportes diferentes y es política.
María Isabel Urrutia

d) Es una cantante del norte de Colombia. Es muy famosa por su música, pero también ayuda a los niños pobres de Colombia.
Shakira

1. a musician who is famous for singing and helping poor children
2. an indigenous sports star
3. a sports star who is also a politician
4. a rapper who has collaborated with famous singers

el/la músico/a	musician
la medalla de oro	gold medal

4 Listen to some Colombians talking about their country. Write down which part they mention (North, South, East or West). Then listen again and add what they like about it in English. (1–4)

Example: 1 North – white beaches, big mountains

5 In pairs, take turns to ask and answer questions about the geographical features where you live.

- ¿Qué hay en tu región?
- En mi región tenemos …, pero no tenemos …
  En el <u>norte</u> (no) hay … y en el <u>sur</u> (no) hay …

En mi región En el norte En el sur En el oeste En el este	(no) hay (no) tenemos	(**un**) puerto (**un**) pueblo (**una**) costa (**una**) ciudad	históric**o/a**. bonit**o/a**. modern**o/a**. pequeñ**o/a**. suci**o/a**. agradable. industrial.
		(**unos**) pueblos (**unos**) lugares (**unas**) playas (**unas**) ciudades (**unas**) montañas	históric**os/as**. bonit**os/as**. modern**os/as**. pequeñ**os/as**. suci**os/as**. agradables. industriales.

ciento treinta y tres 133

1 Medellín, ciudad inteligente

- Describing cities
- Using the perfect tense
- Using prepositions of place and directions

Leer 1 Read the travel webpage and translate the **perfect tense** phrases into English. Read the webpage again and find the phrases below in Spanish.

¿Has visto los grafitis de la Comuna 13?

Opiniones:

María Alejandra @213malejandrat
En el barrio **he visto** mucho arte maravilloso. ¡Es muy divertido!

Tomás @tomás_aguilar15
Mis amigos y yo **hemos subido** las escaleras eléctricas para disfrutar del arte emocionante.

¿Has ido a Pueblito Paisa?

Opiniones:

Ismael @ismaelxr14
He viajado en el Metro Cable al pueblo típico y **he comprado** unos recuerdos en la plaza allí.

Ángela @xxgelarivera1
He visto las puertas de colores de las casas y las vistas de las montañas. ¡Qué bonito!

¿Has visitado el Parque Explora?

Opiniones:

Natalia @castillonatalia123
He visitado el museo de ciencias del Parque Explora y **he aprendido** mucho sobre las pirañas ¡Qué interesante!

Luis @luisssortiz98
Hemos bebido un café y **hemos probado** unas empanadas en la cafetería.

el Metro Cable	cable car in Medellín
la piraña	piranha (fish)
la empanada	stuffed pastry (pasty)

1 lots of wonderful art
2 the escalators
3 some souvenirs
4 coloured doors
5 views of the mountains
6 How interesting!

G The **perfect tense** is used to talk about what you have done. Use the present tense of **haber** + **past participle**.

(yo)	he	
(tú)	has	visitado
(él/ella/usted)	ha	comido
(nosotros/as)	hemos	subido
(vosotros/as)	habéis	
(ellos/ellas/ustedes)	han	

To form the past participle, take off the **-ar**, **-er** or **-ir** endings from the infinitive and add:
-ado (**-ar** verbs)   **-ido** (**-er**/**-ir** verbs)

Some past participles are irregular:
hacer (to do/make) → hecho
ver (to see) → visto

See page 236 for a full list of irregular verbs.

Page 144

Escuchar 2 Listen to Lucas talking about Medellín. Complete the sentences by choosing a word from the word box. There are more words than you need. (1–4)

| park | museum | square | shopping centre |
| bike | underground | train | |

1 Lucas and his friends have visited the …
2 He has seen Botero's art in the …
3 He has not been to the …
4 He has travelled by …

Escribir 3 Imagine you are a tourist in your local area. Write a short paragraph for a travel webpage about how you have spent the last 48 hours.

Use **ya** to with the perfect tense to mean 'already'.
Ya hemos visto el palacio.
We have **already** seen the palace.

Use **todavía** with a negative phrase in the perfect tense to mean 'yet'.
Todavía no he bebido un café.
I haven't drunk a coffee **yet**.

| Ya
Todavía no | | he | visitado
visto | el museo.   el estadio.
el castillo.   el palacio.
el centro comercial.
la biblioteca.   la piscina.
la oficina de turismo.
los monumentos. |
| Mis amigos y yo
Mi familia y yo | ya
todavía no | hemos | viajado en | bici.   tren.
metro.   coche. |

134 ciento treinta y cuatro

Módulo 6

 Listen to and read the conversation between two friends staying in Medellín. Translate the phrases in bold into English.

- ¿Dónde está el <u>centro comercial</u> **más cercano**?
- **Está cerca de** la estación de metro, <u>delante del banco</u>.
- **¿Está lejos de aquí?**
- **Mira el plano** … Pasa el puente, <u>toma la segunda calle a la izquierda</u> y **está a la derecha**.
- Vale. ¿Qué vamos a hacer mañana?
- Vamos a ir <u>al museo</u>.

> **G** Use **estar** + **preposition of place** to say where something is located.
> **Está** delante de … **It is** in front of …
> detrás de … behind …
> al lado de … next to …
> cerca de … near …
> lejos de … far from …
>
> Remember that *a* + *el* becomes **al** and *de* + *el* becomes **del**.
>
> Page 144

 Practise the conversation from exercise 4 with your partner. Then replace the underlined phrases with the following details in Spanish.

restaurant
behind the swimming pool
take the first street on the right
castle

Está		
Toma	la primera la segunda la tercera	a la derecha. a la izquierda.
Pasa		el puente.
Cruza		la plaza.

 Listen to the conversations about visiting Medellín. Copy and complete the table in English. (1–4)

	Place today	Where (two details)	Place tomorrow
1	museum	far, behind the shopping centre	restaurant

 Read the interview with Salvador, a keen cyclist from Medellín, and answer the questions below.

Hola, Salvador. ¿De dónde eres?

¡Soy colombiano y vivo en Medellín! Me encanta montar en bici y mi deportista favorita es Mariana Pajón. Es una ciclista increíble de BMX. Es de Medellín y vive en el sur de la ciudad. Comenzó a practicar BMX a la edad de cuatro años. Ya ha ganado dos medallas de oro en unos Juegos Olímpicos durante su carrera.

Si tienes tiempo libre, ¿qué te gusta hacer?

Pues, me gusta mucho salir porque siempre tengo mucha energía. Me gusta mi barrio porque delante de mi casa hay un parque, donde puedo caminar, y si quiero comer algo, en la esquina hay un restaurante. Mañana mis amigos y yo vamos a ir a las montañas.

el/la deportista sportsperson

1 What does Salvador like doing?
2 When did Mariana first start riding a BMX?
3 Why is it hard for Salvador to stay at home?
4 Why does he like his neighbourhood? (Give <u>two</u> details.)
5 What is Salvador going to do tomorrow?

 Write <u>two</u> or <u>three</u> sentences about where you live. Include:

- where you live and what you like to do
- what you are going to do tomorrow.

Vivo en … Me gusta …
Mañana voy a … / Quiero …

ciento treinta y cinco

2 Medellín ahora y antes

- Describing how a city or town has changed
- Using demonstrative adjectives for descriptions
- Comparing now and then in the imperfect tense

1 Read about Medellín's library parks and complete the sentences.

Los Parques Biblioteca de Medellín

Medellín ha cambiado mucho en los últimos años y ahora es muy diferente. En la ciudad hay más zonas verdes y la red de transporte es muy buena. También tiene diez parques biblioteca, donde se puede descansar, caminar, leer y aprender mucho.

1 **Este lugar** es muy bello. **Esta** biblioteca es muy cómoda y tiene **estas** salas de lectura buenas.

2 **Esos** edificios son modernos y **esa** biblioteca tiene unas salas de Internet. También, **esas** vistas desde el parque son increíbles.

1 Medellin now has more …
2 The transport system is …
3 If you want to work online, visit …
4 To see lots of modern buildings, visit …
5 If you want to visit a reading room, go to …
6 For the best views, go to …

Remember that **ll** and **rr** are pronounced differently in Spanish.
ll makes a 'y' sound: calle, se llama, allí
rr is a rolled 'r' sound: carretera, torre, arriba

⭐ When the next word starts with **i** or **hi**, the word for 'and' (**y**) becomes **e**.
La estación de trenes es grande **e** industrial.

When the next word starts with **o** or **ho**, the word for 'or' (**o**) becomes **u**.
Se puede visitar el castillo mañana **u** hoy.

2 Now translate the two library texts from exercise 1 into English.

3 Read out the sentences with your partner. Pay attention to your pronunciation of **ll** and **rr**.

1 Esos edificios **allí** son muy antiguos.
2 Hay un **castillo** enorme y muchas **calles** bonitas.
3 **Allí**, todos los edificios son más modernos.
4 En mi **barrio** esas tiendas de ropa casi nunca **cierran**.
5 Las **carreteras** ahora están mucho mejor que antes.

Demonstrative adjectives G

	singular		plural	
	masculine	**feminine**	**masculine**	**feminine**
this / these	est**e** edificio	est**a** calle	est**os** edificios	est**as** calles
that / those	es**e** espacio	es**a** carretera	es**os** espacios	es**as** carreteras

The **feminine** singular demonstrative adjective **esta** does not have a written accent, whereas *está* (it is) does.
Esta zona está en el sur de la ciudad.
This area is in the south of the city.

Page 145

Módulo 6

 4 Listen to some young people describing Medellín. What is it like now and what was it like before? Write the two correct letters for each person. (1–4)

Ahora, ¿cómo es?

Antes, ¿cómo era?

- **a** Está limpia, con más zonas verdes.
- **b** Su transporte es mejor.
- **c** Las calles son más seguras.
- **d** Era más industrial y menos moderna.
- **e** Había más violencia.
- **f** Había más drogas en las calles.

 5 Read the texts. For each person, note down in English:
- what they say Medellín is like now (Give two details.)
- what they say it used to be like. (Give two details.)

> **G** The **imperfect tense** is used for describing what places were like or used to be like. It can be translated as 'used to'.
> La ciudad **era** más tranquila. — The city **was** / **used to be** calmer.
> **Había** menos edificios modernos. — There **were** / **used to be** fewer modern buildings.
> Las carreteras **estaban** sucias. — The roads **were** / **used to be** dirty.
> Mi barrio **tenía** pocas tiendas. — My neighbourhood **had** / **used to have** few shops.
> Page 145

Ahora Medellín es una ciudad moderna y bastante tranquila – la imagen de la ciudad ha cambiado mucho. Antes era un lugar muy violento. Era una ciudad peligrosa y muchos barrios no eran muy seguros.
Thiago

En el pasado había más drogas en las calles de Medellín. También había mucha basura y las calles estaban sucias. Ahora hay muchos espacios verdes y es menos industrial. También ha mejorado la educación.
Lucía

 6 Translate these sentences about how Medellín has changed into Spanish.

1. It is a beautiful place with lots of interesting buildings.
2. There are some modern museums and a big castle.
3. Before there used to be rubbish on the streets and it was dirtier.
4. The city was also smaller and it was more industrial.

Mi pueblo/barrio es Mi ciudad/zona es	bonit**o**/**a**.	divertid**o**/**a**.	aburrid**o**/**a**.
Tiene	muchos parques. muchas calles.	muchos restaurantes. muchas cafeterías.	
Tenía	un museo. un palacio. un cine. una piscina. transporte bueno.	un castillo. un centro comercial. una biblioteca. una plaza.	
Ahora es más Antes era más	segur**o**/**a**. históric**o**/**a**.	modern**o**/**a**. industrial.	tranquil**o**/**a**.
Antes estaba más	limpi**o**/**a**.	suci**o**/**a**.	
Antes había más/menos	violencia.	drogas.	zonas verdes.

 7 Write a paragraph about where you live. Remember to make adjectives agree with the noun. Use:
- the **present tense** to describe what your town is like now
- the **imperfect tense** to describe what your town was like before.

ciento treinta y siete **137**

3 ¡A comprar!

- Describing shopping preferences
- Revising direct object pronouns
- Choosing the correct tense when translating

 Escuchar 1 Listen to and read these opinions from young people who live in Medellín. Note down what each of them likes and dislikes about shopping. (1–4)

 **Claudia**
1 Me encanta la ropa de *Urban Outfitters* y siempre compro su ropa por Internet. El único problema es que sus camisetas son muy caras.

 **Yamile**
3 Prefiero llevar ropa bastante diferente. *Seven.Seven* es una marca de moda colombiana. Vende mucha ropa bonita, pero no me gustan sus vestidos.

 **Andrés**
2 Normalmente compro los pantalones y las camisetas de *Pull & Bear*, la marca española. La ropa es barata, pero vivo lejos de la tienda.

 **Héctor**
4 A mis amigos les gusta ir de compras, pero ¡a mí no! Entonces uso apps como *Vinted* para buscar ropa de segunda mano.

 Leer 2 Read the texts from exercise 1 again. Then choose <u>one</u> to translate into English.

 Hablar 3 Read out the sentences below, paying close attention to vowels with and without written accents. Then listen and check your pronunciation.

1 Generalmente compro en línea.
2 Los precios en junio son increíbles.
3 Mis amigos van a las tiendas de mi barrio.
4 La semana próxima me gustaría ir al centro comercial.
5 Le encantaría ir a las tiendas de su región porque son buenas.

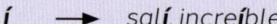 Remember to pronounce each vowel sound clearly. If a vowel has a written accent, <u>stress</u> this letter sound in the word. Listen and repeat.

í	→	sal**í**, incre**í**ble
ía	→	me encantar**ía**, d**ía**
ió	→	reg**ió**n, beb**ió**
io	→	jul**io**, gimnas**io**

 Hablar 4 In pairs, discuss your shopping habits.

- ¿Prefieres ir al centro comercial o ir a las tiendas de tu zona?
  - Prefiero / No me gusta … porque …
- ¿Qué cosas te gusta comprar por Internet?
  - Me gusta comprar … Por ejemplo, la semana pasada compré …

(No) Me gusta Me encanta Prefiero Odio	ir a las tiendas ir al centro comercial comprar por Internet		
porque ya que	es	más menos	barato. práctico. caro. fácil.
	los precios son mejores. las tiendas son muy pequeñas.		
Me gusta comprar … por Internet.	la ropa de segunda mano los pantalones las camisetas los zapatos las camisas los vestidos las faldas		

Leer 5 Read this article about young people's shopping habits in Medellín. Then answer the questions below in English.

¿Los centros comerciales tienen futuro?

Algunos jóvenes prefieren comprar por Internet. Odian esperar y piensan que hay más opciones baratas y más tallas en línea. Más que nunca, muchos jóvenes compran ropa de segunda mano porque es más barata, está de moda y puede ser de buena calidad.

Otros jóvenes disfrutan de la experiencia de ir de compras porque van al centro comercial o a las tiendas con sus amigos los fines de semana. La verdad es que los centros comerciales y las tiendas todavía tienen futuro, pero también están cambiando.

1. What do some young people hate doing?
2. What else do they like about shopping online? (Give two details.)
3. Why are second-hand clothes popular? (Give three details.)
4. Why do some youngsters still enjoy going shopping?

Many words contain **cua** or **cue** in Spanish. Listen and repeat.

cue → cuesta, escuela, cuenta
cua → ¿Cuánto? ¿Cuándo?

Can you say this tongue twister?
Cuando cuentes cuentos, cuenta cuántos cuentos cuentas, porque si no cuentas cuántos cuentos cuentas, nunca sabrás cuántos cuentos cuentas tú.

Escuchar 6 Listen to and read the conversation. Translate the **bold** phrases into English.

- ¿En qué puedo servirle?
- **Ayer compré estas botas**, pero **son demasiado pequeñas**. Las quiero devolver.
- ¿Quiere usted probarse otros zapatos?
- No, gracias, pero **quisiera este sombrero negro**. ¿Cuánto es?
- Cuesta treinta y cinco euros.
- Gracias. **¡Hasta pronto!**

Direct object pronouns normally go before the verb, but they can also be attached to the end of the infinitive. Remember they need to agree with the noun they replace.

*Compré **un jersey**, pero **lo** quiero devolver.*
I bought a jumper, but I want to return **it**.

*No me gustan **las zapatillas de deporte**. Voy a cambiar**las**.*
I don't like the trainers. I want to exchange **them**.

Page 146

Escuchar 7 Listen to the shop dialogues. Copy and complete the table in English. (1–4)

	Item bought	When	Problem
1			

| Lo | La | | quiero | devolver |
| Los | Las | | voy a | cambiar |

porque	es	demasiado	pequeño/a(s). largo/a(s). grande(s).
	son		
		de mala calidad.	
		no me gusta el color.	

Hablar 8 In pairs, use the pictures to create a dialogue. Use the conversation in exercise 6 as a model, changing the underlined phrases.

Escribir 9 Translate these sentences into Spanish.

Start with the Spanish for 'normally'.

Completed action in the past – which tense?

1. I normally go to the shopping centre with my friends on Saturdays.
2. Last Saturday I bought some black shoes and a blue shirt.
3. Before, I used to buy interesting clothing in second-hand shops.
4. I don't like the trousers and I am going to return them.

'Used to' is a clue for which past tense you need.

Think about the position of this direct object pronoun.

4 ¿Dónde prefieres vivir?

- Giving preferences about where you live
- Making comparisons
- Using different tenses to describe your area

 1 Listen to and read statements from young people describing why they like living in Medellín or nearby. Then translate the phrases in **bold** into English.

¿Dónde prefieres vivir?

Prefiero vivir en Medellín porque **es más divertido que vivir en el campo.** Me encanta vivir en una ciudad porque **siempre hay algo que hacer** con varias tiendas y muchos restaurantes. También el transporte es mejor, **pero no me gusta la polución.**

Samuel

Vivo en un pueblo pequeño que se llama Santa Bárbara. **Está en el campo** a cincuenta kilómetros de Medellín. Me encanta vivir en un pueblo porque **hay menos ruido que en una ciudad grande** y es más tranquilo. El problema es que **no hay muchas posibilidades de trabajo.**

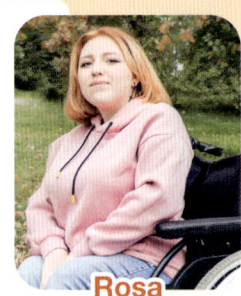
Rosa

 2 Read the texts again. Decide whether the sentences below are true or false.

1. Samuel prefers to live in the countryside.
2. He does not like the shops near his house.
3. He does not think it is clean.
4. Rosa lives just outside Medellín.
5. She likes her town in the countryside.
6. There are lots of jobs where Rosa lives.

 G

There are several ways to **compare** and **contrast**. Try to use different ones when speaking and writing.

Use **más/menos** + adjective + **que** (more/less … than …):
Manchester es **más** grande **que** Medellín.
Manchester is bigger **than** Medellín.

Use **más/menos** + noun + **que** (more/less/fewer … than …):
Mi ciudad tiene **menos** polución **que** Londres.
My city has **less** pollution **than** London.
Medellín tiene **menos** problemas **que** muchas otras ciudades.
Medellín has **fewer** problems **than** many other cities.

Use **tan** + adjective + **como** (as … as …):
Medellín es **tan** bonito **como** Nottingham.
Medellín is **as** pretty **as** Nottingham.

Page 146

 3 In pairs, talk about where you live and what you like and don't like about it. Use comparisons to give detailed answers.

- ¿Dónde vives?
- Vivo en …
- ¿Te gusta tu zona?
- Me gusta … porque …, pero no me gusta porque …

Me gusta porque …, pero no me gusta porque	
tiene	mucha polución. muchos/pocos espacios verdes. muchas/pocas tiendas.
es	tranquil**o/a**. divertid**o/a**.
está	limpi**o/a**. suci**o/a**. en la costa. en las montañas. en el campo.
hay	más/menos posibilidades de trabajo. mucho/menos tráfico. mucha/menos gente. transporte bueno/malo.

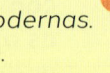

When describing your area, use the verb **ser**.
Es una ciudad grande y las calles **son** muy modernas.
It's a big city and the streets are very modern.

However, when you say where your area is located, use **estar**.
Mi pueblo **está** cerca de las montañas.
My town/village is near the mountains.

Remember also to use **estar** for temporary states:
Las calles **están** sucias.
The streets are dirty.

140 *ciento cuarenta*

Módulo 6

Leer 4 Read the newspaper article and identify the <u>three</u> correct statements. Then translate what Maya says into English: 'In the future, ...'

¿Cómo **deberían** ser las ciudades del futuro?

Hoy en día, el ochenta por ciento de la población colombiana vive en las zonas urbanas, y en 2050 **será** cerca del noventa por ciento. Hay que pensar en las ciudades del mañana.

En el futuro, no **habrá** carros voladores o casas grandes porque una ciudad grande no es buena para el medioambiente. La ciudad del futuro **será** pequeña, con mejor transporte. **Tendrá** bicicletas y patinetas, o la gente **caminará** en vez de usar coches eléctricos.

Pero, ¿qué piensan los jóvenes que viven en Medellín? ¿Cómo imaginan su ciudad en el futuro?

Emiliano dice: En el futuro **me encantaría** vivir en el campo, cerca de Medellín, porque **preferiría** vivir en un lugar con el aire más limpio. Pienso que Medellín **tendrá** más pisos o casas a buen precio.

Maya dice: En el futuro, **me gustaría** vivir en esta ciudad fantástica. **Viviré** con mi novio y sus padres, y **alquilaré** un piso pequeño. Creo que Medellín estará más limpio con menos tráfico.

los carros voladores	flying cars
las patinetas	scooters
en vez de	instead of

1 By 2050, more than 90% of Colombians will live in cities.
2 Future cities will be big and sustainable.
3 Future cities will have good transport and will be smaller.
4 Emiliano thinks Medellín will be more affordable in the future.
5 Maya will rent somewhere to live in the future.
6 Both Emiliano and Maya think the city will be less crowded in the future.

Escuchar 5 Listen to these young people talking about how they would improve public transport in their city. Note down their answers in English. (1–3)

> **G** Use the **conditional tense** to say what you **would** do in the future:
> *¿Qué **cambiarías** de tu zona?*
> What **would you change** about your area?
> ***Pondría** más autobuses baratos.*
> **I would put on** more cheap buses.
> ***Mejoraría** los parques.*
> **I would improve** the parks.
> ***Me gustaría vivir** en el centro.*
> **I would like to live** in the centre.
>
> Use the **simple future tense** to say what things **will** be like in the future:
> *La ciudad **tendrá** más zonas verdes.*
> The city **will have** more green areas.
> *Las playas **estarán** más limpias.*
> The beaches **will be** cleaner.

There are many words that are different in Spain and Latin America, in the same way that there are differences between British English and American English.

English	Spanish (Spain)	Spanish (Latin America)
car	el coche	el carro/auto
mobile phone	el móvil	el celular
computer	el ordenador	la computadora
pretty	bonito/a	lindo/a / bello/a
cool	guay	chévere

Escribir 6 Write approximately 90 words about your area. Aim to use <u>four</u> tenses (the present, preterite, conditional and simple future). Include:

- the pros and cons of living in your area
  Vivo en ... Me gusta porque ..., pero ...
- something you did in your area last week
  La semana pasada fui a ...
- what you would improve in your area and why
  Mejoraría ... porque ...
- what your area will be like in the future.
  Creo que mi zona será ...

	la red de transporte			
Mejoraría	los pisos	los hospitales	los parques	
	las casas	las carreteras	las tiendas	
porque	(no) es	bueno/a. malo/a. demasiado caro/a.		
	(no) son	buenos/as. malos/as. demasiado caros/as.		
	(no) está	limpio/a. sucio/a.		
	(no) están	limpios/as. sucios/as.		

ciento cuarenta y uno **141**

5 Un intercambio cultural

- Talking about where you live
- Using irregular preterite verbs
- Having conversations using different tenses

Leer 1 Read the text conversation and identify the tense used for each of the phrases in **bold**. Then read the text again, and copy and complete the statements in English.

James   Amira

Hola, me llamo James y soy de Glasgow. ¿Cómo te llamas?

Me llamo Amira y **vivo en Medellín**. ¿Qué haces ahora?

Estoy en mi piso. Te mando una foto. Tiene dos habitaciones y un balcón. Es cómodo y moderno. Y tú, ¿dónde vives?

Vivo en una casa. Arriba está mi habitación y **abajo hay varios cuartos** y un jardín bonito. Me gusta mi jardín porque puedo hablar con mis vecinos fácilmente.

Me encanta tu casa. ¿Te gusta vivir en Medellín?

Sí. Me gusta mucho porque hace buen tiempo y **no llueve mucho**. Agosto siempre es mi mes favorito porque celebramos la Feria de las Flores. ¡Mira la foto que tomé el verano pasado! **Fui a la feria** con mis amigos y **las flores eran muy bonitas**. ¿Y a ti? ¿Te gusta vivir en Glasgow?

Sí, me gusta mucho Glasgow, pero a menudo **hace mal tiempo** y llueve mucho. Es una ciudad muy dinámica y moderna. La calle Buchanan tiene muchos edificios victorianos y modernos, y muchas tiendas buenas. El fin de semana pasado fuimos al Parque Kelvingrove. ¡Fue muy divertido! Este fin de semana **vamos a ir al Centro de Ciencias** porque quiero ir al cine en 3D – **será maravilloso**.

1. James's flat in Glasgow is … and it has …
2. Amira likes her garden because …
3. The weather in Medellín is …
4. The Medellín Flower Festival takes place in …
5. The weather in Glasgow is …
6. Last weekend, James …

> Try to use a variety of tenses.
> Remember to use the **preterite tense** for completed actions in the past.
> *Fui a la feria con mis amigos.*
> **I went** the fair with my friends.
> Use the **imperfect tense** to describe what something was like.
> *Las flores eran tan bonitas.*
> The flowers **were** so beautiful.

Escuchar 2 Listen to some teenagers talking about where they live. Copy and complete the table in English. (1–4)

	What they like	A recent activity	A future plan
1	always something to do	rented a bike with friends	go out to …

Hablar 3 In pairs, talk about your area. Answer the following questions.

- ¿Dónde vives?
  - Vivo en …
- ¿Cuál es tu lugar favorito de tu zona?
  - Mi lugar favorito es … porque …
- ¿Qué hiciste ayer en tu zona?
  - Ayer fui a …
- ¿Qué vas a hacer en tu zona el fin de semana próximo?
  - Voy/Vamos a …

G Some verbs in the **preterite tense** are completely irregular (*ser, ir, dar* and *ver*):

- **ser/ir** → fui, fuiste, fue, fuimos, fuisteis, fueron
- **ver** → vi, viste, vio, vimos, visteis, vieron
- **dar** → di, diste, dio, dimos, disteis, dieron

Other preterite verbs have **irregular stems**, but their endings follow similar patterns. For example:

- **tener** → tuve, tuviste, tuvo, tuvimos, tuvisteis, tuvieron
- **estar** → estuve, estuviste, estuvo, estuvimos, estuvisteis, estuvieron
- **hacer** → hice, hiciste, hizo, hicimos, hicisteis, hicieron
- **poder** → pude, pudiste, pudo, pudimos, pudisteis, pudieron

Page 147

4 Listen to and read about Luis's visit to the flower festival in Medellín. Select the correct words to complete the sentences.

los desfiles	parades
las carrozas	floats
flotante	floating

La Feria de las Flores

Estuve en Medellín en agosto para la fiesta increíble de flores bellas e hice muchas cosas. La feria comenzó en 1950 y es perfecta si te gustan la naturaleza y la cultura.

El lunes las calles tuvieron desfiles y carrozas. Mis amigos y yo vimos los jardines flotantes que pasaban por el río y disfrutamos de los distintos espectáculos en los parques. Participé en una clase de arte floral sobre las tradiciones de las flores. No pude creer la cantidad de comida típica que había en las calles de la ciudad. ¡Estaba muy rica!

El año que viene voy a volver a la feria. Habrá conciertos y muchos eventos culturales. Me gustaría ver más desfiles. ¡Será maravilloso!

1 This year the festival took place in **August** / **February** / **March**.
2 The festival is great if you like **dancing** / **nature** / **history**.
3 Luis and his friends watched the shows in the **streets** / **rivers** / **parks**.
4 Luis took part in classes to learn about **flowers** / **parades** / **tourism**.
5 Food was available **on the riverbank** / **in restaurants** / **on the streets**.

G There are several ways you can describe future events or plans.
1 Use the **near future tense** (present of *ir* + *a* + infinitive):
*Los niños **van a** comprar helados.*
The children **are going** to buy ice creams.
2 Use the **simple future tense**:
*Mi amigo **irá** a la playa.*
My friend **will go** to the beach.
3 Use the **conditional tense** of *gustar* followed by the infinitive:
***Me gustaría** visitar sitios históricos.*
I would like to visit historic sites.

5 Listen to some young people talking about their plans and write down each sentence you hear. Then translate the sentences into English. (1–5)

Example: 1 *Voy a visitar el castillo mañana.* – I am going to visit the castle tomorrow.

6 In pairs, practise this dialogue, which uses different tenses to talk about future plans. Then create another <u>two</u> conversations using the pictures.

- ¿Qué vas a hacer este fin de semana?
- Primero, **voy a ir** a la playa para tomar el sol. Luego, **jugaré** al fútbol porque es divertido, y después **me gustaría ir** de compras.

7 Research a city you would like to visit in Spain or Latin America. Look online to find <u>two</u> or <u>three</u> places you could visit there. Then imagine you have visited this city and write about your trip. Write about:

- the city and what you like about it (present tense)
[Medellín] es una ciudad bonita y me gusta porque …
- what you did in the city (preterite tense)
El año pasado visité [Medellín] y fui a …
- what the city was like (imperfect tense)
La ciudad era …
- what you will do the next time you visit (near future, simple future or conditional tense).
La próxima vez visitaré … y voy a ir a …

 Use connectives (*primero, luego, después*) when listing different activities to add detail to your sentences.

Gramática 1

The perfect tense (Unit 1, page 134)

 1 Write the jumbled words below in the correct order to form sentences about travel. Then translate each one into English.

Example: 1 Han viajado en tren. – They've travelled by train.

1 en   viajado   Han   tren
2 He   visitado   palacios   dos
3 ¿   comido   comida   Has   la   ?
4 Mi   ha   padre   una   no   bicicleta   alquilado
5 aquí   nuevas   abierto   tiendas   Han   muchas

Use the **perfect tense** to talk about what you have done. The perfect tense is formed by using the verb **haber** in the present tense and the **past participle** of the verb.

To form the past participle, remove the **-ar**, **-er/-ir** endings from the infinitive and add: **-ado** for **-ar** verbs and **-ido** for **-er/-ir** verbs.

(yo)	he	
(tú)	has	
(él/ella/usted)	ha	viajado
(nosotros/as)	hemos	comido
(vosotros/as)	habéis	salido
(ellos/ellas/ustedes)	han	

 Look out for irregular past participles:

abrir (to open) → **abierto** (opened)
decir (to say) → **dicho** (said)
escribir (to write) → **escrito** (written)
hacer (to do/make) → **hecho** (done/made)
poner (to put) → **puesto** (put)
romper (to break) → **roto** (broken)
ver (to see) → **visto** (seen)
volver (to return) → **vuelto** (returned)

 2 In pairs, use the word wheel of infinitives to make sentences in the perfect tense about what you have already done (or have not done yet) in your area.

Example: **Todavía no he** visto el castillo.
Ya he visitado la oficina de correos.

¿Qué has hecho en tu zona?

Prepositions of place (Unit 1, page 135)

 3 Translate these sentences into Spanish.

1 The market is behind the house.
2 The station is in front of the library.
3 The museum is next to the park.
4 The bank is near the swimming pool.
5 The keys are on the table.
6 The restaurants are behind the shopping centre.
7 My phone is under the bed.

Prepositions of place are useful to help us say where something is situated. As in English, they are used before a noun. Remember to use the contractions **al** and **del** when *a* or *de* are followed by *el*.

El banco está **lejos del** puerto.
The bench is **far from** the port.
Las tiendas están **cerca de** la oficina de correos.
The shops are **near** the post office.

al lado de	next to / beside	cerca de	near/close to
bajo	} under/underneath	lejos de	far from
debajo de		encima de	above
delante de	in front of	sobre	on (top of)
detrás de	behind		

144   ciento cuarenta y cuatro

Módulo 6

Demonstrative adjectives (Unit 2, page 136)

 4 Match the sentence halves, ensuring that the demonstrative adjectives agree with the noun. Then translate the sentences into English.

1 En mi ciudad, esta …
2 Las vistas son bonitas con esas …
3 Quiero devolver este …
4 En mi barrio, ese …
5 Me gustan estos …

a palacio es muy famoso.
b calle tiene muchas tiendas.
c playas limpias.
d edificios antiguos.
e vestido porque es demasiado pequeño.

 5 Choose the correct demonstrative adjective from the three choices given. Listen and check your answers. (1–5)

1 **Este** / **Esa** / **Estos** fin de semana vamos a visitar el castillo.
2 Compré **esta** / **estas** / **ese** regalo para mi madre.
3 Para descubrir la ciudad, puedes alquilar **esos** / **esta** / **esas** bicicleta.
4 ¿Has viajado en tren para ver **estas** / **esa** / **estos** vistas?
5 Es bueno porque **esas** / **esta** / **estos** tiendas casi nunca cierran.

> **Demonstrative adjectives** are words like 'this', 'that', 'these' and 'those'. They are used to identify things.
> They are positioned before the noun and must agree with the noun.
>
> **Est**e pueblo es tranquilo. — **This** town is quiet.
> ¿Has visto **ese** monumento? — Have you seen **that** monument?
> Voy a ir a **esos** bosques. — I am going to go to **those** woods.
> Hay una tienda en **esta** esquina. — There is a shop on **this** corner.
> **Est**as entradas son caras. — **These** tickets are expensive.
> Me gustan **esas** flores. — I like **those** flowers.
>
> There are neuter demonstrative pronouns: *esto* and *eso*. They are often used to describe abstract ideas, when we don't know the gender of the word, and to make general statements.
>
> **Esto** es bueno. — **This** is good.
> ¿Qué es **eso**? — What is **that**?

The imperfect tense (Unit 2, page 137)

 6 Listen to the statements about people's towns and fill in the gaps with the imperfect tense verbs. (1–4)

1 En los barrios ___ más casas y los parques ___ más flores.
2 Las afueras ___ menos industriales y en el centro no ___ seguridad.
3 Hace diez años, cuando mis abuelos ___ en la ciudad, ___ más violencia.
4 Antes, mi ciudad no ___ una imagen muy positiva porque mucha gente ___ más violenta.

 7 Complete Jalil's text about how his town has changed. Change the <u>infinitives</u> into the correct tense.

> Vivo en Barbosa. Antes, mi pueblo (**ser** – *imperfect*) más tranquilo, con menos turistas y no (**tener** – *imperfect*) muchos restaurantes. Antes, no (**haber** – *imperfect*) mucho que hacer para los jóvenes. Ahora, Barbosa (**tener** – *present*) más hoteles y también las calles (**ser** – *present*) mejores, con muchas tiendas. Es muy fácil ir a Medellín en autobús y muchos jóvenes (**ir** – *present*) allá para ir de compras.

ciento cuarenta y cinco **145**

Gramática 2

Direct object pronouns (Unit 3, page 139)

 1 You want to return these items. Copy and complete these sentences with the correct direct object pronoun. Then translate your sentences into English.

1. Odio esta corbata. ▇ voy a devolver porque no me gusta el color.
2. El fin de semana pasado compré este jersey. No ▇ quiero porque es demasiado grande.
3. Ayer compré esta chaqueta. ▇ voy a cambiar porque es de mala calidad.
4. No me gustan estos calcetines. ▇ voy a cambiar porque son demasiado largos.
5. Hace dos días compré estas zapatillas de deporte. ▇ voy a devolver porque no son de buena calidad.

 2 In pairs, read out the Spanish sentences from exercise 1. Pay close attention to your pronunciation.

 Direct object pronouns are used to replace something that has already been mentioned.

Remember to position direct object pronouns correctly.

- Before a conjugated verb:
  Lo he visitado — I have visited **it**.
  La quiero devolver. — I want to return **it**.

- Attached to the end of the infinitive:
  Voy a devolverlos. — I am going to return **them**.
  Quiero cambiarlas. — I want to exchange **them**.

- After a negative:
  Nunca los compro. — I never buy **them**.
  No la uso. — I don't use **it**.

Using comparatives (Unit 4, page 140)

 3 Look at the photographs. Use opinion phrases and adjectives from the word boxes to compare and contrast the town with the city. Write at least six sentences.

Example: Creo que la ciudad está más sucia que el pueblo.

Opiniones
Creo que
Pienso que
En mi opinión

Adjetivos
sucio/a   aburrido/a   interesante
limpio/a   caro/a   mejor
moderno/a   barato/a   peor
viejo/a   bonito/a
divertido/a cultural

The **comparative** makes a 'sandwich' around the adjective.
*Ahora mi barrio está **más** limpio **que** antes.*
Now my neighbourhood is cleaner than before.

*Estas tiendas son **menos** modernas **que** el centro comercial.*
These shops are **less** modern **than** the shopping centre.

*La gente es **tan** simpática en las ciudades **como** en los pueblos.*
People are **as** friendly in cities **as** in towns/villages.

 Some comparative adjectives are translated into English without needing the word 'more':

más limpio que	cleaner than
más sucio que	dirtier than
más bonito que	prettier than

However, others are translated by adding 'more' in front of the adjective:

más bello que	more beautiful than
más moderno que	more modern than

 Some comparatives are irregular:
bueno (good) → **mejor** (better)
malo (bad) → **peor** (worse)

146 *ciento cuarenta y seis*

Módulo 6

Irregular preterite verbs (Unit 5, page 142)

 Listen to Malek and Fátima talking about a visit to Cali, in Colombia. Fill in the gaps with the missing verbs in the preterite tense.

Hola, Fátima, ¿cómo estás?

Estoy muy contenta. **1** de Cali la semana pasada. ¿Te gusta Cali, Malek?

Sí, **2** a Cali el mes pasado. A mí me **3** también. ¿Qué cosas **4** hacer en Cali, Fátima?

5 al Parque del Gato de Tejada. Era muy bonito, con esculturas de gatos diferentes.

6 ir a ese parque, pero no pude porque no **7** tiempo, pero fui a un restaurante muy bueno.

Yo también. ¡ **8** mucho en Cali!

Some verbs in the **preterite tense** have irregular stems, but their endings follow mainly familiar patterns.

Verbs with *u*	Verbs with *i*	Verbs with *j*
tener (*to have*)	**querer** (*to want*)	**decir** (*to say*)
tuve	quise	dije
tuviste	quisiste	dijiste
tuvo	quiso	dijo
tuvimos	quisimos	dijimos
tuvisteis	quisisteis	dijisteis
tuvieron	quisieron	dijeron
estar: estuve, … **poder:** pude, … **poner:** puse, …	**venir:** vine, … **hacer:** hice, … (hi**z**o for he/she/it form)	**traer:** traje, …

Mi amiga **vino** a visitarme.   My friend **came** to visit me.
No **dije** nada.   I **said** nothing.

Other verbs are completely irregular (*ser, ir, ver, dar*).

💡 Notice that there are no written accents on any of the endings for these irregular preterite verbs.

dar → di, diste, dio, dimos, disteis, dieron
ver → vi, viste, vio, vimos, visteis, vieron

 Write out the complete paradigm for the following verbs in the preterite tense. Pay careful attention to your spelling and watch out for irregular verbs.

Example: dar (to give)
(I)   di
(you sing.)   diste
(he/she/it)   dio
(we)   dimos
(you pl.)   disteis
(they)   dieron

~~dar~~   hacer   salir
poder   estar   ir

¡En marcha! (Units 1–5)

 Read the travel blog. Fill in the gaps with the correct verb from the word box. Then translate the text into English.

Colombia **1** un país con unos bosques bonitos. ¿Has visto las playas? ¿ **2** a Medellín, con sus vistas increíbles? El fin de semana pasado visité la ciudad, y mis amigos y yo **3** a la Plaza Botero. **4** un lugar maravilloso. Compré unas zapatillas de deporte, pero mañana **5** devolverlas porque son demasiado grandes. El año próximo **6** a Medellín y visitaremos más sitios.

era   volveré   has ido
fuimos   es   me gustaría

 Name the tenses you have used for each gap in exercise 6 and discuss why they are used. Then read your text out, paying attention to your pronunciation and using intonation to make the questions stand out.

Example: es – present tense (this is a description of a place now)

ciento cuarenta y siete

Módulo 6 — Leer y escuchar

Reading

 Leer 1

My town. Read Carla's text about the town where she lives.

> Vivo en Venezuela con mis padres. Me gusta mucho vivir en mi pueblo. No estamos cerca de la playa, pero hay muchos parques con naturaleza tropical. Es muy agradable. He visitado la capital, Caracas, que está en el norte, pero prefiero vivir acá. Es tranquilo, con muchas tiendas, pero me gustaría tener un mejor sistema de transporte. El año pasado fuimos a la costa. Antes era una región bastante tranquila, pero ahora hay más turistas – es un poco **pesado**.

a Complete the sentences below. Write the correct letter, A, B or C, for each question.
  (i) Carla likes living in her town because there are lots of …
    A beaches.   B green spaces.   C museums.
  (ii) The capital city is in the …
    A north.   B south.   C west.
  (iii) Carla would like to have …
    A more shops.   B a quieter town.   C better transport.
  (iv) She says that the coastal region has …
    A improved.   B changed.   C become less popular.
b Which of these is the best translation for the word **pesado**? Write the correct letter, A, B or C.
  A annoying   B funny   C pleasant

> Remember that there will be distractors! Something may be mentioned in the text, but it may not be the correct answer.
>
> Also pay attention to negatives and comparatives.

 Leer 2

Shopping habits. Read these social media comments about shopping habits. What do Carmen, Toni and Indra say about their shopping habits? For each person, write one action and one reason **in English**. You do not need to write in full sentences.

Carmen Creo que la ropa de marca es muy cara – nunca la compro. Prefiero comprar ropa de segunda mano porque es más barata y también es importante reciclar.

Toni No voy nunca a las tiendas pequeñas del barrio porque no es fácil encontrar las cosas que estoy buscando. Prefiero ir a los grandes centros comerciales porque allí hay más variedad.

Indra Siempre hago la compra en línea porque es más fácil y todo llega a casa muy rápido. En mi opinión, ir a las tiendas me hace perder tiempo.

a Carmen   One action: _____   One reason: _____
b Toni   One action: _____   One reason: _____
c Indra   One action: _____   One reason: _____

Leer 3 — *My local area.* Translate the following sentences **into English**.

a Aquí hay muchos edificios históricos.
b El museo está cerca de la plaza.
c Hay un castillo antiguo en el puerto.
d Antes había más polución en esta región.
e Visitamos el oeste del país el año pasado.

Listening

Escuchar 1 — *Town or countryside.* Listen to Manuel, Luisa and Hugo talking about where they live and answer the questions.

a What does Manuel say about his city? Listen to the recording and answer the questions **in English**. You do not need to write in full sentences.
  (i) Where is Manuel's city? (Give <u>one</u> detail.)
  (ii) Why does Manuel like living in his city?

b Now listen to Luisa and Hugo. What do they like and dislike about where they live? Listen to the recording and write your answers **in English**. You do not need to write in full sentences.
  (i) Luisa   Likes: _____   Dislikes: _____
  (ii) Hugo   Likes: _____   Dislikes: _____

Escuchar 2 — *A changing city.* Listen to Miguel talking about how his city has changed. What does he say? Complete the sentences below. Write the correct letter, A, B or C, for each question.

a In the past, Miguel's city had lots of …
  A green spaces.   B offices.   C pollution.

> Think about which tense would be used to describe the city in the past.

b People mostly travelled …
  A by car.   B by bike.   C on foot.

> Be careful with distractors such as negative phrases.

c Nowadays, people enjoy going to the park to …
  A walk.   B run.   C see friends.

> To talk about what is happening now, the speaker will use the present tense.

Escuchar 3 — You are going to hear someone talking about shopping. Sentences 1–3: write down the missing words for each gap. For each gap, you will write one word **in Spanish**. (1–3)

1 El ___ comercial está ___.
2 Siempre ___ pantalones de ___.
3 Mi novia ___ un traje ___.

Sentences 4–6, write down the full sentences that you hear **in Spanish**. (4–6)

Remember the following sounds:
• **ce**, **ci**, **z** – pronounced like 'th' in 'think' and English
• **ca**, **co** – pronounced like 'k' in 'cake' in English
• **cue** – you must write a letter for each sound you hear
• **j** – pronounced like a stronger version of the English 'h'.

ciento cuarenta y nueve

Módulo 6 Prueba oral

Read aloud

 1 Look at this task. With a partner, read aloud the <u>five</u> sentences, paying attention to the underlined letters.

Julia, your Colombian friend, is writing about her local area and shopping. Read the five sentences aloud to your teacher or a partner.

> Mi <u>c</u>iudad está en el <u>oe</u>ste.
> No <u>ll</u>ueve mucho en mi <u>r</u>egión.
> El <u>c</u>entro <u>c</u>omercial está <u>c</u>erca.
> La <u>r</u>opa <u>c</u>uesta mucho en las tiendas lo<u>c</u>ales.
> Ha<u>g</u>o la <u>c</u>ompra en línea porque los pre<u>c</u>ios son ba<u>j</u>os.

Take care how you pronounce:
- *gi* – a hard 'h' sound
- *r* (at the start of a word) – remember to roll the *r*
- *ll* – which sounds like 'y' in English.

 2 Listen and check your pronunciation.

 3 Listen to the teacher asking the <u>two</u> follow-up questions. Translate each question **into English** and prepare your own answers **in Spanish**. Then listen again and respond to the teacher.

Role play

 1 Look at the role-play card and prepare what you are going to say.

Setting: In a clothes shop

Scenario:
- You are talking to an employee in a clothes shop in Spain.
- The teacher will play the part of the employee and will speak first.
- The teacher will ask questions **in Spanish** and you must answer **in Spanish**.
- Say a few words or a short phrase/sentence for each prompt. One-word answers are not sufficient to gain full marks.

Task:
1 Say what you want to buy.
2 Say what colour you want.
3 Say who the item is for.
4 Give your opinion about shopping.
5 Ask a question about the price.

Which verb will you need for 'want'? Remember to follow it with an infinitive verb.

Make the adjective agree with the noun.

What **opinion phrases** do you know?

Use the word *para* to mean 'for'.

What **question word** do you need here?

 2 Practise what you have prepared. Then, using your notes, listen and respond to the teacher.

 3 Now listen to Hussain doing the role play task and answer the questions.

In Spanish, write down:
a the verbs that he uses in points 1 and 2
b how he answers points 3 and 4
c the question he asks in point 5.

Picture task

 1 Look at the photo below and read the **first part** of the task card. Then listen to Lili describing the photo.

1. Who does Lili think the people are?
2. Where does she say they are?
3. What does she say they are doing?
4. How does Lili think they are feeling and why?
5. What does she say about the appearance of the girl?

In your description, think about what else you could mention.

Prepare your own description of the photo.
Your description must cover:
- people
- location
- activity.

When you have finished your description, you will be asked **two questions** relating to the picture. Say a short **phrase/sentence** in response to each question. One-word answers will not be sufficient to gain full marks.

You will then move on to a **conversation** on the broader thematic context of **My neighbourhood**. During the conversation, you will be asked questions in the present, past and future tenses. Your responses should be as **full and detailed** as possible.

 2 Prepare your own description of the photo, mentioning **people**, **location** and **activity**. Then, with a partner, take turns to describe the picture.

 3 Read the **second part** of the task card. Then listen to the **two** follow-up questions and respond to the teacher. Remember: you only need to give a short answer to each one.

 4 Read the **third part** of the task card. Listen to the further **two** questions in the wider conversation and write down **in English** the questions that Lili is asked by her teacher. Then complete the following sentences with the correct information.

1. Lili likes going to the cinema with her …
2. There are also lots of …
3. Before, the city was …
4. In the centre of the city, she would like to have a …
5. She would improve the …
6. She would provide …

 5 Now prepare your own answers to the questions in exercise 4. Your responses should be as full and detailed as possible. Then listen to the questions and give your answers.

 6 Prepare your own answers to Módulo 6 questions 1–10 on page 229. Then practise with your partner.

Módulo 6 Prueba escrita

40–50 word writing task

 1 Look at this short writing task and then, for each bullet point, think about useful vocabulary and structures you could use. Discuss your ideas with a partner.

> Write a blog post about the town where you live.
>
> You **must** include the following points:
> - a description of your town
> - your opinion of the town
> - what you will do in the town next week.
>
> Write your answer **in Spanish**. You should aim to write between 40 and 50 words.

 2 Read Daisy's answer to this exam task and write down the missing word in each gap by using a word from the box.

> Mi ciudad está en el este y es 1 y moderna. Hay 2 edificios y monumentos.
>
> Me encanta 3 aquí porque hay mucho que 4 . También, no hay mucha polución.
>
> La semana 5 voy a ir a una fiesta de música en un parque 6 de mi casa. ¡Qué guay!
>
> Daisy

> próxima   vivo   bonita   cerca   hacer   muchos   pasada   vivir   muchas

 3 Write your own answer to the 40–50 word writing task in exercise 1. Remember to make adjectives agree with the noun they describe and think carefully about the tense you will need for the third bullet point.

80–90 word writing task

 1 Look at this longer writing task about shopping and make notes on how you would answer each bullet point.

> Write a letter to your friend about shopping.
>
> You must include the following points:
> - talk about what you like to buy
> - your opinion of shopping online
> - what you bought recently as a present for someone
> - what you will do on your next shopping trip.
>
> Write your answer **in Spanish**. You should aim to write between 80 and 90 words.

- Remember to **start** and **finish** the letter appropriately.
- What **tense** will you use here?
- Think about ways in which you can give your **opinion**.
- Again, think about the **tense** you need to use. Vary your vocabulary – mention something different from what you answered in the first bullet point.
- Use the **near future tense** or **simple future tense** here. You could also use the **conditional tense** to say what you would like to do.

Módulo 6

Escribir 2 Prepare your own answer to the 80–90 word writing task in exercise 1.

- Think about how you can develop your answer for each bullet point.
- Look back at your notes from exercise 1.
- Look at the 'Challenge checklist' and think about how you can show off your Spanish!
- Write a **brief** plan and organise your answer into <u>four</u> short paragraphs.
- Write your answer and then check the accuracy of what you have written.

Challenge checklist

	✓ Past, present and future time frames ✓ Different opinion phrases ✓ Connectives, sequencers and time phrases
	✓ Different persons of the verb ✓ Negatives (e.g. *nunca, nada*) ✓ A wide variety of vocabulary ✓ More varied opinions such as exclamations
	✓ A wider range of tenses (e.g. imperfect, perfect, conditional) ✓ Phrases with more than one tense ✓ Complex structures (e.g. comparatives, expressions followed by the infinitive)

Translation

Escribir 1 Read the English sentences and Freddie's translation of them. Write down the missing word for each gap.

a Colombia is an incredible country.
b There are historical sites in the north.
c I like buying souvenirs.
d I visited Colombia with my family last year.
e My grandmother lives in the south.

a Colombia es un país **1**.
b Hay **2** históricos en el **3**.
c Me gusta **4** recuerdos.
d **5** Colombia con mi **6** el año pasado.
e Mi **7** vive en el **8**.

Escribir 2 Now translate the following sentences **into Spanish**.

a The museum is very close.
b My family lives in the north.
c We visited the castle yesterday morning.
d There is a restaurant on the corner.
e The transport in this city is good.

ciento cincuenta y tres

Módulo 6 Palabras

Key:
bold = this word will appear in higher exams only
* = this word is not on the vocabulary list, but you may use it in your own sentences

En Colombia todo es posible (pages 132–133):

¿Qué hay en tu país/región?	What is there in your country/region?
En mi región (no) tenemos …	In my region we (don't) have …
En el norte/sur/oeste/este/centro (no) hay …	In the north/south/west/east/centre there is/are (not) …
(un) puerto	a port
(unos) pueblos	some/any towns
(una) costa	a coast
(unas) montañas	some/any mountains
agradable(s) / bonito/a(s)	pleasant / pretty
grande(s) / histórico/a(s)	big / historic
*industrial(es) / moderno/a(s)	industrial / modern
pequeño/a(s) / sucio/a(s)	small / dirty

Medellín, ciudad inteligente (pages 134–135):

¿Has visitado Medellín?	Have you visited Medellín?
Ya he/hemos visitado …	I/We have already visited …
Todavía no he/hemos visto …	I/We haven't seen … yet
el castillo / el estadio	the castle / the stadium
el centro comercial	the shopping centre
el museo / el palacio	the museum / the palace
la biblioteca	the library
la oficina de turismo	the tourist office
la piscina	the swimming pool
los monumentos	the monuments
Ya he/hemos viajado en …	I/We have already travelled by …
Todavía no he/hemos viajado en …	I/We haven't travelled by … yet
bici / coche	bike / car
metro / tren	underground / train
¿Dónde está (el centro comercial) más cercano?	Where is the nearest (shopping centre)?
Está …	It is …
al lado de / de la …	next to the …
cerca del / de la …	near the …
delante del / de la …	in front of the …
detrás del / de la …	behind the …
lejos del / de la …	far from the …
banco	bank
estación de tren	train station
¿Está lejos de aquí?	Is it far from here?
Mira el plano.	Look at the map.
Pasa (el puente).	Go past (the bridge).
Cruza (la plaza).	Cross (the square).
Toma la primera/segunda/tercera calle …	Take the first/second/third street …
a la derecha/izquierda	on the right/left
Está a la derecha/izquierda.	It is on the right/left.
¿Qué hacemos mañana?	What are we doing tomorrow?
Vamos a ir (al restaurante / a la biblioteca).	We are going to go (to the restaurant / to the library).
Mañana voy a …	Tomorrow I am going to …
Quiero ir a …	I want to go to …

Medellín ahora y antes (pages 136–137):

¿Cómo es tu barrio/ciudad/pueblo/zona ahora?	What is your neighbourhood/city/town/area like now?
Mi barrio/ciudad/pueblo es …	My neighbourhood/city/town is …
aburrido/a	boring
bonito/a	pretty
divertido/a	fun, amusing
Tiene …	It has …
muchos parques/restaurantes	lots of parks/restaurants
muchas calles/*cafeterías	lots of streets/cafés
un castillo / un cine	a castle / a cinema
un centro comercial	a shopping centre
un palacio / un teatro	a palace / a theatre
una biblioteca / una plaza	a library / a square
una piscina	a swimming pool
transporte bueno	good transport
Ahora, ¿cómo es?	What is it like now?
Ahora es más …	Now it is …
industrial	more industrial
moderno/a	more modern
seguro/a	safer
Ahora está más limpio/a.	Now it is cleaner.
Antes, ¿cómo era?	What was it like before?
Antes era más …	Before it was more …
histórico/a	historic
tranquilo/a	tranquil, calm
Antes estaba más sucio/a.	Before it was dirtier.
Antes había más …	Before there was/were more …
Había menos …	There was less / were fewer …
drogas / zonas verdes	drugs / green areas
violencia	violence

¡A comprar! (pages 138–139):

¿Prefieres ir al centro comercial o ir a las tiendas de tu zona?	Do you prefer to go to the shopping centre or to the shops in your area?
(No) Me gusta / Me encanta …	I (don't) like / I love …
Prefiero …	I prefer …
Odio …	I hate …
ir a las tiendas …	going to the shops …
ir al centro comercial …	going to the shopping centre …
comprar por Internet …	buying on the internet …
porque / ya que …	because / since …
es más / menos barato	it is cheaper / less cheap
es más / menos fácil	it is easier / less easy
es más / menos caro	it is more / less expensive
es más / menos *práctico	it is more / less practical
los precios son mejores	the prices are better
las tiendas son muy pequeñas	the shops are very small
¿Qué cosas te gusta comprar por Internet?	What things do you like to buy on the internet?
Me gusta comprar … por Internet.	I like to buy … on the Internet.
la ropa de segunda mano	second-hand clothes
los pantalones	trousers

los vestidos / los zapatos	dresses / shoes	largo/a(s)	long
las camisas / las camisetas / las faldas	shirts / T-shirts / skirts	pequeño/a(s)	small
		Lo/La quiero devolver ...	I want to return it ...
¿En qué puedo servirle?	How may I help you?	Los/Las quiero devolver ...	I want to return them ...
Ayer / El sábado pasado compré ...	Yesterday / Last Saturday I bought ...	porque ...	because ...
este (jersey)	this (jumper)	es / son demasiado ...	it is / they are too ...
esta (falda)	this (skirt)	no me gusta el color	I don't like the colour
estos (pantalones)	these (trousers)	¿Quiere usted probarse ...?	Would you like to try on ...?
estas (botas)	these (boots)	No, gracias, pero quisiera (este sombrero negro).	No thank you, but I would like (this black hat).
pero es / son demasiado ...	but it is / they are too ...	¿Cuánto es / son?	How much is it / are they?
grande(s)	big	Cuesta(n) (treinta euros).	It costs / They cost (thirty euros).

¿Dónde prefieres vivir? (pages 140–141):

¿Dónde vives?	Where do you live?	¿Qué cambiarías de tu ciudad?	What would you change in your city?
Vivo en ...	I live in ...	Mejoraría (la red de transporte) ...	I would improve (the transport network) ...
¿Te gusta tu zona?	Do you like your area?	porque (no) es ...	because it is (not) ...
(No) Me gusta porque ...	I (don't) like it because ...	bueno/a / malo/a	good / bad
tiene ...	it has ...	(demasiado) caro/a	(too) expensive
mucha polución	a lot of pollution	porque (no) está ...	because it is (not) ...
muchos / pocos espacios verdes	lots of / few green spaces	limpio/a / sucio/a	clean / dirty
muchas / pocas tiendas	lots of / few shops	Mejoraría ...	I would improve ...
es ...	it is ...	Cambiaría ...	I would change ...
tranquilo/a	tranquil, calm	los hospitales/parques/pisos ...	the hospitals/parks/flats ...
divertido/a	fun	las casas/carreteras/tiendas ...	the houses/roads/shops ...
está ...	it is ...		
limpio/a / sucio/a	clean / dirty	porque (no) son ...	because they are (not) ...
en el campo	in the countryside	buenos/as / malos/as	good / bad
en las montañas	in the mountains	(demasiado) caros/as	(too) expensive
en la costa	on the coast	porque (no) están ...	because they are (not) ...
hay ...	there is/are ...	limpios/as / sucios/as	clean / dirty
más/menos posibilidades de trabajo	more/fewer possibilities of work	En el futuro creo que ...	In the future I think that ...
mucho / menos tráfico	lots of / less traffic	mi zona será más/menos ...	my area will be more/less ...
mucho / menos ruido	lots of / less noise	tendrá más/menos ...	it will have more/less ...
mucha / menos gente	lots of / fewer people	habrá ...	there will be ...
transporte bueno / malo	good / bad transport	viviré en ...	I will live in ...

Un intercambio cultural (pages 142–143):

¿Qué te gusta más de tu ciudad?	What do you like most about your city?	Primero/Luego/Después ...	First/Afterwards/Then ...
Me encanta porque ...	I love it because ...	Me gustaría ...	I would like to ...
siempre hay mucho que hacer	there is always a lot to do	Voy a ...	I am going to ...
tiene muchos edificios antiguos	it has lots of old buildings	Vamos a ...	We are going to ...
		ir al cine/parque (para ver a mis amigos/as)	go to the cinema/park (to see my friends)
hace buen tiempo	the weather is good	ir a la playa (para tomar el sol)	go to the beach (to sunbathe)
no llueve mucho	it does not rain much	ir a las tiendas	go to the shops
es una ciudad muy moderna	it is a modern city	ir de compras	go shopping
hay muchas tiendas buenas	there are lots of good shops	visitar el castillo	visit the castle
la gente es muy agradable	the people are very pleasant	Me gustaría comprar más ropa.	I would like to buy more clothes.
¿Cuál es tu lugar favorito de tu zona?	What is your favourite place in your area?	Queremos salir a comer.	We want to go out to eat.
		Jugaré al baloncesto.	I will play basketball.
Mi lugar favorito es (el mercado).	My favourite place is (the market).	Iré/Iremos al estadio para ver un partido de fútbol.	I/We will go to the stadium to watch a football match.
		Tomaré el sol en el parque.	I will sunbathe in the park.
¿Qué hiciste ayer en tu zona?	What did you do yesterday in your area?	El año pasado visité ... y fui a ...	Last year I visited ... and I went to ...
Ayer fui/fuimos a ...	Yesterday I/we went to ...	La ciudad era ...	The city was ...
Alquilamos unas bicicletas.	We hired some bicycles.	La próxima vez visitaré ... y voy a ir a ...	Next time I'll visit ... and I'm going to go to ...
¿Qué vas a hacer en tu zona el fin de semana próximo?	What are you going to do in your area next weekend?		
¿Qué vas a hacer este fin de semana?	What are you going to do this weekend?		

Módulo 7: Un mundo mejor para todos

Espacios naturales maravillosos
- Learning about natural wonders of Spanish-speaking countries
- Revising multiple sounds

Visita estos sitios increíbles

En América Latina y España hay muchos espacios naturales que son verdaderamente maravillosos. Unos jóvenes hispanohablantes explican cuál es su espacio favorito.

1 Los colombianos pensamos que este es un río muy bonito. Tiene colores amarillos, azules, verdes, rojos y negros. Durante los meses de julio a noviembre sus aguas son una vista extraordinaria de colores. ¿Te gustaría visitarlo algún día? **Leticia**

2 Está en el mar. Puedes verlo desde el cielo. Muchas personas piensan que es un espacio bello y único en el planeta. Tiene una forma perfecta y es de color azul. Si te gustan los peces, merece una visita. **Félix**

3 Es una cascada natural muy alta. Cerca se encuentran muchos bosques. Es increíble verla en los meses de agosto y septiembre porque hace buen tiempo y no hay nubes. ¡No hay otra igual! **Laura**

4 Si eres aficionado al buceo, este es el sitio perfecto. Se encuentra cerca de Isla Mujeres. Un artista británico hizo figuras para proteger la vida del mar. ¿Te gustaría verlas? **Julián y Rosario**

a. El Gran Agujero Azul (Belice)
b. El Museo Subacuático de Arte (México)
c. Caño Cristales (Colombia), un río de cinco colores
d. Salto Ángel (Venezuela), en el Parque Nacional Canaima, una cascada muy grande

los peces	fish
la cascada	waterfall
el buceo	diving
El Gran Agujero Azul	The Great Blue Hole

Leer 1 Read the texts and look at the photos. Match each text (1–4) with the correct photo (a–d).

Leer 2 Read the texts above again and the captions. Find <u>two</u> words for each of the following sounds:
1. *gu* as in words like *gustar*
2. *ge* as in words like *gente*
3. *j* as in words like *viejo*
4. *ce* as in words like *centro*
5. *ci* as in words like *gracias*

Leer 3 Read the sentences and write which place from exercise 1 they relate to.

1. Me interesan las experiencias únicas. Me gustaría ver la vida marina porque me encantan los animales del mar. **Jesús**

2. Me importa la protección de la vida del mar. También mi pasión es el arte y me gustaría sacar fotos bajo el agua. **Cecilia**

3. Voy a ir al final del verano. El tiempo es perfecto porque quiero ver las vistas maravillosas. **Agustín**

4. Me interesa ver los colores de la naturaleza. Las imágenes de este espacio natural son extraordinarias. **Germán**

Zona de cultura — Módulo 7

Escuchar 4 Listen and fill in the gaps in Spanish with the word you hear. (1–6) Then translate the sentences into English.

1. Me importa la ____ del planeta.
2. El plástico causa mucha ____.
3. Cada día hago una ____ positiva para reciclar.
4. El reciclaje es la mejor ____ para ayudar.
5. Quiero mejorar mi ____ sobre el medioambiente con más ____.
6. Soy miembro de una ____ para la ____ de la naturaleza.

> Words ending in **-ción** and **-sión** are usually cognates for English words ending in '-tion' or '-sion' and are always **feminine**. They have **an accent** in the singular form.
> la celebra**ción** (celebration) la ac**ción** (action)
> la conclu**sión** (conclusion) la ver**sión** (version)

Hablar 5 In pairs, take turns to ask and answer the questions.

- ¿Qué lugar te gustaría/interesaría visitar?
- Me gustaría/interesaría visitar el río Caño Cristales.
- ¿Por qué te gustaría/interesaría visitarlo?
- Me gustaría visitarlo porque es interesante y me gusta(n)/encanta(n) …

Es	bonito/a.	emocionante.
	extraordinario/a.	increíble.
	tranquilo/a.	interesante.
Me gusta / Me encanta	el mar.	el arte.
	el espacio natural.	la naturaleza.
Me gustan / Me encantan	los bosques.	los ríos.
	los peces.	las vistas.

Hablar 6 Read out the following text. Take care to pronounce words correctly, focusing on the sounds in **bold**. Then listen to check your pronunciation.

> **G** The verbs *interesar* and *importar* work like *gustar* and *encantar*.
> When followed by an infinitive or a noun in the singular, use *interesa* and *importa*.
> When followed by a noun in the plural, use *interesan* and *importan*.
> Page 168

El Parque Nacional del Teide

El Parque Na**ci**onal del Teide se en**cu**entra en Tenerife, una isla bonita que es parte de las Islas **Ca**narias, en España.

Es famoso por su **v**ol**cá**n, el Teide, que es un pi**co** muy alto.

Este parque es un espa**ci**o natural úni**co** y mara**v**illoso.

Si **v**as allí podrás disfrutar de **v**istas extraordinarias de ro**ca**s vol**cá**ni**ca**s y tierras se**ca**s, con **co**lores que **v**an desde el negro hasta el rojo.

Es popular entre los turistas que bus**ca**n experien**ci**as diferentes y úni**ca**s.

- **ci** is pronounced like 'th' in 'thing' in most of Spain.
- **ca**, **co**, **cu** are pronounced like 'k' in 'cake' in English.
- **v** is pronounced the same as **b**.

ciento cincuenta y siete 157

1 ¡Actúa ya!

- Talking about how you help in your community
- Using the imperative
- Using the present and preterite tenses

Escuchar 1 Listen and read the slogans. Match them to their English equivalent. Then in pairs, take turns to read them out in Spanish, paying attention to correct pronunciation.

Jóvenes activistas

1 ¡**Respeta** la igualdad de género!
2 ¡**Lucha** contra el racismo!
3 ¡**Protege** el futuro del planeta!
4 ¡**Lucha** por tus derechos!
5 ¡**Pide** igualdad para las personas con discapacidad!
6 ¡**Ayuda** con tus acciones!

a Fight for your rights!
b Help with your actions!
c Fight against racism!
d Respect gender equality!
e Protect the future of the planet!
f Ask for equality for people with disabilities!

G The imperative is used to give instructions. The singular (*tú*) positive **imperative** is formed by removing the *-s* from the *tú* form of the verb. This is the same as the 'he/she/it' form in the present tense.

votar → (tú) vota~~s~~ → ¡Vota! Vote!
proteger → (tú) protege~~s~~ → ¡Protege! Protect!
pedir → (tú) pide~~s~~ → ¡Pide! Ask for!

Page 168

Leer 2 Read the opinions and write the correct name for each question below. Then translate Guadalupe's and Alvaro's texts into English.

Who ...
1 asks for equality for disabled people?
2 says we need to protect the future of our planet?
3 supports women's rights?
4 calls for help to fight against racism?
5 says that young people are important to fight for a fairer world?

¡**Reconoce** y **respeta** los derechos de las mujeres! *Camila*

El futuro del planeta es nuestro. ¡**Actúa** y **protégelo**! *Radhika*

Los jóvenes somos importantes para cambiar las cosas. ¡**Lucha** por un mundo más justo! *Chema*

Las personas con discapacidad merecen tener las mismas opciones. ¡**Pide** igualdad para todos! *Guadalupe*

En nuestra sociedad todos somos iguales. ¡**Ayuda** a luchar contra el racismo en tu comunidad! *Álvaro*

Escuchar 3 Listen and complete the sentences with the missing words from the list.

1 **Lucha** contra el ____.
2 **Ayuda** en proyectos para ____ tu comunidad.
3 **Pide** una ____ más justa para todos.
4 ____ los mensajes de la ____ y **protégela**.
5 **Usa** los medios de ____ para compartir tu plan de ____.

sociedad	acción
racismo	mejorar
comunicación	naturaleza
escucha	

158 *ciento cincuenta y ocho*

Módulo 7

 Leer 4 Read what some young people did or do to help in their community. Write *past* or *present* for each text (1–5). Then find <u>eight</u> verbs in the present tense and <u>seven</u> verbs in the preterite.

¿Y tú? ¿Cómo ayudas en la sociedad?

 **1** Participé en proyectos de protección del medioambiente en mi comunidad. Trabajé en equipo con asociaciones de mi barrio y de mi región.

 **2** Compro y vendo ropa de segunda mano en línea. Así ayudo a proteger los recursos del planeta.

 **3** Ayudé a los ancianos que viven solos. Pasé tiempo con personas mayores. Fue interesante.

 **4** Doy comida, ropa y zapatos que no uso a las personas sin casa. Pienso que es una buena causa.

 **5** Llevé comida a los bancos de comida. Lo hice porque hay personas que no tienen trabajo o dinero.

 Escuchar 5 Listen to <u>two</u> young people talking about how they help in their community or in society. (1–2) Copy and complete the table with the numbers of the corresponding statements from exercise 4. Then listen again and note down in English:
- <u>one</u> reason for their present action
- <u>one</u> reason for their past action.

	What they do to help	What they did in the past
Sergio		
Virginia		

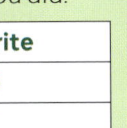 **G** Use the present tense to say what you normally do and the preterite tense to say what you did.

	present	preterite
-ar verbs	ayud**o**	ayud**é**
-er verbs	vend**o**	vend**í**
-ir verbs	compart**o**	compart**í**

Remember that these verbs have an irregular pattern:

tener → **tengo** → tuve
hacer → **hago** → hice
dar → **doy** → di
ser → **soy** → fui

Page 169

 Hablar 6 In pairs, take turns to answer these questions. Use the language you have learned in this unit to help you.
- ¿Qué haces para ayudar en tu comunidad o en la sociedad?
- ¿Por qué lo haces?
- ¿Y qué hiciste en el pasado para ayudar a otras personas?

 Escribir 7 Write about how you help in your community for a volunteering blog. Include the following details:
- what you normally do to help others / your community
- your opinion about it / reason why you do it
- something that you did in the past to help and why you did it.

	compro	ropa de segunda mano.
	doy	dinero para buenas causas.
Para ayudar en … mi comunidad la sociedad	llevo	comida a los bancos de comida. ropa y zapatos a un banco de ropa.
	participo ayudo	en proyectos sociales. en proyectos del medioambiente. en asociaciones de mi barrio.
	ayudo	a las personas sin casa.
Pienso que Creo que	es importante. es bueno para el planeta.	
Me gusta	ayudar a otras personas. proteger la naturaleza / a los animales.	
La semana pasada El mes/año/verano pasado	ayudé	a las personas sin casa. a ancianos / a los mayores.
	participé en	un proyecto social.
	organicé	un evento para vender …
	di dinero a	una buena causa.

ciento cincuenta y nueve

2 El planeta en peligro

- Talking about climate change
- Using the imperfect continuous tense
- Using two tenses to talk about the weather

 1 In pairs, take turns to read out the following headlines, paying attention to correct pronunciation. Then translate the headlines into English.

1. No llueve. ¡Hay más hambre en el mundo!
2. ¡Ayuda! Llueve poco. ¡América Latina tiene sed!
3. Polución del aire: un problema serio para la salud
4. España: nieva poco y hace menos frío en invierno
5. Cambio climático: una carrera contra el reloj
6. Hace demasiado calor. ¡Peligro para los glaciares!

el glaciar — glacier

 2 Read the texts and match them with the headlines in exercise 1. Then make notes in English on what the weather is like in Peru, Chile and Spain.

A Perú tiene el 70% de los glaciares tropicales del mundo. Ahora hay menos glaciares porque **hace más calor y menos frío**. También **nieva menos** que antes.

B **Cada año llueve menos** en Latinoamérica. ¿El resultado? ¡No hay agua para beber! El año pasado llovió poco en Chile, pero **hizo mucho viento** en otoño.

C En el verano de 2022 **hizo mucho calor** en España. También el invierno fue más caliente porque **hizo menos frío e hizo más calor** que otros años. Ese año **nevó y llovió poco** porque el clima está cambiando.

 3 Take it in turns to ask and answer the questions about the weather below. Use the texts in exercise 2 and language in the box to help you.

- ¿Qué tiempo **hace** normalmente en Perú?
- ¿Qué tiempo **hizo** en Chile el año pasado?
- ¿Qué tiempo **hizo** en España el verano de 2022?
- ¿Qué tiempo **hace** normalmente en tu ciudad en verano?
- ¿Qué tiempo **hizo** en tu región el invierno pasado?

¿Qué tiempo **hace** / **hizo** en (tu región/ciudad/pueblo)?		
Normalmente En primavera En verano En otoño En invierno	**llueve** **nieva**	mucho. poco.
	hace	buen/mal tiempo. (mucho) calor/frío.
El año pasado El verano/otoño/ invierno pasado La primavera pasada	**hizo**	
	llovió **nevó**	mucho. poco.

 4 Listen to some young people discussing environmental problems. Choose the correct option to complete each sentence. (1–4)

1. Federico mentions that many people don't have **food to cook / clean water to drink**.
2. Valentina believes that **pollution puts our health at risk / air quality in cities is improving**.
3. Verónica thinks that **weather change is normal / winters are less cold and wet**.
4. Jorge talks about the problem of **the weather being too hot in winter / hunger in the world**.

 5 Translate these sentences into Spanish.

1. In Spain it's normally hot and sunny in summer.
2. Today it's very windy and it's also very cold.
3. Last year it rained a lot in my region.
4. In autumn, in Chile, it doesn't rain much.
5. Yesterday it was very cold and it snowed in my city.

Leer 6 Read about one of the most important climate events in recent years in Spain. Answer the questions in English.

www.lasnoticiasdelplaneta.es

Filomena, la peor tormenta del siglo

En enero de 2021, en España nevó sin parar durante varios días. La gran cantidad de nieve afectó a muchas ciudades españolas. Hizo mucho frío porque había temperaturas bajo cero.

Como había mucha nieve, el tráfico en los aeropuertos y las carreteras era imposible, y no había servicio de autobuses.

Mucha gente ayudó a limpiar las calles de nieve y dar comida y medicinas. Las redes sociales fueron muy importantes para organizar la ayuda y compartir información útil sobre la situación.

Filomena: bonita, pero peligrosa

| la peor tormenta | the worst storm |
| el siglo | century |

1 What happened in January 2021 in Spain?
2 What was the temperature like at that time?
3 What problems did the snow cause? (Give two details.)
4 How did people help during the storm?
5 How did people use social media during this time? (Give two details.)

Leer 7 Read the accounts of these young people and focus on the **imperfect continuous** phrases. Write down the following information in English:
- what they were doing that day
- what they say about the snow and one other detail

¿Qué **estabas haciendo** ese día?

1 Ese día **estaba ayudando** a mi madre en el jardín. En mi pueblo nevó durante 36 horas sin parar. No tuve que ir al colegio. **Eduardo**

2 Cuando comenzó a nevar, **estaba jugando** un partido de fútbol en el estadio con mi equipo. Tuvimos que parar porque había mucha nieve y no era posible jugar. **Rubén**

3 **Estaba viendo** una película en el cine. Cuando salí a la calle **estaba nevando**. Tuve que volver a casa a pie porque no había servicio de autobuses. **Gonzalo**

4 Ese día **estaba escribiendo** mi blog y mi abuelo **estaba durmiendo** la siesta tranquilamente. ¡Nevó toda la tarde! Tuve que ayudar a mi vecina mayor. **Lucía**

Escuchar 8 Listen and choose a picture to match the activity mentioned. Listen again and complete the table in English. (1–4)

	Weather event	Problems (mention two)
1	strong wind	had to leave the beach quickly

| ¿Qué tuvisteis que hacer? | Tuve que (+ *infinitive*) |
| ¿Tuvisteis algún problema? | Tuvimos que (+ *infinitive*) |

G

The **imperfect continuous** tense is used to describe what people were doing and translates as 'was/were ...ing'.

Estaba corriendo en el parque cuando comenzó a llover.
I was running in the park when it started to rain.

To form this tense, use the imperfect of **estar** and the **present participle**. Remember to remove the *-ar/-er/-ir* from the infinitive and add the endings *-ando* to *-ar* verbs, and *-iendo* to *-er* and *-ir* verbs.

Page 169

3 Protegemos el planeta

- Talking about actions to help the environment
- Using three tenses in the 'I' and 'we' forms
- Writing about what you do for the environment

1 Match the phrases to each picture. Then listen and check your answers.

¿Qué haces en casa para proteger el medioambiente?

Para proteger el medioambiente ...
1 llevo mi propia bolsa cuando voy al supermercado. **Rocío**
2 voy en bicicleta o a pie a menudo. **Nacho**
3 reciclo el papel, las cajas, los periódicos y las revistas. **Raquel**
4 no uso botellas de plástico. **Germán**
5 uso el transporte público. **Núria**

2 Read what these young people do to help the environment and find the Spanish translations for the English verbs (a–h). Then copy and complete the English sentences (1–4).

Para proteger el medioambiente, nunca **uso** botellas de plástico. Normalmente **llevo** mi propia bolsa cuando **voy** a las tiendas. Ayer **usé** la bicicleta para ir al colegio y **reciclé** el papel y las cajas.
En el futuro **voy a hacer** más viajes en transporte público. También **voy a reciclar** el café y la comida para la tierra del jardín.
Leire

En nuestra comunidad escolar **seguimos** la regla de 'las tres erres': reducir, reusar y reciclar. Al final del día **apagamos** todos los ordenadores. La semana pasada **hicimos** actividades de reciclaje con gran éxito. También **celebramos** el Día mundial de la bicicleta.
En el futuro **vamos a poner** árboles y plantas bonitas en los jardines. **Vamos a usar** menos papel.
Manuel

Día mundial de la bicicleta World bicycle day

a I'm going to do
b I carry
c we did
d I recycled
e we switch off
f we are going to put
g we celebrated
h I used

1 To protect the environment, Leire never ...
2 In the future Leire is going to recycle ...
3 In Manuel's school community they follow ...
4 Last week they did ...

3 Translate these sentences into Spanish. Use the verbs in brackets and the vocabulary from exercises 1 and 2 to help you.

1 I am going to recycle boxes and paper to protect nature. **(reciclar)**
2 Last week I used public transport to go to school. **(usar)**
3 We are going to switch off computers to help the planet. **(apagar)**
4 We never throw away food because we use it for the garden. **(tirar)**

Remember that direct object pronouns (**lo**/**la**/**los**/**las**) come before a conjugated verb and after an infinitive.

> Use the **present tense** in the 'I' or 'we' forms to say what you normally do.
> *Reciclo*/*Reciclamos* el papel y las cajas.
> **I**/**We recycle** paper and boxes.
>
> Use the **preterite tense** to say what you did.
> *Ayudé*/*Ayudamos* a limpiar las playas.
> **I**/**We helped** to clean the beaches.
>
> Use the **near future tense** to say what you are going to do.
> *No voy a tirar* la comida. *Vamos a reciclarla* para el jardín.
> **I am not going to throw away** food. **We are going to recycle it** for the garden.
>
> Page 170

ciento sesenta y dos

4 Listen to Joaquín, Almudena and Rosario talking about how they help the environment and note down the following details in English. (1–3)
- <u>one</u> eco-friendly action they do at school
- <u>one</u> eco-friendly action they did in the past
- <u>one</u> eco-friendly action they are going to do in the future.

Módulo 7

"En Barcelona tenemos supermanzanas. Queremos transformar los espacios de la ciudad en zonas para caminar con menos tráfico y más espacios verdes para tener aire más puro. Intentamos hacer las calles más seguras para las personas y mejorar la calidad del aire." **Mireia**

| **la supermanzana** | superblock |

5 In pairs, take turns to ask and answer these questions about the environment.
- ¿Qué haces para ayudar al medioambiente en casa?
- ¿Qué cosas hacéis en tu colegio para ayudar?
- ¿Y en el pasado? ¿Qué hiciste?
- ¿Y en el futuro? ¿Qué vas a hacer para proteger el planeta?

	Ahora	**En el pasado**	**En el futuro**
En casa	reciclo … uso …	reciclé … usé …	voy a [reciclar]
En mi colegio	usamos … apagamos …	reciclamos … ayudamos a …	vamos a [ayudar/usar …]

6 Write a blog in Spanish for your school's eco council on what you do to help the environment. Include:
- what you do to help the environment at home and at school
- something you did in the past for the environment
- what you are going to do in the future to help protect the planet.

Para ayudar al medioambiente Para proteger el planeta		reciclo	las cajas.	las botellas.	las bolsas.
		no uso	plástico.	papel.	
		viajo en	transporte público.	bicicleta.	tren.
La semana pasada El mes pasado		participé en …	organicé …	hice …	
		viajé en …	ayudé a …	aprendí a …	
En el futuro El año próximo	voy a vamos a	ayudar a limpiar el parque / la playa / el bosque. hacer viajes en tren o autobús.			

4 Nuestro mundo, nuestra responsabilidad

- Talking about social and climate issues
- Using *(no) se debería* + infinitive
- Working out the meaning of new words

Escuchar 1
Read the problems and write the correct letter of the solution to each one.
Then listen and check your answers.

Problemas

1. En mi ciudad hay mucha polución y los parques están sucios. **Iván**

2. La gente tira demasiada comida. **Paula**

3. Todavía hay racismo en nuestra sociedad. ¡Es terrible! **Fátima**

4. Mucha gente es víctima de la violencia de género. **Julián**

5. Mucha gente en nuestra sociedad tiene hambre. ¡No es justo! **Carla**

6. La vida de muchos animales está en peligro. ¡Es una pena! **Guillermo**

Soluciones

Se debería ...
a ayudar a otras personas con menos suerte.
b hacer una lista y comprar solo la comida que se necesita.
c proteger a los animales.
d ayudar a mejorar la calidad del aire y dejar los espacios públicos limpios.
e respetar a todas las personas.

No se debería ...
f aceptar la violencia contra las mujeres.

Leer 2
Translate these phrases into English.
1 Se debería reducir el nivel de polución en las ciudades.
2 No se debería tirar tanta comida.
3 Se debería ayudar a limpiar los espacios públicos.
4 Se debería respetar a todas las personas y hacer una sociedad más segura.
5 No se debería aceptar el racismo o la violencia de género.
6 Se debería hacer el barrio más limpio y reciclar más.

> **G**
> You have already seen **se debe** (you/one must). Use the conditional form **(no) se debería** + <u>infinitive</u> to say 'you/one should (not)'.
>
> **No se debería** <u>usar</u> tanto plástico.
> You/One should not use so much plastic.
> **Se debería** <u>proteger</u> la naturaleza.
> You/One should protect nature.
>
> Page 171

Escuchar 3
Listen to young people talking about environmental and social issues. For each conversation select the correct letter for the problem mentioned.
Then listen again and write down the solution in English. (1–4)

a gender violence
b transport
c climate change
d recycling

ciento sesenta y cuatro

Módulo 7

 4 Read about the actions of Sam, an activist dog, and answer the questions in English.

Conoce a Sam, un perro activista y superhéroe

¡Ven a Parquemet y protege la naturaleza!

Sam es un perro que quiere reducir la polución en Parquemet, un parque bonito de Santiago de Chile.

A Sam le encantaba pasear por el parque. Pero Sam siempre encontraba botellas de plástico, cajas de comida, papeles y bolsas que la gente tiraba.

Entonces, los directores de Parquemet decidieron usar la imagen de Sam.

La idea del proyecto era mandar un mensaje positivo para proteger la naturaleza. Ahora, Sam es el personaje de un cómic educativo, *Sam, el superhéroe de Parquemet*.

El cómic muestra cómo ayudar a dejar el parque limpio.

No se debería tirar nada. Se debería ser más responsable y usar los puntos de reciclaje en el parque.

El cómic llegó a distintos colegios y las redes sociales también lo publicaron. El proyecto fue un éxito.

1. Who is Sam and what does he want to do?
2. What is Parquemet and where is it?
3. Name <u>four</u> things that Sam used to find on his walks in the park.
4. According to the comic, what should you and what shouldn't you do in the park? (Give <u>three</u> details.)
5. Where was the comic distributed? How else was it published?

> Find examples in the text of where you have used the **four Cs** (clues, cognates, context and common sense) to help you work out the meaning of new words.

 5 In pairs, take turns to talk about your opinion on social and environmental problems. Include your ideas for solutions and actions.

- ¿Qué problema es peor y por qué?
- ¿Qué se debería hacer?

El racismo El hambre La polución	es peor porque mucha gente	no recicla. no tiene comida. no protege el medioambiente. no respeta a otra gente.
Se debería		ayudar a mejorar la calidad de aire / a otras personas. reciclar más. proteger la naturaleza / a los animales. ser más responsable.
No se debería		tirar nada/papeles/botellas/bolsas en el parque. aceptar el sexismo. tolerar la violencia contra las mujeres.

 6 Translate these sentences into Spanish.

The imperative

para + infinitive — **The preterite tense**

1. **Respect** and **protect** everybody in our society!
2. **To reduce** pollution I'm going to use public transport. — **The near future tense**
3. Last week I **helped** to clean up the beach.
4. I don't use too much plastic **to protect** the planet.

ciento sesenta y cinco **165**

5 El futuro está en nuestras manos

- Developing effective comprehension skills
- Consolidating the 'he/she/it' form of the preterite
- Using the 'he/she/it' form in the present and preterite

Leer 1 Read about the actions of a young Hispanic boy. Translate the phrases in purple into English and find **four** more phrases in the preterite. Then choose the **three** correct statements.

Un joven en acción

Durante la pandemia Jesús Morales **perdió su trabajo**. Entonces, tuvo la idea de usar su popularidad en TikTok y su canal para ayudar a la gente.

Primero, Jesús subió vídeos divertidos a la red social y **recibió dinero de sus seguidores**.

Él lo usó para ayudar a otras personas sin suerte.

Salió a la calle y **comenzó a dar el dinero** a los vendedores de la calle en San Diego y Los Ángeles. **Compartió las imágenes** en vídeos en la red social.

Gracias al éxito que tuvo, pudo seguir con su proyecto social.

Me gusta el proyecto de Jesús porque **ayudó a su comunidad latina durante la crisis**. Yo estoy de acuerdo con sus acciones porque creo que se debería ayudar a reducir los problemas sociales.

Alejandro

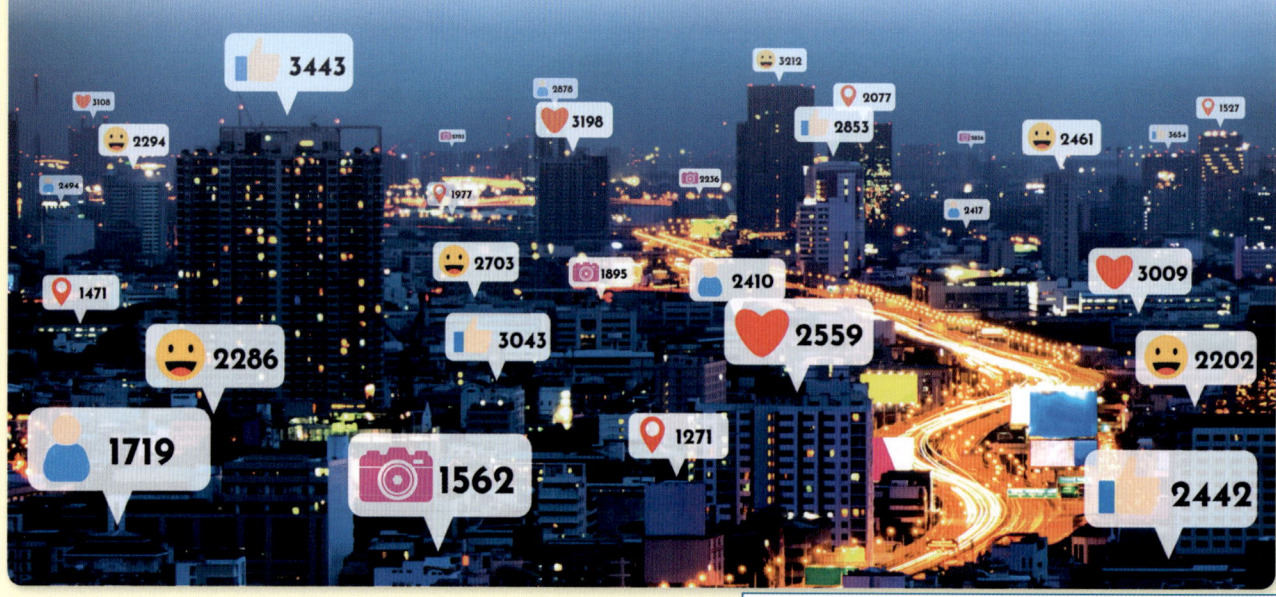

los vendedores de la calle street vendors

1 Jesús Morales wanted to help people find a job.
2 He created a new video channel on social media.
3 Jesús uploaded funny videos to his social media account.
4 He received financial support from other people.
5 He organised activities for the people he helped.
6 Jesús used his project to help his community.

G Use the **preterite tense** in the third person singular to talk about what someone did in the past or to say what happened. Add an accent and stress the last syllable.

	-ar verbs	**-er** verbs	**-ir** verbs
he/she/it	-ó	-ió	-ió

Some verbs have an **irregular** pattern in the preterite tense. These verbs do not have a written accent:

ser → *fue* (he/she/it was)
ir → *fue* (he/she/it went)
tener → *tuvo* (he/she/it had)
hacer → *hizo* (he/she/it did)

Page 171

Módulo 7

Escuchar 2 Listen to an extract in two parts about Olivia Mandle, a Spanish teen, and her activism. Choose **one** correct answer in **part 1** and **two** correct answers in **part 2**.

Part 1
1 Olivia is interested in protecting the forests.
2 She has a second house near the sea.
3 She is fighting against sea pollution.

Part 2
4 Olivia uses her social media to talk about her problems.
5 She wants to ban dolphin shows.
6 She wrote and published a book.

> Listening extracts often include more than one tense. Familiarise yourself with the verb endings for each tense to help you identify them more easily. Remember, some of the words you hear may be distractors.

el delfín — dolphin

Leer 3 Read the text. Translate the verbs highlighted in colour into English. Then select the correct option to complete each sentence.

Yalitza Aparicio, una actriz contra el racismo

Esta actriz mexicana **actuó** en la película *Roma*. La película **tuvo** mucho éxito y ganó un Óscar como mejor película de lengua no inglesa. Yalitza **recibió** una nominación como mejor actriz. Además, **fue** Embajadora de Buena Voluntad de la UNESCO porque **luchó** para proteger los derechos de los pueblos indígenas y **dijo** que hay que actuar para tener un cambio en la sociedad.

Yalitza **compartió** mensajes en contra del racismo en los medios sociales. También **habló** de este problema que **hay** en la sociedad mexicana cuando **escribió** para un periódico.

Los seguidores de sus redes sociales y su canal de YouTube dicen que ella **es** un buen ejemplo para México porque **ayuda** a otras personas. Siempre **da** mensajes positivos y **ama** su cultura.

| *el/la Embajador(a) de Buena Voluntad* | Goodwill Ambassador |
| *los pueblos indígenas* | indigenous people |

Yalitza Aparicio

1 Yalitza's film was **in a foreign language / nominated for the Oscars / not very successful**.
2 Yalitza **wanted to be a UNESCO Goodwill Ambassador / fought for the rights of indigenous people / protected her town**.
3 She wrote about racism **in a magazine / in a newspaper and on social media / in her artwork**.
4 Yalitza's social media followers say she **gets positive messages / loves YouTube / helps other people**.

> To develop effective comprehension skills:
> - read or listen for gist first
> - match sections to questions
> - identify verb tenses
> - watch out for distractors in questions
> - pay attention to information around the key words.

Hablar 4 In pairs, take turns to talk about the activists in this unit.
- ¿Cuál es tu activista favorito y por qué?
- Mi activista favorito/a es … porque <u>luchó para proteger</u> … ¿Y tú?

ayudó	escribió
comenzó	fue
compartió	luchó

ciento sesenta y siete **167**

Gramática 1

Verbs of opinion (Zona de cultura, page 157)

 Read and select the correct verb in each sentence. Then translate the sentences into English.

1. **Me interesa / Me interesan** luchar contra la polución.
2. **Me importa / Me importan** los problemas de la sociedad.
3. A mi hermana **le interesa / le interesan** proteger los bosques.
4. **Me encanta / Me encantan** ver los animales en la naturaleza.
5. **Me gusta / Me gustan** ayudar a otras personas.

> The verbs *interesar* and *importar* work like *gustar* and *encantar*.
>
> When followed by an infinitive or a noun in the singular, use *interesa* and *importa*:
> Me interes**a visitar** espacios naturales.
> Me import**a el futuro** del planeta.
>
> When followed by a noun in the plural, use *interesan* and *importan*:
> Me interesa**n los programas** sobre la naturaleza.
> Me importa**n los problemas** del medioambiente.
>
> Remember to use the definite article (**el/ la/ los/ las**) after the verb when you use a noun.
>
> If you use a noun before these verbs, you need to add the word **a**:
> **A** mi amigo **le** interesa la naturaleza.

The imperative (Unit 1, page 158)

 Take turns to read out these sentences with a partner. Write down the letter of the correct picture. Then find <u>five</u> verbs in the imperative and translate them into English.

Example: 1 a, Respeta – Respect

1. Respeta la igualdad de oportunidades.
2. Lucha contra el racismo.
3. Protege los árboles y las playas. Sé responsable con tus acciones.
4. El transporte público y la bicicleta son mejores para el medioambiente. ¡Úsalos!
5. Aprende las reglas del reciclaje. Pon las botellas, el papel y las cajas en una bolsa para reciclar.

> To form **regular** imperatives in the *tú* form see the grammar box on page 158.
>
> The following verbs are **irregular** in the *tú* form:
>
> **ser** (be) → sé
> **ir** (go) → ve
> **tener** (have) → ten
> **venir** (come) → ven
> **hacer** (do/make) → haz
> **poner** (put) → pon
> **salir** (go out/leave) → sal
> **decir** (say/tell) → di
>
>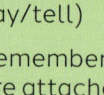
>
> Remember that **object** and **reflexive pronouns** are attached to the end of the imperative to become a single word.
>
> Pon**lo** aquí.   Put **it** here.
>
> If the command has two syllables or more, put a written accent on the second to last syllable, before adding the pronoun.
>
> Píde**la**.   Ask for **it**.   Relája**te**.   Relax.

Módulo 7

Using the present and preterite tenses in the 'I' form (Unit 1, page 159)

 3 Read the grammar box on page 159. Fill in the gaps with the correct form of the verbs in brackets in either the present or preterite tense. Then translate the sentences into English.

1. El año pasado ___ a los ancianos que viven solos. **(ayudar)**
2. Ahora ___ miembro de una asociación que protege a los animales en peligro. **(ser)**
3. Ayer ___ dinero para ayudar a una buena causa. **(dar)**
4. Hace dos años ___ en un proyecto social en mi comunidad para ayudar a los mayores. **(participar)**
5. Normalmente ___ la ropa y los zapatos que no uso o no me pongo a un banco de ropa. **(dar)**
6. Cada semana ___ los parques de mi barrio. Lo ___ en equipo con otros jóvenes de mi comunidad. **(limpiar, hacer)**

 4 Listen and write down the correct form of each verb in the present or preterite tense. Then read out the complete dialogue with a partner.

| hacer (x2) | visitar |
| dar | ayudar | preparar |

- ¿Qué haces para ayudar en tu comunidad, Almudena?
- ■ **1** dinero para buenas causas y **2** a las personas sin casa.
- ¿Por qué lo haces?
- ■ Lo **3** porque es importante ayudar en la sociedad.
- ¿Y qué hiciste en el pasado para ayudar?
- ■ La semana pasada **4** a una señora mayor que vive sola y **5** la comida.
- ¿Por qué lo hiciste?
- ■ Lo **6** porque me gusta hacer compañía a los mayores.

The imperfect continuous tense (Unit 2, page 161)

 5 Match the sentence halves. Then translate the finished sentences into English.

1. Estaba caminando por la calle …
2. Mi primo estaba viendo …
3. ¿Por qué estabas durmiendo en …
4. El niño estaba jugando …
5. Estaba ayudando a mis padres …
6. ¿Recuerdas qué estabas haciendo …

a. en el parque con sus amigos.
b. ese día?
c. un partido de baloncesto en el estadio.
d. a preparar la cena.
e. cuando vi el accidente.
f. la clase de inglés?

The **imperfect continuous** is used to describe what people were doing and translates as 'was/were …ing'. Use the imperfect of *estar* and the **present participle**. Remember to remove the **-ar**, **-er** and **-ir** of the infinitive and add the endings **-ando** (for *-ar* verbs) or **-iendo** (for *-er/-ir* verbs).

	estar (to be)	present participle
(yo)	estaba	jug**ando** (jug**ar**)
(tú)	estabas	v**iendo** (v**er**)
(él/ella/usted)	estaba	escrib**iendo** (escrib**ir**)

 Verbs with **irregular** present participles include:
leer → *le**y**endo* (reading)   *dormir* → *d**u**rmiendo* (sleeping)

Gramática 2

Using the present, preterite and near future tenses in the 'I' and 'we' forms
(Unit 3, page 162)

 1 Copy and complete the table with the verbs in the box and translate them into English. Some verbs can go in both the present and preterite tense.

	Present	Preterite	Near future
I	apago – I switch off		
we	…		

apago   usé   vamos a limpiar   fui   intento   apagamos   voy a usar   hicimos   organicé   tiro   voy a reciclar   seguimos

Use the **present tense** to say what you normally do.

	-ar verbs	-er verbs	-ir verbs
I	-o	-o	-o
we	-amos	-emos	-imos

Use the **preterite tense** to say what you did.

	-ar verbs	-er verbs	-ir verbs
I	-é	-í	-í
we	-amos	-imos	-imos

Use the **near future tense** to say what you are going to do.

	-ar verbs	-er verbs	-ir verbs
I	voy a + infinitive		
we	vamos a + infinitive		

Remember that some verbs have an irregular pattern in both the **present** and **preterite** tenses:

	hacer	tener	ir	dar
I	hago	tengo	voy	doy
we	hacemos	tenemos	vamos	damos

	hacer	tener	ir	dar
I	hice	tuve	fui	di
we	hicimos	tuvimos	fuimos	dimos

 2 Check the prompts in brackets and complete the sentences with a verb from exercise 1. Then translate the sentences into English.

Para proteger el medioambiente, …

1 nunca ▨ papeles o botellas en los parques. (*I*)
2 en mi colegio ▨ la regla de las tres erres. (*we*)
3 la semana próxima ▨ el transporte público para viajar por la ciudad. (*I*)
4 ▨ no usar botellas y bolsas de plástico. (*I*)
5 mañana mis amigos y yo ▨ los jardines y los parques de nuestro barrio. (*we*)
6 ayer ▨ un evento en el patio escolar para vender ropa de segunda mano. (*I*)

 3 Select the correct verb. Then listen to check your answers. (1–6)

1 En el futuro pienso que **tuve** / **voy a tener** un coche eléctrico.
2 En mi colegio **hacemos** / **hicimos** muchas actividades de reciclaje la semana pasada.
3 Ayer **di** / **doy** toda la ropa y los zapatos que no me pongo a un banco de ropa.
4 Normalmente mis amigos y yo **hacemos** / **vamos a hacer** muchos viajes en tren.
5 Cada día **tuvimos que** / **tenemos que** reciclar las botellas de plástico en mi colegio.
6 El mes pasado **hice** / **hago** un proyecto sobre el medioambiente.

Using *(no) se debería* + infinitive (Unit 4, page 164)

 4 Read the grammar box on page 164. Complete each sentence with an infinitive from the box. Listen and check your answers. Then translate the sentences into English.

1 Creo que se debería ▭ la calidad del aire en las ciudades.
2 Para proteger los mares y los bosques, no se debería ▭ plástico o mucho papel.
3 Se debería ▭ el nivel de polución porque es mala para la salud.
4 Muchas familias tienen hambre. No se debería ▭ la comida.
5 Se debería ▭ a favor de la igualdad de género.
6 Después de un evento, no se debería ▭ plástico o botellas en los parques.

> reducir
> luchar
> mejorar
> dejar
> tirar
> usar

Using the preterite tense in the 'he/she/it' form (Unit 5, page 166)

 5 Read the grammar box on page 166. Complete the text with the third person singular of the verb in brackets.

Proyecto: Niños más felices

1 Cuando Joaquín Verdeja tenía 16 años, **(decidir)** ayudar a niños sin familia en situación vulnerable.
2 **(trabajar)** con Augusto, su mejor amigo, y **(comenzar)** el proyecto Undood Argentina.
3 Con la ayuda de otros grupos del colegio, **(hacer)** juegos para estos niños sin padres.
4 También **(organizar)** actividades sociales y culturales.
5 La idea **(ser)** un éxito y **(dar)** un resultado excelente.
6 El proyecto **(tener)** un efecto positivo en la vida de estos chicos.

Joaquín Verdeja

 6 Work with a partner. Use these verbs in the present, preterite and near future tenses to talk about what you do, did or are going to do to help the environment and others in your community.

Example: Normalmente <u>reciclo cajas</u>. La semana pasada <u>ayudé en mi colegio</u> y en el futuro <u>voy a comprar ropa de segunda mano</u>.

> usar
> ayudar
> reciclar
> organizar
> limpiar
> comprar
> viajar

¡En marcha! (Units 1–5)

 7 Translate these sentences into Spanish.

Verb of opinion — *para* + infinitive — The imperative

1 I'm interested in protecting the environment.
2 I give money to help good causes.
3 Last week I recycled my clothes and shoes.
4 My friend organised an event to help animals in danger.
5 To protect the planet, I'm not going to use plastic bottles.
6 We fight against pollution to improve air quality. Help with your actions!

ciento setenta y uno

Módulo 7 Leer y escuchar

Reading

 Leer 1

Helping the community. Read Sofía's text message to her friend. Choose the **three** correct answers.

> Es importante ayudar en la comunidad. A menudo llevo camisetas y vestidos a los bancos de ropa. Los fines de semana ayudo en una residencia de ancianos. El mes pasado participé en un proyecto social para dar dinero a una escuela primaria.

 Read the options carefully. Be careful with distractors!

Sofía ...

A	makes donations to the food bank.
B	gives clothes to the clothes bank.
C	helps in an old people's home.
D	helps in a primary school.
E	raised money for a homeless shelter.
F	took part in an event to help children.

 Leer 2

Environmental problems. Read Mónika and Vicente's comments in a blog. Answer the questions **in English**. You do not have to write full sentences.

Mónika
Hay que proteger el futuro del planeta. Me preocupa porque cada año hace más calor y sabemos que el clima está cambiando. Se debería reducir el uso de los coches para tener menos polución.

Vicente
Todos tenemos que hacer algo para ayudar. Se debe separar el plástico y el papel en casa y apagar las luces para ahorrar energía. Otro problema que me preocupa mucho es que no hay bastante agua.

ahorrar to save

a Mónika
  (i) One thing that Mónika is worried about
  (ii) How she thinks pollution could be reduced

b Vicente
  (i) One thing that Vicente says everyone should do to help
  (ii) Another issue that worries him

 Leer 3

Social problems. Translate the following sentences **into English**.

a Hay problemas en mi ciudad.
b Es muy importante ser responsable.
c Ayer di dinero a una asociación.
d Mi hermana participa en un proyecto social.
e Hacemos mucho para ayudar en nuestra comunidad.

Think about how to translate this word.

Which **person of the verb** is being used here?

What does this time marker tell you about the **tense**?

Apply your knowledge of cognates and correct word order.

172 *ciento setenta y dos*

Listening

 A weather event. Listen to Malek, Nadia and Sasha talking about what they were doing when the storm came. What do they say? Listen to the recording and complete the sentences by choosing A, B or C for each question.

a Malek was …
 A watching television.
 B at the cinema.
 C walking home.

b Nadia was …
 A playing with her sister.
 B helping in the garden.
 C working with her mother.

c Sasha was …
 A playing with his dog.
 B in the garden.
 C very scared.

 Helping the environment. Listen to Andrea talking about how she and her family help the environment. What does she say? Complete each sentence by writing the word or phrase from the box below. There are more words/phrases than gaps.

1 The person who organises Andrea's family is her ▭.
2 The person who shouldn't use plastic bottles is her ▭.
3 Andrea should travel by ▭.
4 Andrea's mother should ▭.
5 Andrea's sister should ▭.

 Listen carefully to the instructions given to each member of the family. Remember that Andrea is speaking.

>   father   grandmother   mother   brother
>   bicycle   bus   car
> recycle more   donate unwanted clothes   use her own bag   do less shopping

 You are going to hear someone talking about environment. Sentences 1–3: write down the missing words for each gap. For each gap, you will write one word **in Spanish**. (1–3)

1 ▭ muchos paquetes en ▭.
2 Siempre ▭ la ▭ en mi dormitorio.
3 Me ▭ el futuro del ▭.

Sentences 4–6, write down the full sentences that you hear **in Spanish**. (4–6)

> Think about the following sounds:
> • **z** – pronounced like 'th' in 'thing' in English
> • **qu** – pronounced like 'k' in 'cat' in English
> • **go**, **gu** – pronounced with a hard 'g' sound like in 'get' in English.

ciento setenta y tres

Módulo 7 — Prueba oral

Read aloud

 1 Look at this task. With a partner, read aloud the <u>five</u> sentences, paying attention to the underlined letters.

Omar, your friend, has written an email about how he helps the environment. Read out the text below to your partner.

> Quiero prote<u>g</u>er nuestro planeta.
> Siempre intento re<u>c</u>iclar en <u>c</u>asa.
> Soy miembro de una aso<u>ciación</u> local.
> La <u>g</u>ente ne<u>c</u>esita más educa<u>ción</u> sobre los problemas que <u>h</u>ay.
> Usamos los medios de comunica<u>ción</u> para dar nuestro mensa<u>j</u>e.

 2 Listen and check your pronunciation.

 3 Listen to the teacher asking the <u>two</u> follow-up questions. Translate each question **into English** and prepare your own answers **in Spanish**. Then listen again and respond to the teacher.

Role play

 1 Look at the role-play card and prepare what you are going to say.

Setting: Booking an eco-campsite

Scenario:
- You are at an eco-campsite, booking accommodation.
- The teacher will play the part of the employee and will speak first.
- The teacher will ask questions **in Spanish** and you must answer **in Spanish**.
- Say a few words or a short phrase/sentence for each prompt. One-word answers are not sufficient to gain full marks.

Task:
1 Say where you come from.
2 Say how many nights you want to stay.
3 Say why you like camping.
4 Say what you do to help the planet.
5 Ask a question about the restaurant.

*You could say your **nationality** or which **country** you come from.*

*Use a **simple opinion verb** and an **adjective**.*

Use a present tense verb in the 'I' form.

You don't need to use a verb here.

*You could ask where the restaurant is. Remember to use **estar**, not **ser**, for location.*

 2 Practise what you have prepared. Then, using your notes, listen and respond to the teacher.

 3 Now listen to Maisie doing the role play task and answer the questions.

In Spanish, make a note of:
a the verb she uses in her answer to point 1
b the reason she gives for point 3
c the verb she uses in point 4
d which question phrase she uses in point 5.

ciento setenta y cuatro

Picture task

 1 Look at the photo below and read the **first part** of the task card. Then listen to Tim describing the photo.

1 Where does Tim say the man is?
2 What does Tim say the man is doing?
3 What does Tim say about the man's situation?
4 What does Tim say about what the man is wearing?
5 What other details does Tim add about the man?

Prepare your own description of the photo.
Your description must cover:
- people
- location
- activity.

When you have finished your description, you will be asked **two questions** relating to the picture. Say a short **phrase/sentence** in response to each question. One-word answers will not be sufficient to gain full marks.

You will then move on to a **conversation** on the broader thematic context of **Community and environment**. During the conversation, you will be asked questions in the present, past and future tenses. Your responses should be as **full and detailed** as possible.

 2 Prepare your own description of the photo, mentioning **people**, **location** and **activity**. Then, with a partner, take turns to describe the picture.

 3 Read the **second part** of the task card. Then listen to the **two** follow-up questions and respond to the teacher. Remember: you only need to give a short answer for each one.

 4 Read the **third part** of the task card. Listen to the wider conversation and complete the following sentences with the correct information.

1 Tim sometimes helps homeless people by …
2 His mum often buys them …
3 In the future, he would like to …
4 He says he is going to help poor people to …
5 He is going to fight against …
6 He thinks that everyone is …

 5 Now prepare your own answers to the questions in exercise 4. Your responses should be as full and detailed as possible. Then listen to the questions and give your answers.

 6 Prepare your own answers to Módulo 7 questions 1–10 on page 229. Then practise with your partner.

Módulo 7 — Prueba escrita

40–50 word writing task

 1 Look at this short writing task and then, <u>for each bullet point</u>, think about useful vocabulary and structures you could use. Discuss your ideas with a partner.

> Write an email to a Spanish friend about your local area.
>
> You **must** include the following points:
> - a description of what the weather is normally like
> - your opinion about the environment in your local area
> - what you will do in the future to help protect the planet
>
> Write your answer **in Spanish**. You should aim to write between 40 and 50 words.

- Remember that Spanish often uses the verb **hace** for describing the weather.
- For example, 'Me gusta mi zona porque me encantan los bosques. También, …'
- Use the **near future** or **simple future tense**.

 2 Write your answer to the 40–50 word writing task in exercise 1.

80–90 word writing task

 1 Look at this exam writing task and, <u>for each bullet point</u>, make notes of the vocabulary and structures you could use to write your answer to this task.

> Write a text about your community for an online magazine.
>
> You **must** include the following points:
> - the problems in your community
> - your opinion about looking after the environment
> - what you did last week to help your neighbours
> - how you are going to look after your local area in the future.
>
> Write your answer **in Spanish**. You should aim to write between 80 and 90 words.

 2 Read Roksana's answer to the exam task. Then read the points in the callouts.

- You could use **mucha gente** instead here, followed by a verb in the 'he/she' form.
- You can use **creo que** as an alternative to **en mi opinión**.
- Which **tense** has Roksana used here? What other ways could she use to talk about her future plans?

> En mi barrio hay muchas personas que viven solas. También, hay demasiado tráfico; en mi opinión, se debería viajar menos en coche.
>
> Creo que es importante proteger el medioambiente. Se debería usar menos plástico y tirar menos comida a la basura.
>
> La semana pasada ayudé a mi vecina mayor porque no puede salir de casa. Primero, fui al mercado y compré fruta, verduras y pan. Luego, trabajé en el jardín.
>
> En el futuro, voy a organizar eventos en mi barrio porque me gusta ayudar con proyectos sociales. También, mi familia y yo vamos a ayudar a limpiar el parque.

- You can use **se debería** to say what people should do.
- Use a wide range of **preterite tense** verbs.

Leer 3 Now read Roksana's answer again and answer the following questions.

1 In Roksana's neighbourhood there are lots of people who …
2 She thinks we should travel less by …
3 She says we should use less …
4 She recently helped an elderly neighbour by doing her … and by …
5 In the future, Roksana and her family are going to …

Escribir 4 Prepare your own answer to the 80–90 word writing task in exercise 1.

- Think about how you can develop your answer for each bullet point.
- Look back at your notes from exercise 1.
- Look at the 'Challenge checklist' and think about how you can show off your Spanish!
- Write a **brief** plan and organise your answer into four short paragraphs.
- Write your answer and then check the accuracy of what you have written.

Challenge checklist

🌶️	✓ Past, present and future time frames ✓ Different opinion phrases ✓ Connectives, sequencers and time phrases
🌶️🌶️	✓ Different persons of the verb ✓ Negatives ✓ A wide variety of vocabulary
🌶️🌶️🌶️	✓ Phrases with more than one tense ✓ Complex structures (e.g. *Se debería* + infinitive) ✓ Other phrases followed by the infinitive (e.g. *es importante* …, *no puede* …)

Translation

Escribir 1 Read the English sentences and Jack's translation of them. Write down the missing word for each gap.

a I always recycle plastic.
b It is important to protect the environment.
c My dad never throws food into the rubbish bin.
d Yesterday I helped in my school.
e We do social projects in my neighbourhood.

a ▢ reciclo ▢.
b Es importante ▢ el ▢.
c Mi padre nunca ▢ comida a la ▢.
d Ayer ▢ en mi ▢.
e ▢ proyectos sociales en mi ▢.

Escribir 2 Now translate the following sentences **into Spanish**.

a I want to help the planet.
b I like to recycle paper at home.
c My family always buys second-hand clothes.
d Yesterday, we helped in the clothes bank.
e It's important to learn about the problems of the environment.

Remember that 'my family' uses the 'he/she/it' form of the verb, not the 'they' form.

Módulo 7 Palabras

Key:
bold = this word will appear in higher exams only
* = this word is not on the vocabulary list, but you may use it in your own sentences

Espacios naturales maravillosos (pages 156–157):

¿Qué lugar te gustaría visitar?	Which place would you like to visit?
Me gustaría visitar …	I would like to visit …
Me interesaría visitar …	I would be interested in visiting …
¿Por qué te interesaría visitarlo?	Why would you be interested in visiting it?
Me gustaría visitarlo porque es …	I would like to visit it because it is …
bonito/a	nice, beautiful
emocionante	exciting
extraordinario/a	extraordinary
interesante	interesting
increíble	incredible
tranquilo/a	tranquil, calm
y me gusta(n) / me encanta(n) …	and I like / I love …
el mar / el arte	the sea / art
el espacio natural	the natural space
la naturaleza	nature
los bosques/**ríos**/**peces**	woods/rivers/fish
las vistas	the views

¡Actúa ya! (pages 158–159):

¿Cómo ayudas en la sociedad?	How do you help in society?
Para ayudar en …	To help in …
mi comunidad …	my community …
la sociedad …	society …
compro ropa de segunda mano	I buy second-hand clothes
doy dinero para buenas causas	I give money to good causes
llevo comida a los bancos de comida	I take food to food banks
llevo ropa y zapatos a un banco de ropa	I take clothes and shoes to a clothes bank
participo en proyectos …	I participate in … projects
sociales	social
del medioambiente	environmental
participo en asociaciones …	I participate in associations …
de mi barrio	in my neighbourhood
ayudo a las personas sin casa	I help homeless people
¿Por qué lo haces?	Why do you do it?
Pienso/Creo que es …	I think it is …
importante	important
bueno para el planeta	good for the planet
Me gusta …	I like …
ayudar a otras personas	to help other people
ser responsable	to be responsible
proteger la naturaleza / a los animales	to protect nature / animals
¿Qué hiciste en el pasado para ayudar a otras personas?	What did you do in the past to help other people?
El mes/año/verano pasado …	Last month/year/summer …
La semana pasada …	Last week …
ayudé a …	I helped …
las personas sin casa	homeless people
ancianos / los mayores	elderly people
participé en un proyecto social	I participated in a social project
organicé un evento para vender …	I organised an event to sell …
di dinero a una buena causa	I gave money to a good cause
Jóvenes activistas	Young activists
¡Ayuda con tus acciones!	Help with your actions!
¡Lucha contra el racismo!	Fight against racism!
¡Lucha por tus derechos!	Fight for your rights!
¡Pide igualdad para las personas con discapacidad!	Ask for equality for disabled people!
¡Protege el futuro del planeta!	Protect the future of the planet!
¡Protege los **árboles** y las playas!	Protect the trees and beaches!
¡Respeta la igualdad de género!	Respect gender equality!
¡Respeta la igualdad de **oportunidades**!	Respect equal opportunities!

El planeta en peligro (pages 160–161):

¿Qué tiempo hace en (tu región/ciudad/pueblo)?	What is the weather like in (your region/city/town)?
¿Qué tiempo hace normalmente en …?	What is the weather normally like in …?
Hoy/Normalmente …	Today/Normally …
En primavera/verano/otoño/invierno …	In spring/summer/autumn/winter …
hace buen/mal tiempo	the weather is good/bad
hace (mucho/demasiado) calor/frío	it is (very/too) hot/cold
hace (mucho) sol/viento	it is (very) sunny/windy
llueve (mucho/poco)	it is raining / it rains (a lot/little)
nieva (mucho/poco)	it is snowing / it snows (a lot/little)
¿Qué tiempo hizo el año/verano/invierno pasado?	What was the weather like last year/summer/winter?
El año / verano / otoño / invierno pasado …	Last year / summer / autumn / winter …
La primavera pasada …	Last spring …
hizo buen/mal tiempo	the weather was good/bad
hizo más calor/frío que otros años	the weather was hotter/colder than other years
hizo menos calor/frío que otros años	it was less hot/cold than other years
hizo (mucho/demasiado) calor/frío	it was (very/too) hot/cold
hizo (mucho) sol/viento	it was (very) sunny/windy
llovió/nevó (mucho/poco)	it rained/snowed (a lot/little)
¿Qué estabas haciendo el día de la tormenta?	What were you doing on the day of the storm?
Estaba …	I was …
ayudando en el jardín	helping in the garden
jugando un partido de fútbol	playing in a football match
viendo una película	watching a film
escribiendo mi blog	writing my blog
durmiendo la siesta	having an afternoon nap
escuchando música	listening to music
corriendo / caminando en el parque	running / walking in the park
estudiando en la biblioteca	studying in the library
preparando la cena	preparing dinner

¿Tuvisteis algún problema?	Did you have any problems?	salir de casa	leave the house
¿Qué tuvisteis que hacer?	What did you have to do?	pasar muchas horas en el coche	spend many hours in the car
Tuve/Tuvimos que …	I/We had to …		

Protegemos el planeta (pages 162–163):

¿Qué haces (en casa) para proteger el medioambiente?	What do you do (at home) to protect the environment?	¿Qué hiciste en el pasado? La semana pasada … El mes pasado …	What did you do in the past? Last week … Last month …
Para ayudar al medioambiente …	To help the environment …	aprendí a …	I learned…
Para proteger el planeta …	To protect the planet …	ayudé a …	I helped …
reciclo …	I recycle …	hice …	I did/made …
las cajas	boxes	participé en …	I participated in …
las botellas	bottles	organicé …	I organised …
las bolsas	bags	viajé en …	I travelled by …
no uso plástico/papel	I don't use plastic/paper	En el colegio …	In school …
viajo en transporte público / bicicleta / tren	I travel by public transport / bicycle / train	apagamos (los ordenadores)	we turned off (the computers)
		ayudamos a …	we helped …
		reciclamos …	we recycled …
		usamos …	we used …
¿Qué cosas hacéis en tu colegio para ayudar?	What do you do in your school to help?	¿Qué vas a hacer para proteger el planeta?	What are you going to do to protect the planet?
En mi colegio …	In my school …	Voy / Vamos a …	I am / We are going to …
apagamos (los ordenadores)	we turn off (the computers)	ayudar a limpiar …	help to clean …
ayudamos a …	we help …	el parque/bosque	the park/woods
reciclamos …	we recycle …	la playa	the beach
usamos …	we use …	hacer viajes en tren o autobús	travel by train or bus

Nuestro mundo, nuestra responsabilidad (pages 164–165):

¿Qué problema es peor y por qué?	Which problem is worse and why?	ayudar a otras personas con menos suerte	help other people less fortunate / with less luck
el hambre	hunger, famine	hacer una lista y solo comprar la comida que se necesita	make a list and only buy the food you need
el racismo	racism	limpiar los espacios públicos	clean public spaces
la polución	pollution	proteger la naturaleza	protect nature
el cambio *climático	climate change	proteger a los animales	protect animals
es peor porque …	is worse because …	reusar y reciclar más	reuse and recycle more
Mucha gente …	Lots of people …	respetar a todas las personas	respect all people
es víctima de la violencia de género	are victims of gender violence	ser más responsable	be more responsible
no recicla	do not recycle	No se debería tirar …	You/One should not throw away …
no tiene comida	do not have food	nada en el parque	anything in the park
no protege el medioambiente	do not protect the environment	papeles, botellas o bolsas en los espacios públicos	papers, bottles or bags in public spaces
no respeta a otras personas	don't respect other people	tanta comida	so much food
no usa el transporte público	do not use public transport	No se debería aceptar …	You/One should not accept …
tiene hambre	are hungry	el racismo/sexismo	racism/sexism
¿Qué se debería hacer?	What should you/one do?	la violencia contra las mujeres	violence against women
(Creo que) Se debería …	(I think) One/You should …	Todavía hay racismo en nuestra sociedad.	There is still racism in our society.
ayudar a mejorar la calidad de aire	help to improve air quality		

El futuro está en nuestras manos (pages 166–167):

Spanish	English	Spanish	English
ayudó a su comunidad	he/she helped his/her community	luchó para proteger los derechos de …	he/she fought to protect the rights of …
actuó en una película	he/she acted in a film	perdió su trabajo	he/she lost his/her job
comenzó a dar el dinero	he/she began to give money	pudo seguir con su proyecto	he/she was able to continue with his/her project
compartió …	he/she shared …	recibió …	he/she received …
mensajes	messages	dinero	money
las imágenes	the images	una *nominación	a nomination
dijo que …	he/she said that …	salió a la calle	he/she went out on the street
escribió …	he/she wrote …	subió vídeos divertidos	he/she uploaded funny videos
habló de (este problema)	he/she spoke about (this problem)	tuvo la idea de …	he/she had the idea of …
		usó el dinero para ayudar a …	he/she used the money to help …

Módulo 8 — El futuro te espera

Pioneros latinos
- Learning about Latino trailblazers
- Using different tenses to talk about the past

Pioneros en sus campos

Son famosos por razones diferentes, pero todos tienen algo en común – el éxito.

A Ellen Ochoa

Astronauta e ingeniera de la NASA

¿De dónde es?
Nació el 10 de mayo de 1958 en Estados Unidos.

Cuando era niña …
vivía en California con sus padres y sus cuatro hermanos.

Momentos importantes
En 1993, fue la primera latina del mundo en viajar al espacio.

En 2013, llegó a ser la primera directora latina del Centro Espacial Johnson en Houston.

También … ha participado en tres vuelos espaciales más.

B Benito Antonio Martínez Ocasio

Rapero y cantante

¿De dónde es?
Nació el 10 de marzo de 1994 en Puerto Rico.

Cuando era más joven …
trabajaba en un supermercado.

Momentos importantes
A la edad de catorce años, comenzó a crear música. Usaba SoundCloud para publicar sus canciones.

En 2021, ganó su primer premio Grammy.

También … ha creado la Fundación Good Bunny que da regalos de Navidad a los niños de Puerto Rico.

C Carlos Acosta

Bailarín y coreógrafo

¿De dónde es?
Nació el 2 de junio de 1973 en Cuba.

Cuando era niño …
vivía con su familia en un barrio pobre de la capital cubana.

Momentos importantes
En 1991, llegó a ser el bailarín principal más joven del Ballet Nacional de Inglaterra.

Entre 1998 y 2015 fue miembro del Ballet Real.

También … ha creado su propia compañía de ballet.

D Carolina Herrera

Empresaria y diseñadora de moda

¿De dónde es?
Nació el 8 de enero de 1939 en Venezuela.

Cuando era niña …
montaba a caballo y jugaba al tenis.

Momentos importantes
A la edad de trece años, fue a un desfile de moda con su abuela por primera vez.

En 1980, dejó Venezuela para vivir en Nueva York, donde presentó su primera colección de moda en 1981.

También … ha creado su propia colección de perfumes famosos.

el/la empresario/a	entrepreneur
el/la diseñador(a)	designer
el/la ingeniero/a	engineer

Zona de cultura | Módulo 8

1 Leer Read texts A and B and find these verb phrases in Spanish. Then write the correct tense for each one (**imperfect tense, preterite tense, perfect tense**).

1. she was born
2. she used to live
3. she has participated in
4. he used to work
5. he won
6. he has created

> When talking about the past, use:
> - the **imperfect tense** to <u>describe</u> things or say what someone <u>used to do</u>
> - the **preterite tense** to say what someone <u>did</u>
> - the **perfect tense** to say what someone <u>has done</u>.

2 Leer Read texts C and D and select the <u>three</u> correct statements.

1. **Carlos Acosta** grew up in a rich neighbourhood.
2. He became a principal dancer with the English National Ballet.
3. He has created his own ballet company.
4. As a child, **Carolina Herrera** used to go cycling.
5. She first went to a fashion show at the age of three.
6. She has also created her own perfume range.

> Remember that each Spanish vowel sound is always pronounced in the same way. Take extra care with these sounds when reading aloud:
> - a → c**a**ntante, jug**a**ba
> - e → tr**e**ce, pr**e**sentó
> - i → v**i**vía, pr**i**ncipal
> - o → barri**o**, core**ó**graf**o**
> - u → C**u**ba, m**ú**sica

3 Hablar In pairs, take turns to read out texts C and D, paying attention to how you pronounce each vowel.

> To talk about a specific year, just say it like any other number.
> mil ochocientos cincuenta y cinco   1855
> dos mil veintidós   2022
> Note that 900 (n**o**vecientos) is irregular.

4 Escuchar Listen to a discussion about two other Spanish-speaking trailblazers. Copy and complete the table in English. (1–2) Then listen to check your pronunciation.

	Occupation (**two** details)	Country of birth	Year of birth	Famous for (**one** detail)
1				

el/la compositor(a)   composer

Lin-Manuel Miranda   Rita Moreno

Beto Pérez, creador de la Zumba

5 Escribir Translate these sentences into Spanish using vocabulary from page 180. Then take turns to read out your sentences with your partner.

1. Beto Pérez is a dancer, choreographer and entrepreneur.
2. He was born in 1970 in Colombia.
3. When he was younger, he lived with his mother.
4. At the age of fourteen, he started to work.
5. In 1999, he left Colombia to live in Miami where he created his own company.

ciento ochenta y uno 181

1 Sueños y esperanzas

- Talking about my hopes and dreams
- Using different ways to express future plans
- Transcribing unfamiliar words

Leer 1 Read about the plans which these young people have for the future. Then write the correct name for each statement.

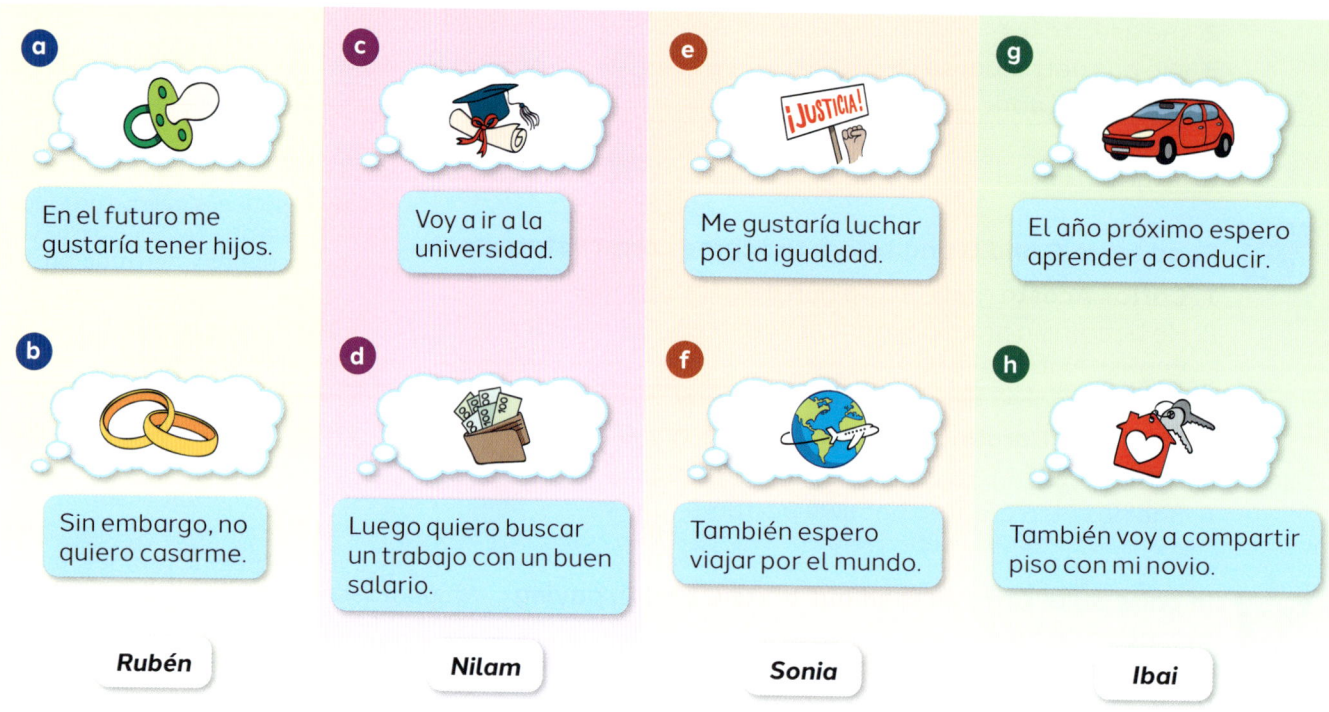

a. En el futuro me gustaría tener hijos.
b. Sin embargo, no quiero casarme.
— Rubén

c. Voy a ir a la universidad.
d. Luego quiero buscar un trabajo con un buen salario.
— Nilam

e. Me gustaría luchar por la igualdad.
f. También espero viajar por el mundo.
— Sonia

g. El año próximo espero aprender a conducir.
h. También voy a compartir piso con mi novio.
— Ibai

1. Ganaré mucho dinero.
2. Iré al extranjero.
3. Estudiaré ciencias o matemáticas.
4. No me casaré.
5. Me compraré un coche.

Escuchar 2 Look back at pictures a–h in exercise 1 and listen to Sergio discussing his future plans. Copy and complete the table. (1–5)

	Plan	Future time phrase(s) used
1	g	quiero

Escribir 3 Translate these sentences into Spanish. Use vocabulary from exercises 1 and 2 to help you.

1. Next year I am going to share a flat with my girlfriend.
2. I will look for a job with a good salary because I would like to buy a car.
3. If I have enough money, I hope to study abroad because I want to travel.

> **G** To talk about **future plans** you can use a variety of phrases followed by the <u>infinitive</u>:
>
> | | |
> |---|---|
> | espero | I hope to |
> | me gustaría | I would like to |
> | quiero | I want to |
> | voy a | I am going to |
>
> Espero <u>tener</u> hijos. I hope <u>to have</u> children.
>
> You can also use the **simple future tense**. For most verbs this is also formed using the <u>infinitive</u>, but some verbs have an **irregular stem**.
> Me <u>casaré</u>, pero no <u>tendr</u>é hijos.
> I'll get married, but I won't have children.
>
> Page 194

> ⭐ You can use 'if' clauses to talk about future plans which depend on something else.
> *Si* + **present**, + **future time phrase**
>
> *Si* **tengo** bastante tiempo, **quiero aprender a** ...
> If **I have** enough time, **I want to learn to** ...

182 ciento ochenta y dos

Leer 4 Read these posts on a careers advice website. Copy and complete the sentences in English.

Módulo 8

tufuturo.es/preguntas

Si saco buenas notas en mis exámenes, quiero continuar con mis estudios. ¿Qué opciones hay?

En España hay dos opciones principales – el Bachillerato o la Formación Profesional.

¿Qué es el Bachillerato?
El Bachillerato es un curso de dos años. Es ideal para tener una educación más general porque hay que estudiar muchas asignaturas diferentes. Es perfecto si quieres ir a la universidad después.

¿Dónde se puede estudiar el Bachillerato?
Normalmente puedes estudiar el Bachillerato en tu propio instituto.

¿Qué es la Formación Profesional?
La Formación Profesional también dura dos años. Es ideal para tener una educación más especializada y práctica. Esta opción es perfecta si quieres prepararte para un trabajo específico.

¿Dónde se puede hacer la Formación Profesional?
Se puede hacer en muchos institutos diferentes. A menudo tienes la posibilidad de estudiar a distancia también.

Lourdes Gutiérrez, orientadora laboral

1 If you do **Bachillerato**, you study lots of …
2 It is perfect if you want to …
3 Normally you can study it in …
4 **Formación Profesional** lasts …
5 It is perfect if you want to prepare for a …
6 Often it is possible to …

| el/la orientador(a) laboral | careers adviser |

For Spanish words beginning with **es-** + consonant, remove the **e** to identify the cognate more easily.
Ẽspaña   ẽstudiar
ẽspecífico   ẽspecializado

Escuchar 5 Look at some of the different categories of *Formación Profesional* courses available and listen. Fill in the gaps with the missing information. Then listen again and note down Alicia's opinion of each one in English. (1–5)

Títulos de Formación Profesional
1 Actividades Físicas y ▇
2 Informática y ▇
3 ▇ y Turismo
4 ▇ y Marketing
5 Seguridad y ▇

When transcribing words you don't recognise, pay attention to:
• **vowels** (as these appear in every word)
• letters which share the same or similar sounds:
  j/ge/gi   z/ce/ci   y/ll   b/v   ca/co/cu/que/qui
• your knowledge of Spanish spelling and grammar.

Hablar 6 In pairs, take turns to ask and answer these questions. Use a range of different phrases for talking about future plans.

- ¿Qué planes tienes para el año próximo?
- El año próximo <u>quiero</u> …
- ¿Qué vas a hacer después?
- Si <u>tengo bastante dinero</u>, <u>voy a</u> …
- ¿Qué otros planes tienes?
- También <u>me gustaría</u> …

Si	apruebo mis exámenes … saco buenas notas … tengo bastante dinero …
voy a quiero espero me gustaría	aprender a … ir … buscar … luchar por … compartir … tener … comprar … viajar … estudiar … casarme.
aprenderé … tendré …	buscaré … iré … me casaré.

¡A trabajar!

- Talking about getting a job
- Using *para/sin* + infinitive
- Giving advice using *hay que / tienes que*

Escuchar 1 Listen to two dialogues about earning money. For each person, write the <u>four</u> correct letters. Then listen again and note down <u>two</u> extra details in English. (1–2)

¿Qué haces para ganar dinero?
Para ganar dinero, ...
a trabajo en una tienda.
b trabajo en un bar de pinchos.
c hago cosas y las vendo en línea.

¿Cuánto dinero ganas?
Gano ...
g diez euros por hora.
h trescientos pesos por día.
i poco, pero no me importa.

¿Cuándo lo haces?
Lo hago ...
d los fines de semana.
e cuando necesito dinero.
f en las vacaciones.

¿Qué tal tu trabajo?
j Me llevo bien con mi jefe.
k Me encanta porque ¡no tengo jefe!
l Lo odio.

San Sebastián (en la costa norte de España) es famoso por sus bares de pinchos. Los pinchos son similares a las tapas, pero de tamaño más pequeño. Mucha gente va de bar en bar para tomar un pincho frío o caliente (¡o más!) en cada uno.

no me importa *it doesn't matter to me*

Leer 2 Read the messages and answer the questions. Then translate María's message into English.

Almudena FJ
He tenido otro día terrible en ese restaurante. Odio mi trabajo.

María Alegre
Mi trabajo en el supermercado es peor. No me gusta nada trabajar en la caja porque los clientes no son muy agradables.

Almudena FJ
Sí, pero mi jefa es muy estricta y el uniforme es feísimo. También, solo gano cincuenta euros por día.

Silvia Marco
Chicas, vuestros trabajos son facilísimos comparados con mi trabajo en el centro deportivo. Tengo que limpiar las duchas y los servicios y recoger calcetines sucios. ¡Qué asco!

Who ...
1 doesn't like working on the checkout?
2 hates her job?
3 doesn't like what she has to wear?
4 has to pick up dirty socks?
5 doesn't like the customers?
6 has to clean the toilets?

¡Qué asco! *How disgusting!*

trabajo = I work
un trabajo = a job

Hablar 3 In pairs, take turns to ask and answer the <u>four</u> questions from exercise 1. Add opinions to extend your answers.

- ¿Qué haces para ganar dinero?
- <u>Trabajo en</u> <u>un restaurante</u>. Es <u>aburrido</u>.
- ¿Cuándo ...?

Trabajo en	una tienda. un café.	un restaurante. un gimnasio.	
Lo hago	los [lunes]. cuando necesito dinero.	en las vacaciones.	
Gano	... euros ... pesos ... libras	por	hora. día. semana.
Es	aburrido. fácil.	divertido. difícil.	relajante. interesante.

Leer 4 Read these tips on how to find a job. Translate the phrases in purple into English. Then answer the questions in English.

Cómo encontrar un trabajo

1. No puedes buscar un trabajo **sin saber qué tipo de trabajo** te interesa.

2. **Para encontrar un trabajo,** también tienes que saber qué tipo de persona eres.

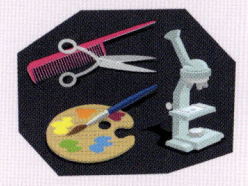

3. Es más difícil obtener un trabajo **sin tener experiencia relevante**.

4. Hay que tener un buen currículum con los detalles de tu experiencia y tus estudios.

5. **Para tener éxito** en una entrevista, hay que prepararse bien. ¡También tienes que llegar a tiempo!

6. Si no tienes éxito, hay que aprender de los errores **para hacerlo mejor la próxima vez**.

> **G** The prepositions **para** and **sin** are often followed by an infinitive.
> **para** + infinitive — in order to (do)
> **sin** + infinitive — without (doing)
> **para** encontrar un trabajo — **in order to** find a job
> **sin** saber — **without** knowing
> Page 194

> To give advice, use phrases such as **hay que** (you/one must) or **tienes que** (you have to), which are always followed by the infinitive.
> **Hay que** aprender… **You must** learn…

| la entrevista | interview |
| el currículum | CV |

1. Which two things do you need to know before looking for a job?
2. Which two types of information must you include in your CV?
3. Which two things must you do to be successful in an interview?
4. What should you do if you don't get the job?

Escuchar 5 Read this interview for a summer job in Spain. Listen and fill in the gaps for each conversation in Spanish. (1–2)

Una entrevista de trabajo
- ¿Qué tipo de persona eres?
- Soy una persona **a** y **b**.
- ¿Qué te gusta hacer?
- Mi pasión es **c**. También me gusta **d**.
- ¿Qué experiencia tienes?
- Trabajo en **e**. También he trabajado en **f**.
- ¿Qué planes tienes para el futuro?
- El año próximo quiero **g**.

Soy una persona	activa. organizada. práctica.	trabajadora. independiente. responsable.
Mi pasión es / Me gusta	hacer deporte. salir con amigos.	cocinar. tocar música.
Trabajo / He trabajado	en	un centro deportivo. un supermercado.

Escribir 6 Write a letter of application for a summer job in Spain. Use exercises 1, 2 and 5 to help you. Mention:

- what job you do now and when you work — Trabajo en… Lo hago…
- your opinion of the job — Me encanta / Odio mi trabajo porque…
- where else you have worked in the past — También he trabajado…
- what type of person you are — En mi opinión, soy…
- what you like doing. — Mi pasión es… También…

3 Un trabajo para todos

- Talking about future career intentions
- Using masculine and feminine nouns for jobs
- Using and understanding the suffix *-dad/-idad*

Leer 1 Read what jobs these young people want to do. Answer the questions in English.

Hassan: Me gusta la idea de trabajar al aire libre. No quiero hacer un trabajo con mucha responsabilidad.

Nadia: Mi sueño es trabajar en el cine, pero no quiero ser actriz. Tengo ganas de ser directora de cine.

Eduardo: No me gusta la idea de trabajar en una oficina. Me interesa otro tipo de trabajo. Quiero ser policía.

Gabriela: Mi sueño es ser doctora y trabajar en el extranjero, ya que quiero ayudar a la gente.

G Some **nouns** have different masculine and feminine forms.
científico → *científica*
profesor → *profesora*

Nouns ending in *-e* or *-ista* are usually **invariable**. For example, *cantante* and *artista*.
Other invariable nouns include *modelo* and *policía*.

Page 195

When saying what job someone does, you don't use the indefinite article unless adding specific details.
Soy cantante.
I am **a** singer.
*Es **una** cantante famosa.*
She's **a** famous singer.

1. Where does Hassan want to work?
2. What does Nadia dream of doing?
3. Where does Eduardo <u>not</u> want to work?
4. Why does Gabriela want to be a doctor?
5. Who does <u>not</u> want a job with lots of responsibility?

tengo ganas de I am keen to / look forward to

Escuchar 2 Read the texts in exercise 1 again and listen to the summary. In English, write down the <u>one</u> mistake for each person. Note: you will hear all verbs in the 'he/she/it' form.

Hablar 3 In pairs, take turns to ask and answer <u>three</u> questions about future career plans.
- ¿Quieres <u>trabajar con otra gente</u>?
  - ✓ Sí, quiero <u>trabajar con otra gente</u>.
  - ✗ No, no quiero <u>trabajar con otra gente</u>. Quiero <u>trabajar solo/a</u>.
- ¿Tienes ganas de <u>trabajar en el extranjero</u>?
  - ✓ Sí, tengo ganas de …
  - ✗ No, no tengo ganas de …
- ¿Te gusta la idea de <u>ser</u> …?
  - …

(No) Quiero (No) Tengo ganas de (No) Me gusta la idea de Mi sueño es	trabajar		al aire libre.	desde casa.	solo/a.
		en	el extranjero. una compañía.	el cine. una oficina.	
		con	los animales. los ordenadores.	los niños. otra gente.	
	hacer un trabajo		responsabilidad.	un buen salario.	
	ser		científico/a. doctor(a).	profesor(a). artista.	policía. modelo.

ciento ochenta y seis

Leer 4 Read the text and use the four Cs (Clues, Cognates, Context and Common sense) to help you work out the meaning of the jobs in **bold**. Then, in pairs, take turns to read out the text.

> Mi hermano Jorge quiere trabajar en un hospital como **enfermero**. Le gusta ayudar a la gente.
>
> Mi madre es **periodista** y escribe para un periódico local.
>
> Mi hermana Julia es **camarera** en un restaurante, pero no le gusta servir comida y bebida.
>
> Mi padre es **peluquero** y le encanta cortar el pelo a los clientes.
>
> Tengo ganas de trabajar como **guía turística** en el extranjero, organizando visitas para los turistas.

> Remember that the letter **g** has a hard sound (like 'get' in English) when followed by **a**, **o** or **u**.
> When followed by **e** or **i**, it is pronounced like a stronger version of English 'h'. The Spanish letter **j** also produces this same sound.
>
> Listen and read.
> A mi ami**go** ar**ge**ntino Mi**gu**el le **gu**staría traba**j**ar como in**ge**niero.

Escuchar 5 Read the results of a survey about what young people in Latin America consider most when looking for a job. Then listen and identify which <u>two</u> factors each person mentions. Copy and complete the table. (1–3)

	Important	Not important
1	b	

¿Qué les importa a los jóvenes latinoamericanos?

Para los jóvenes de América Latina, estas cosas son importantes cuando buscan un trabajo:
a La posibilidad de trabajar desde casa
b La flexibilidad horaria
c La igualdad en el trabajo
d La estabilidad y la seguridad
e La cantidad de dinero que ganarán
f La variedad

> The suffix **-dad** or **-idad** is often added to a Spanish adjective to form a noun. In English, the equivalent word usually ends in '-ty' or '-ity'.
>
> seguro → segur**idad** (security/safety)
> igual → igual**dad** (equality)
>
> Words ending in **-dad/-idad** are always feminine.

Escribir 6 Translate these sentences into Spanish.

These phrases are followed by the infinitive. *You only need <u>one</u> word here.*

1 I like the idea of being a teacher because I want to work with children.
2 I'm keen to do a job with lots of responsibility.
3 I work in a supermarket on Saturdays, but my boss is not very nice.
4 In the future I would like to look for a job abroad.

mucho or mucha? (Is 'responsibility' masculine or feminine in Spanish?)

*Remember that **no** comes before the verb.*

4 Las lenguas te abren las puertas

- Talking about the importance of learning languages
- Using modal verbs
- Using the 24-hour clock

Leer 1
Read the texts and correct the mistake in each of the five statements in English. Then translate the phrases in purple into English.

el castellano	(Castilian) Spanish
el euskera	Basque (language)

Carlos
Trabajo en un hotel en California donde tengo que hablar inglés y español. Creo que hablar otras lenguas **te ayuda a hacer nuevos amigos y conocer otras culturas.**

Maite
Vivo en Bilbao y hablo castellano y euskera en casa. Estudio inglés en el instituto y también hablo un poco de francés. En mi opinión, **aprender otras lenguas es divertido y muy útil.**

Amy
Nací en el Reino Unido, pero trabajo en México. Aprender otras lenguas es importante **si quieres trabajar o estudiar en el extranjero.**

Víctor
Soy peruano y mi primera lengua es el quechua, pero también hablo español y francés porque **me ayuda a conocer a otras personas** por todo el mundo.

1 Carlos is staying in a hotel.
2 Maite speaks French at home.
3 Amy was born in Mexico.
4 Víctor's first language is Spanish.
5 Carlos speaks more languages than the others.

En España, mucha gente habla dos lenguas o más. Por ejemplo, en Galicia, más de la mitad de las personas habla gallego cada día. En Cataluña, más del noventa por ciento comprende el catalán.

> **G** The infinitive can be used as a noun where English uses a word ending in -ing.
> *Aprender lenguas es útil.* **Learning** languages is useful.
> Page 195

Escuchar 2
Listen to three young people talking about the languages they speak. Copy and complete the table in English. (1–3)

	Language skills	Importance	Future plans (one detail)
1			

Hablar 3
In pairs, take turns to ask and answer the following questions.

- ¿Qué lenguas hablas?
  - Hablo ... (y un poco de ...). También, estudio ...
- ¿Por qué es importante aprender otras lenguas?
  - Aprender otras lenguas es ...
    También, te ayuda a ...
- ¿Qué otras lenguas te gustaría aprender?
  - En el futuro me gustaría aprender ...

Aprender / Hablar otras lenguas ...		
es	divertido.	importante. útil.
te ayuda a	conocer	otras culturas. a otras personas.
	encontrar un trabajo. hacer nuevos amigos. viajar a otros países. trabajar en el extranjero.	
En el futuro ...		
quiero me gustaría	aprender ... mejorar mi nivel de ...	

4 Write a post for a forum about learning languages. Mention:
- which languages you speak / study
- why learning languages is important (Give <u>three</u> reasons.)
- your language-learning plans for the future.

 5 Find the phrases below in Spanish. Then translate the first paragraph into English.

Un pasaporte al mundo

Para mí, hablar otras lenguas es como un pasaporte porque te ayuda a conocer otros países. Si quieres trabajar en el extranjero, debes aprender la lengua del país. Y si sabes hablar varias lenguas, puedes viajar por el mundo.

Soy británica, pero trabajo para una revista deportiva en Barcelona. Cuando era más joven, escogí el español como asignatura en el insti. Sin el español, no podría hacer mi trabajo.

Cuando llegué a Barcelona, comencé a estudiar catalán también. Ahora, me da igual hablar castellano o catalán – tengo que comprender y usar las dos lenguas en mi trabajo. También tengo que viajar mucho y me encanta.

En el futuro, me gustaría trabajar en otro continente, pero no sé dónde. Primero, quiero mejorar mi nivel de francés.

Katelyn

saber to know (information), to know how to
conocer to know (person/place), to meet / get to know.

1. if you know how to speak several languages
2. I chose Spanish as a subject
3. I wouldn't be able to do my job
4. Now, I don't mind speaking
5. I have to understand and use both languages
6. but I don't know where

Modal verbs are followed by the <u>infinitive</u>. **G**
They include:
deber (debo)	to have to / must
poder (puedo)	to be able to / can
querer (quiero)	to want to
saber (sé)	to know (how to)
tener que (tengo que)	to have to

Page 196

 6 Listen to the <u>two</u> people buying train tickets and select the correct times or words for each one. (1–2)

- Buenos días. ¿En qué puedo ayudarle?
- Quisiera **dos / tres / cuatro** billete(s) a **Málaga / Murcia / Madrid**, por favor.
- ¿Qué tipo de billete(s) quiere?
- De **ida / ida y vuelta**.
- El tren sale a las **06.25 / 15.00 / 16.15**.
- Perfecto. ¿Y a qué hora llega el tren?
- Llega a las **09.16 / 16.22 / 22.37**.
- ¿Es directo o hay que cambiar?
- **Es directo. / Hay que cambiar.**

el billete de ida single ticket
el billete de ida y vuelta return ticket

When talking about departure and arrival times, use the 24-hour clock. Say the hour (0–23) followed by the minutes (up to 59).
las trece	13.00
las catorce cero ocho	14.08
las veinte treinta y uno	20.31

 7 In pairs, make up your own dialogues using exercise 6 as a model.

5 El trabajo antes, ahora ... y mañana

- Talking about changes in the world of work
- Understanding more complex texts
- Listening for percentages

¿Cómo han cambiado la vida y el trabajo?

Siglo dieciocho

Trabajo
En muchos países, la mayoría de las personas trabajaba en la tierra.
En la segunda mitad del siglo, la Revolución Industrial comenzó en el Reino Unido.

Sociedad
La mayoría de las personas vivía en el campo.
Las condiciones de vida eran muy duras.

Fecha clave
En 1775, un ingeniero francés inventó el primer barco de vapor.

Siglo diecinueve

Trabajo
En el Reino Unido, en los años 1840, solo el 22 por ciento de las personas todavía trabajaba en la tierra, comparado con el 36 por ciento en la industria.

Sociedad
Las mujeres no tenían muchos derechos.
En España, la esperanza de vida era de menos de 30 años.

Fecha clave
En 1804, un ingeniero inglés inventó el primer tren de la historia.

1700

1800

1 Hablar In pairs, read out the *Siglo dieciocho* and *Siglo diecinueve* sections, paying attention to your pronunciation of *r/rr*.

2 Escuchar Read the two texts again and translate these phrases into Spanish. Then listen and write down the <u>six</u> factual mistakes in English.
1 the majority of people
2 in the second half of the century
3 living conditions were very hard
4 still worked on the land
5 didn't have many rights

Percentages are often preceded by *un* or *el*.
For numbers above 30, listen out for *y*. Take care with 60 and 70.
el sesenta y siete por ciento   67%
un setenta y seis por ciento   76%

3 Leer Read the *Siglo veinte* section on page 191 and answer the questions in English.
1 Name <u>four</u> areas which form part of the service sector.
2 Which device revolutionised the workplace?
3 What did the internet do in the 1990s?
4 Who obtained the right to vote in 1928? (Give <u>two</u> details.)

When reading more complex texts, use:
1 the 4 Cs: **Clues**, **Cognates**, **Context**, and **Common sense**
2 your own general knowledge
 - *la tierra* – where did most people work in the 18th century?
 - *el barco de vapor* – what type of *barco* might have been invented in 1775?
3 your knowledge of Spanish word order
 - *inteligencia* **artificial** – the **adjective** usually follows the noun in Spanish but not in English: '**artificial** _____'.
 - *la esperanza de vida* – Spanish often uses **de** where English has two nouns together: 'life _____'.

190 *ciento noventa*

Siglo veinte

Trabajo
En la segunda mitad del siglo, más personas trabajaban en el 'sector servicios' (por ejemplo, el turismo, la cultura, el transporte, la salud y la educación).
El uso de ordenadores revolucionó el mundo del trabajo.

Sociedad
En los años 1990, el uso de Internet cambió nuestras vidas para siempre.

Fecha clave
En 1928, todos los hombres y mujeres mayores de 21 años en el Reino Unido obtuvieron el derecho a votar.

Siglo veintiuno

Trabajo
Muchos lugares de trabajo tradicionales (tiendas, cines, restaurantes) han cerrado.
Desde la pandemia del coronavirus, trabajar desde casa ha llegado a ser más popular.

Sociedad
Temas como la igualdad y el medioambiente tienen más importancia en la sociedad.

Fecha clave
En 2022, la compañía OpenAI publicó la aplicación ChatGPT, un sistema de inteligencia artificial.

1900

2000

2100

¿Y en el futuro?

¿Cómo va a cambiar la sociedad?

¿Cómo va a ser el mundo del trabajo?

4 Read the *Siglo veintiuno* text. Copy and complete the sentences in English.

1. Lots of traditional workplaces have …
2. Since the pandemic, … has become more popular.
3. Topics such as … and the environment have more …
4. In 2022, OpenAI published …

5 Read the whole timeline again. Make a list of <u>ten</u> cognates and near cognates in Spanish and English.

Example: revolución (revolution)

6 What do you think the future will be like? Read the text and choose an option to complete each sentence. Then listen to Antonio and tick the words that match yours.

> En los próximos diez años vamos a tener más **tiempo libre / dinero / vacaciones**.
> Vamos a pasar menos tiempo **en casa / en el trabajo / con los amigos**.
> Para proteger el medioambiente, vamos a **viajar / comprar / comer** menos.
> **La salud mental / La igualdad / La dieta** va a ser más importante.
> El mundo del trabajo va a ser muy **divertido / distinto / duro**.
> Casi nadie va a trabajar en **un banco / una oficina / una tienda**.

7 Write <u>six</u> sentences about how society will change in the next decade and what the world of work will be like. Use language from exercise 6 and your own ideas.

En mi opinión, en los próximos diez años vamos a <u>hacer menos trabajo</u>.
También, creo que vamos a <u>pasar</u> …

6 El futuro sin límites

- Talking about the impact of artificial intelligence
- Using the simple future tense in the 'he/she/it' form
- Using articles ('the', 'a', 'some') correctly

1 Listen and read. Put the statements in the order in which they are mentioned. Then translate the simple future tense verb phrases in purple into English.

| traer | to bring |
| el cariño | affection |

¿Estás de acuerdo con la inteligencia artificial (IA)?

Estoy a favor de la inteligencia artificial. Creo que **la IA hará** el mundo más seguro. Por ejemplo, **habrá** cámaras con IA para ver si la gente usa el móvil cuando está conduciendo. También, **será** muy útil porque **reducirá** la cantidad de trabajo que hacemos. — **Isabel**

Estoy en contra de la inteligencia artificial porque hay muchos peligros. En mi opinión, **la gente dependerá** demasiado de la tecnología y **perderá** su independencia. La IA **traerá** muchos problemas porque **no comprenderá** sentimientos como el cariño, el amor o el miedo. — **Juan**

a AI will bring lots of problems.
b People will become over-dependent on AI.
c It will reduce the amount of work we do.
d AI cameras will improve safety on the roads.
e AI won't understand human feelings.
f It will be very useful.

> The **simple future tense** is used to talk about what will happen.
> For verbs in the 'he/she/it' form, just add **-á** to the infinitive:
> ser**á**   he/she/it will be
> ayudar**á** he/she/it will help
> Some verbs have an **irregular stem**, such as
> poder → podr**á** (he/she/it will be able to).
> hab**rá** means 'there will be'.
>
> Page 197

> *gente* (people) is used with a verb in the 'he/she/it' (not 'they') form.
> *La gente depender**á** de ...*   People will depend on ...

2 Read these replies to the posts in exercise 1. Who does each person agree with? For each one, write **I** (Isabel) or **J** (Juan). Then choose the correct summary (a–e) for each one.

> No me gusta la tecnología como la IA porque no habrá trabajos para los cantantes y los escritores – un ordenador escribirá canciones, libros, etc. **Conchita**

> La gente no podrá tomar sus propias decisiones porque la IA controlará el mundo. También, costará muchísimo dinero. **Raúl**

> No tengo miedo de la IA ya que será muy útil para la educación. Ayudará a los alumnos con los estudios. **Merche**

> Ya usamos la IA con aplicaciones que reconocen la voz o la cara y funcionan muy bien. No es peligrosa. **Sebastián**

> La IA ayudará a salvar vidas porque podrá encontrar soluciones a problemas serios como el hambre. Y todos los riesgos son evitables. **Luisa**

a A solution to world problems.
b Face recognition apps use AI.
c Bad news for musicians.
d It will take over the world!
e A useful revision tool.

> The suffix **-able** can sometimes be added to a verb stem to create an adjective.
> evit**ar** (to avoid) → evit**able** (avoidable)
> compar**ar** (to compare) → compar**able** (comparable)

ciento noventa y dos

Módulo 8

3 Read the opinions in exercise 2 again. Write down the following phrases in Spanish.

1 I don't like technology like AI
2 jobs for singers and writers
3 I'm not scared of AI
4 it will be useful for education
5 serious problems like hunger/famine
6 recognise the voice or the face

> **G**
> The two types of articles change according to whether the noun is masculine or feminine, singular or plural:
> - the definite article **el**/**la**/**los**/**las** ('the')
> - the indefinite article **un**/**una** ('a' or 'an') and **unos**/**unas** ('some').
>
> The definite article is used in Spanish (but not in English) after opinion verbs and when talking about a noun in general.
>
> *No me gusta **la** tecnología.*   I don't like ~~the~~ technology.
> *trabajos para **los** escritores*   jobs for ~~the~~ writers
>
> Page 197

4 Listen to these four teenagers. Note down whether they are for (✓) or against (✗) AI and the <u>one</u> or <u>two</u> correct letters that correspond to each person. (1–4)

			cara.
Estoy	a favor de en contra de de acuerdo con	la IA, porque (no) es	necesaria. peligrosa. segura. útil.
La IA	reducirá el trabajo. costará mucho dinero. podrá encontrar soluciones a problemas serios.		
	ayudará a	salvar vidas. los alumnos con los estudios.	
	hará	el mundo más/menos seguro. la vida más fácil/difícil.	
Habrá	cámaras con IA. muchos riesgos. más/menos trabajos para …		

5 In pairs, debate the pros and cons of artificial intelligence.

- ¿Cuál es tu opinión de la inteligencia artificial?
- Estoy a favor de la inteligencia artificial porque …
- No estoy de acuerdo. Yo estoy en contra porque …
- Sí, es verdad, pero …

6 Write your own entry for a discussion forum on artificial intelligence.

- *Estoy a favor / en contra de la inteligencia artificial.*
- *Creo que es … porque la IA …*
- *También, …*
- *Sin embargo, …*

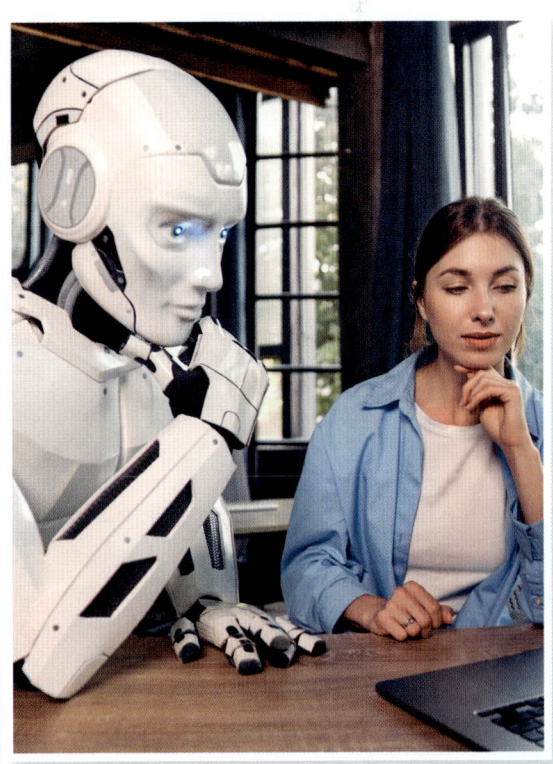

ciento noventa y tres

Gramática 1

Expressing future plans (Unit 1, page 182)

 1 Read the grammar box on page 182. Listen and fill in the gaps with the correct word from the box. Then translate the completed sentences into English.

Example: 1 Me gustaría – I would like to have two or three children.

1 ▭ tener dos o tres hijos.
2 ▭ comprar una casa en el campo.
3 Creo que ▭ casarme.
4 El año próximo ▭ compartir piso con mis amigos.
5 ▭ buscar un trabajo con un buen salario.
6 Si apruebo mis exámenes, ▭ ir a la universidad.
7 En el futuro ▭ viajar a otros países.
8 Un día ▭ aprender a conducir.

> voy a
> quiero
> me gustaría
> espero

 2 Read the text about Daniel's future plans and complete the statements in English. Pay attention to the highlighted phrases (these are **not** in the same order in the text and in the questions).

1 Daniel wants to …
2 Daniel hopes to …
3 Daniel is going to …
4 Daniel would like to … and …
5 Daniel will … and …

> El año próximo voy a continuar con mis estudios.
> Me gustaría sacar buenas notas en los exámenes.
> Estudiaré mucho porque quiero ir a la universidad.
> Espero ser doctor en el futuro.
> Después, buscaré un trabajo en el extranjero.
> También, me gustaría comprar un coche.

Prepositions followed by the infinitive (Unit 2, page 185)

 3 Read the grammar box on page 185. Then read this account of a disastrous job interview. For each gap, decide whether you need **para** or **sin**.

> Antes de la entrevista, compré un traje nuevo **1** dar una buena impresión.
> Me fui a la cama temprano **2** dormir bien.
> Sin embargo, pasé la noche **3** dormir, ya que había mucho ruido en la calle.
> Cuando me desperté, fui inmediatamente al baño **4** lavarme, pero tuve un accidente en la ducha. Luego, vi que ¡mi perro se estaba comiendo mi traje!
> No tenía tiempo **5** tomar el desayuno – tuve que ir a la entrevista **6** comer nada.
> Desafortunadamente, perdí el autobús y llegué muy tarde a la entrevista. ¡No comprendo por qué no tuve éxito!

| un traje | suit |

 4 Read the text in exercise 3 again. Answer the questions in English.

1 Why did Gorka buy a new suit for the interview?
2 Why did he go to bed early?
3 What didn't he have time to do?
4 Complete these sentences:
   a Gorka spent the night without …
   b He had to go to the interview without …

Módulo 8

Masculine and feminine nouns (Unit 3, page 186)

 Fill in the gaps with the correct word from the box. If the job noun is feminine, decide whether you need to change its spelling. Then translate each sentence into English.

1 **Mi amiga** Pilar trabaja en un hospital. Es ▇.
2 **Mi hermano** está aprendiendo a cortar el pelo porque quiere ser ▇.
3 Me encantan las películas de **Penélope Cruz y Salma Hayek**. Son ▇ buenísimas.
4 **Mi tía** es ▇ en una banda. Tiene una voz muy bonita.
5 Me duelen los dientes, pero tengo suerte – **mi padre** es ▇.
6 **Mi madre** quiere ser ▇ del país un día.

| actor | dentista | peluquero |
| cantante | doctor | presidente |

> Some **nouns** have different masculine and feminine forms:
> - those ending in **-o**:
>   peluquer**o** → peluquer**a**
> - those ending in **-or**:
>   escrit**or** → escrit**ora**
>
> Nouns ending in **-e** or **-ista** are usually **invariable**.
> estudi**ante** → estudi**ante**
> art**ista** → art**ista**
>
> Exceptions include:
> president**e** → president**a**
> jef**e** → jef**a**
>
> The words *modelo* and *policía* are also invariable.
>
> Some job nouns have completely different masculine and feminine words:
> **actor** → **actriz**
>
> To form a plural noun:
> - if it ends in a vowel, add **-s**
> - if it ends in a consonant, add **-es**
> - if it ends in **-z**, change to **-ces**.

Penélope Cruz

Using the infinitive as a noun (Unit 4, page 188)

 Read the grammar box on page 188. Then write four logical sentences using the phrases below.

Example: 1 *En mi opinión, viajar por el mundo no es barato.*

Para mí,	aprender	en el extranjero	(no) es aburrido.
En mi opinión,	compartir	hijos	(no) es barato.
Creo que	tener	por el mundo	(no) es muy fácil.
Pienso que	trabajar	otras lenguas	(no) es importante.
	viajar	piso con mis amigos	(no) va a ser útil.
		un buen salario	(no) sería muy divertido.

 In pairs, take turns to read out your sentences from exercise 6, paying attention to pronunciation. Your partner translates your sentences into English.

ciento noventa y cinco

Gramática 2

Modal verbs (Unit 4, page 188)

 1 Listen to this podcast about learning languages. For each speaker (1–4), write down the letter of the picture. Then listen again and write down the <u>two</u> modal verbs from the box that you hear.

debes	sabes
puedes	sé
quiero	tengo que
quieres	tienes que

 a
 b
 c
 d

 2 Translate these questions into English. Then write your own answer to each one in Spanish. In your answers, remember to use the 'I' form of the **modal verb** followed by the <u>infinitive</u>.

Example: 1 At what time can you come to the party?
Puedo <u>venir</u> a las ocho y media.

1 ¿A qué hora **puedes** <u>venir</u> a la fiesta?
2 ¿Dónde **quieres** <u>estudiar</u> en el futuro?
3 ¿Qué **tienes que** <u>hacer</u> mañana?
4 ¿Cuántas lenguas **sabes** <u>hablar</u>?
5 ¿Cuándo **debes** <u>coger</u> el autobús?

 3 In pairs, take turns to ask and answer the questions from exercise 2 using the answers you have prepared.

Example:
• ¿A qué hora puedes venir a la fiesta?
▪ Puedo venir …

> **Modal verbs** are followed by the <u>infinitive</u> and include:
> deber — to have to / must
> poder — to be able to / can
> querer — to want to
> saber — to know
> tener que — to have to
>
> • **poder** (*puedo*, etc.) and **querer** (*quiero*, etc.) are stem-changing in the present tense (see page 236) and have an irregular stem in the simple future/conditional (see page 236)
> • **tener** is an irregular verb (see page 236)
> • **saber** is irregular in the 'I' form of the present tense (**sé**, *sabes*, …).
>
> **Saber** is used to mean 'to know how to'.
> ¿**Sabes** cocinar? Do you know how to cook?

Using the simple future tense in the 'he/she/it' form (Unit 6, page 192)

 4 These sentences are written using the near future tense ('is going to'). Re-write them changing the verbs in **purple** to the simple future tense ('will'). Then translate the sentences into English.

1 Mi hermano **va a comprar** un nuevo ordenador.
2 Mi madre **va a aprender** a hablar inglés.
3 La tecnología **va a hacer** la vida más fácil.
4 El mundo del trabajo **va a ser** muy distinto.
5 La gente **va a tener** más tiempo libre.
6 **Va a haber** menos trabajos para los profesores.

> The **simple future tense** is used to talk about what **will** happen.
> For verbs in the 'he/she/it' form, just add **-á** to the <u>infinitive</u>:
> ser**á** he/she/it will be
> ayudar**á** he/she/it will help
>
> Some verbs have an **irregular stem** in the simple future tense. They include:
> hacer → har**á** (he/she/it will do/make)
> poder → podr**á** (he/she/it will be able to)
> poner → pondr**á** (he/she/it will put)
> tener → tendr**á** (he/she/it will have)
>
> habr**á** (from the verb *haber*) means 'there will be'.
>
> See page 90 for more on the simple future tense.

Módulo 8

Definite and indefinite articles (Unit 6, page 193)

 Complete each gap with the correct definite or indefinite article.
1 ___ trabajo (*a job*)
2 ___ lenguas (*some languages*)
3 ___ alumnos (*some pupils*)
4 ___ compañía (*a company*)
5 ___ riesgo (*a risk*)
6 ___ cámaras (*the cameras*)
7 ___ salario (*the salary*)
8 ___ universidad (*the university*)
9 ___ actriz (*the actress*)
10 ___ ordenadores (*the computers*)

The two types of articles change according to whether the noun is masculine or feminine, singular or plural.
- **the definite article**:
 ('the') **el** chico **la** chica
 los chicos **las** chicas
- **the indefinite article**:
 ('a' or 'an') **un** chico **una** chica
 ('some') **unos** chicos **unas** chicas

In Spanish, the definite article is often used even where we do not use 'the' in English:
- when giving an opinion:
 *No me gusta **la** tecnología.*
 I don't like ~~the~~ technology.
- when talking about a noun in general:
 *trabajos para **los** escritores*
 jobs for ~~the~~ writers

In Spanish, the indefinite article is not normally used:
- with jobs
 Soy ~~una~~ profesora. I am **a** teacher.
- in a negative sentence with **tener**.
 No tengo ~~un~~ coche. I don't have a car.

 Read these sentences. For each one, write ✓ or ✗ to indicate whether the **article** is needed or not. Then translate each sentence into English.
1 En el futuro me gustaría ser **un** escritor.
2 Me encantan **los** animales.
3 **La** educación es muy importante.
4 No tengo **un** trabajo.
5 Ir a **la** universidad no es barato.
6 Mi sueño es ser **una** policía.
7 Creo que **el** español es divertido.
8 No me gustan nada **los** exámenes.

¡En marcha! (Units 1–6)

 Listen and fill in the missing word(s) in Spanish. Then translate the text into English.

Si saco buenas notas, **1** ir a la universidad porque mi sueño es ser **2** en el futuro. Tendré que **3** mucho para aprobar los exámenes.

Mi novia **4** hacer un trabajo práctico. Va a hacer Formación Profesional **5** ser mecánica.

En el futuro, **6** trabajar en el extranjero, pero no **7** dónde. En mi opinión, **8** en otro país **9** una experiencia maravillosa. Sin embargo, no se puede encontrar un trabajo **10** aprender la lengua del país.

 In pairs, take turns to read the whole text out loud, paying attention to pronunciation.

ciento noventa y siete 197

Módulo 8 — Leer y escuchar

Reading

 Learning languages. Read Karima's email. Choose the **three** correct sentences by writing A, B or C.

> He empezado a aprender inglés en el instituto. ¡Qué guay! Aprender lenguas te ayuda a comunicar. Mi hermano no está de acuerdo; piensa que le hace perder su tiempo. Yo ya hablo español y la lengua de mis padres, pero mi sueño es aprender más lenguas. En el futuro, quiero buscar un trabajo en el extranjero. Las lenguas serán muy útiles.

Karima ...

- Which tense describes what someone **used to** do? Does Karima use this tense?
- Can you find a positive or negative statement to help you decide?

A used to study English at school.
B says languages help communication.
C agrees with her brother.
D wants to learn more languages.
E would like to work from home.
F thinks languages will be useful for her.

- Which verb might be used in the text instead of the noun 'communication'?

 Future career plans. Read these social media comments about future plans. What plans do David, Marta and Raúl have for the future? Write down the information **in English**. You do not have to write in full sentences.

David:
Si puedo, quiero ir a la universidad. Creo que ir a la universidad te da más oportunidades de encontrar un buen trabajo.

Marta:
Yo no. No voy a estudiar más. Soy independiente y espero trabajar como artista. El año pasado trabajé en un proyecto de arte en mi barrio y me encantó. No quiero un trabajo aburrido.

Raúl:
Mi pasión es cocinar. Si tengo suficiente dinero, abriré un restaurante. Quiero ser mi propio jefe. No quiero tener hijos porque no tendré tiempo. Mi carrera es muy importante para mí.

a David
   One action: _____   One reason: _____
b Marta
   One action: _____   One reason: _____
c Raúl
   One action: _____   One reason: _____

> To look for an action in the future, focus on the tenses each person uses. To look for a reason, find something they say that answers the question 'Why?'

 Talking about work. Translate the following sentences **into English**.

a Soy trabajador e inteligente.
b Me llevo bien con mi jefe.
c Estoy trabajando en una tienda.
d Antes vendía cosas en línea.
e Me gustaría ganar mucho dinero.

Módulo 8

Listening

 Part-time jobs. Listen to Natalia, Antonio and Cris talking about their part-time work. What do they say? Listen to the recording and write the correct letter, A, B or C, for each question.

a Natalia did not like her job because she ...
   A didn't earn much money.
   B was always tired.
   C was working with animals.

b Antonio's job now is ...
   A working for a family member.
   B very interesting.
   C in an office.

c In the future, Antonio wants to ...
   A wear a uniform.
   B travel.
   C find a job that is fun.

d Cris did not like working in a hotel because she had to ...
   A work in the garden.
   B make the beds.
   C clean the bathrooms.

 Careers advice. Listen to Rosalía offering careers advice. What does she say? Write the letter for each of the three correct statements.

To get a job, you should ...

A	get good grades at school.
B	have some experience of working.
C	be punctual.
D	be well-dressed.
E	be willing to work from home.
F	get on well with people.

Remember that you might have to *infer* something from what the speaker says. You may not hear the exact words that are used in the questions.

 You are going to hear someone talking about their plans for the future. Sentences 1–3: write down the missing words for each gap. For each gap, you will write one word **in Spanish.** (1–3)

1 Viajar al ▭ es una ▭ oportunidad.
2 Me gustaría ▭ a ▭.
3 ▭ una lengua como el chino es ▭.

Sentences 4–6: write down the full sentences that you hear **in Spanish.** (4–6)

Think about the following sounds:
- **j** – which sounds like a stronger version of the English 'h'
- **go**, **gu** – which sound like 'g' in 'get' in English
- **qu** – which sounds like 'k' in English.

ciento noventa y nueve **199**

Módulo 8 Prueba oral

Read aloud

 1 Look at this task. With a partner, read aloud the <u>five</u> sentences, paying attention to the underlined letters.

Take care how you pronounce:
- **ll** – sounds like 'y' sound in English
- **r**, **rr** – the 'r' is rolled at the beginning of the word and the 'rr' is even stronger.

Carmen, your friend from Peru, has written a social media post about her part-time job. Read the five sentences aloud.

T<u>r</u>abajo en un supe<u>r</u>me<u>r</u>cado.
Quiero <u>g</u>anar dinero para comprar <u>r</u>opa.
Tengo que <u>ll</u>evar un uniforme te<u>rr</u>ible.
Mi jefa es muy estricta y no es a<u>g</u>radable.
No me <u>g</u>usta trabajar en la ca<u>j</u>a porque es abu<u>rr</u>ido.

 2 Listen and check your pronunciation.

 3 Listen to the teacher asking the <u>two</u> follow-up questions. Translate each question **into English** and prepare your own answers **in Spanish**. Then listen again and respond to the teacher.

Role play

 1 Look at the role-play card and prepare what you are going to say.

Setting: At the train station

Scenario:
- You are at a train station buying tickets in Spain.
- The teacher will play the part of the employee and will speak first.
- The teacher will ask questions **in Spanish** and you must answer **in Spanish**.
- Say a few words or a short phrase/sentence for each prompt. One-word answers are not sufficient to gain full marks.

Task:
1 Say where you want to go.
2 Say what type of ticket you want.
3 Say what you want to visit.
4 Say when you want to return.
5 Ask what time the next train leaves.

If you can't remember a ticket type, you could say it in a different way (for example, 'a ticket for students').

Use a **time phrase** like 'tomorrow' or 'on Saturday'.

Use a **verb** in your answer.

Think about the **word order**. If you can't remember 'at what time', you could ask 'when'.

 2 Practise what you have prepared. Then, using your notes, listen and respond to the teacher.

Módulo 8

 Now listen to Nathan doing the role play task and answer the questions.

In English, make a note of:
a how he answers points 1–4
b the teacher's answer to Nathan's question in point 5.

Picture task

 Look at the photo below and read the **first part** of the task card. Then listen to Emily describing the photo.

1 Where does Emily say the people are?
2 What does Emily say the young man is doing?
3 What does she say the woman is doing?
4 Why does Emily think the young man likes his job?
5 How does she describe him?

Prepare your own description of the photo.
Your description must cover:
- people
- location
- activity.

When you have finished your description, you will be asked **two questions** relating to the picture. Say a short **phrase/sentence** in response to each question. One-word answers will not be sufficient to gain full marks.

You will then move on to a **conversation** on the broader thematic context of **Studying and my future**. During the conversation, you will be asked questions in the present, past and future tenses. Your responses should be as **full and detailed** as possible.

 Prepare your own description of the photo, mentioning **people**, **location** and **activity**. Then, with a partner, take turns to describe the picture.

 Read the **second part** of the task card. Then listen to the **two** follow-up questions and respond to the teacher. Remember: you only need to give a short answer for each one.

 Read the **third part** of the task card. Listen to the wider conversation and complete each of the following sentences with a word or phrase **in English**.

1 Emily has worked in a local …
2 She has been working there since …
3 Her dream is to work with …
4 In the future, she would like to see …
5 She would also like to have …

 Now prepare your own answers to the questions in exercise 4. Your responses should be as full and detailed as possible. Then listen to the questions and give your answers.

 Prepare your own answers to Módulo 8 questions 1–10 on page 229. Then practise with your partner.

Módulo 8 — Prueba escrita

40–50 word writing task

 Escribir 1 Look at this short writing task and then, <u>for each bullet point</u>, think about useful vocabulary and structures you could use. Discuss your ideas with a partner.

> Write a social media post about your part-time job.
>
> You **must** include the following points:
> - a description of the job
> - your opinion about your job
> - what you will buy next week with the money you have earned.
>
> Write your answer **in Spanish**. You should aim to write between 40 and 50 words.

- You could say **where** you work, **when** you work and/or **how much** you earn.
- You can say whether you like your job or use adjectives like *interesante* or *aburrido*.
- Which **future tenses** could you choose from here?

 Escribir 2 Write your answer to the 40–50 word writing task in exercise 1.

80–90 word writing task

 Escribir 1 Look at this exam writing task and, <u>for each bullet point</u>, make notes of the vocabulary and structures you could use and what ideas you could include.

> Write a letter of application for a summer job in Spain.
>
> You **must** include the following points:
> - the type of person you are
> - what job you do now
> - where you worked in the past
> - your plans for the future.
>
> Write your answer **in Spanish**. You should aim to write between 80 and 90 words.

 Leer 2 Read Szymon's answer to the exam task. Then read the points in the callouts.

> Estimado señor:
>
> Soy una persona independiente y responsable y me llevo bien con la gente. Me gustaría trabajar en su empresa porque estudio español en el instituto.
>
> Ahora estoy trabajando en un centro deportivo. Me interesa más trabajar en equipo, pero puedo trabajar solo.
>
> El año pasado trabajé en un restaurante, pero no me gustó porque no fue interesante. También he ayudado en el jardín de mi vecino.
>
> Un día espero estudiar matemáticas en la universidad y, si tengo suerte, encontraré un trabajo con un buen salario.
>
> Saludos cordiales,
>
> Szymon

- These are phrases to **start** and **end** a formal letter that you could use.
- Use the **present continuous** tense to describe what you are doing now.
- Use a wide range of **preterite verb forms** to refer to completed past actions.
- You could vary your use of tenses by including the **perfect tense**.
- Try to include a clause beginning with *si*.

Leer 3 Now read Szymon's answer again and complete the following statements. Choose A, B or C for each one.

1 Szymon is applying for this job because he is …
 A lonely. B studying Spanish. C unemployed.

2 He prefers working …
 A in a team. B from home. C alone.

3 He says that his previous job was …
 A poorly paid. B hard work. C boring.

4 If he is lucky, he will …
 A travel abroad. B work part-time. C earn a good salary.

Escribir 4 Prepare your own answer to the 80–90 word writing task in exercise 1.

- Think about how you can develop your answer for each bullet point.
- Look back at your notes from exercises 2 and 3.
- Look at the 'Challenge checklist' and think about how you can show off your Spanish!
- Write a **brief** plan and organise your answer into four short paragraphs.
- Write your answer and then check the accuracy of what you have written.

Challenge checklist	
	✓ Past, present and future time frames ✓ Different opinion phrases ✓ Connectives and time phrases
	✓ A range of opinion phrases in different tenses (e.g. *me interesa, no me gustó*) ✓ Negatives ✓ A wide variety of vocabulary
	✓ A range of phrases for talking about future plans (e.g. *quiero, me gustaría, espero*) ✓ A wider range of tenses (e.g. present continuous, perfect, simple future) ✓ Complex structures such as *si* ('if') clauses

Translation

Escribir 1 Read the English sentences and Alice's translation of them. Write down the missing word for each gap.

a I want to go to university.
b I am going to study languages.
c My brother studies maths.
d I love learning Spanish.
e We speak English at home.

a Quiero [1] a la [2].
b [3] a estudiar [4].
c Mi hermano [5] matemáticas.
d Me encanta aprender [6].
e [7] inglés en [8].

Escribir 2 Now translate the following sentences **into Spanish**.

a I want to work in an office.
b I am organised and practical.
c My sister travels a lot.
d Now she is working in Latin America.
e I am going to study history next year.

Work out which verb you need, the correct tense and which person of the verb to use.

Módulo 8 — Palabras

Key:
bold = this word will appear in higher exams only
* = this word is not on the vocabulary list, but you may use it in your own sentences

Pioneros latinos (pages 180–181):

¿De dónde es?	Where is he/she from?
Nació en (*Cuba)	He/She was born in (Cuba)
Nació (el 10 de mayo de 1958)	He/She was born on (10th of May 1958)
Cuando era niño/a …	When he/she was a boy/girl …
Cuando era más joven …	When he/she was younger …
vivía en / con …	he/she used to live in / with …
trabajaba en …	he/she used to work in …
montaba a caballo y jugaba (al tenis)	he/she used to ride a horse and play (tennis)
llegó a ser …	he/she became …
fue a …	he/she went to
comenzó …	he/she started
ganó …	he/she won …
dejó … para vivir en …	he/she left … to live in …
Ha participado en …	He/She has participated in …
Ha **creado** …	He/She has created …
*astronauta	astronaut
actor / actriz	actor / actress
*bailarín / *bailarina	dancer
*coreógrafo/a	choreographer
cantante	singer
*diseñador(a) de moda	fashion designer
*empresario/a	entrepreneur
*ingeniero/a	engineer

Sueños y esperanzas (pages 182–183):

¿Qué planes tienes para el año próximo?	What plans have you got for next year?
El año próximo quiero …	Next year I want to …
estudiar …	study …
aprender a *conducir	learn to drive
¿Qué vas a hacer después?	What are you going to do afterwards?
Si apruebo mis exámenes …	If I pass my exams …
Si saco buenas notas …	If I get good marks …
Si tengo bastante dinero/tiempo …	If I have enough money/time …
voy a …	I am going …
quiero …	I want …
espero …	I hope …
me gustaría …	I would like …
buscar un trabajo	to look for a job
casarme	to get married
compartir piso con …	to share a flat with …
comprar un coche / una casa	to buy a car / a house
ir a la universidad	to go to university
luchar por la igualdad	to fight for equality
tener hijos	to have children
viajar por el mundo	to travel around the world
¿Qué otros planes tienes?	What other plans do you have?
(También) Aprenderé a …	I will (also) learn to …
Buscaré …	I will look for …
Iré a …	I will go to …
Ganaré …	I will earn …
Me casaré	I will get married
Tendré …	I will have …

¡A trabajar! (pages 184–185):

¿Qué haces para ganar dinero?	What do you do to earn money?
Para ganar dinero, trabajo en …	To earn money, I work in …
un restaurante / un café	a restaurant / a café
un bar / un **gimnasio**	a bar / a gym
una tienda	a shop
Lo hago …	I do it …
los (lunes)	on Mondays
en las vacaciones	in the holidays
cuando necesito dinero	when I need money
¿Cuánto dinero ganas?	How much money do you earn?
Gano … euros/pesos/*libras por hora/día/semana	I earn … euros/pesos/pounds a(n) hour/day/week
¿Qué tal tu trabajo?	What's your job like?
Es …	It is …
aburrido / divertido	boring / fun
difícil / fácil	difficult / easy
interesante / relajante	interesting / relaxing
Me llevo bien con mi jefe.	I get on (well) with my boss.
Me encanta porque ¡no tengo jefe!	I love it because I don't have a boss!
Lo odio.	I hate it.
¿Qué tipo de persona eres?	What kind of person are you?
Soy una persona …	I am a(n) … person
activa	active
independiente	independent
organizada	organised
práctica	practical
responsable	responsible
trabajadora	hardworking
Mi pasión es …	My passion is …
También me gusta …	I also like …
hacer deporte	to do sport
cocinar	to cook
salir con amigos	to go out with friends
tocar música	to play music
viajar	to travel
También he trabajado en …	I have also worked in …
un centro deportivo/supermercado	a sports centre/supermarket
¿Qué planes tienes para el futuro?	What plans do you have for the future?
El año próximo quiero …	Next year I want …
ir a la universidad	to go to university
estudiar (matemáticas)	to study (maths)
Tienes que …	You have to …
Hay que …	You/One must …
saber qué tipo de …	know what kind of …
trabajo quieres	job you want
persona eres	person you are
tener un buen *currículum/*CV	have a good CV
prepararse bien	prepare yourself well
llegar a tiempo	arrive on time
aprender de los errores	learn from your mistakes

Módulo 8

Un trabajo para todos (pages 186–187):

¿Qué tipo de trabajo quieres?	What type of job do you want?
¿Quieres trabajar …?	Do you want to work …?
con otra gente	with other people
con los animales/niños	with animals/children
con ordenadores	with computers
al aire libre / desde casa	outdoors / from home
solo/a	alone
Sí, quiero trabajar …	Yes, I want to work …
No, no quiero trabajar …	No, I don't want to work …
¿Tienes ganas de trabajar …?	Are you keen to work …?
en el extranjero	abroad
en el cine	in the cinema
en una compañía/oficina	in a company/office
Sí, tengo ganas de trabajar …	Yes, I'm keen to work …
No, no tengo ganas de trabajar …	No, I'm not keen to work …
¿Te gusta la idea de …?	Do you like the idea of …?
hacer un trabajo con …	doing a job with …
mucha responsabilidad	lots of responsibility
un buen salario	a good salary
ser …	being a(n)…
artista / científico/a	artist / scientist
doctor(a) / modelo	doctor / model
policía / profesor(a)	police officer / teacher
Sí, mi sueño es ser …	Yes, my dream is to be …
Sí, me gusta la idea de ser…	Yes, I like the idea of being …
Sí, quiero ser …	Yes, I want to be …
No, no me gusta la idea de …	No, I don't like the idea of …

Las lenguas te abren las puertas (pages 188–189):

¿Qué lenguas hablas?	What languages do you speak?
Hablo (un poco de) …	I speak (a little bit of) …
español / castellano	Spanish
inglés / *francés	English / French
También, estudio …	I also study …
¿Por qué es importante aprender otras lenguas?	Why is it important to learn other languages?
Aprender/Hablar otras lenguas es …	Learning/Speaking other languages is …
divertido / útil	fun / useful
(Para mí) Es importante si quieres trabajar o estudiar en el extranjero.	(For me) It is important if you want to work or study abroad.
También, te ayuda a …	It also helps you to …
conocer otras culturas	get to know other cultures
conocer a otras personas	meet other people
encontrar un trabajo	find a job
hacer nuevos amigos	make new friends
viajar a otros países	travel to other countries
¿Qué otras lenguas te gustaría aprender?	What other languages would you like to learn?
En el futuro me gustaría aprender/mejorar mi nivel de …	In the future I would like to learn/improve my level of …
¿En qué puedo ayudarle?	How can I help you?
Quisiera (un/dos) billete(s) a …, por favor.	I would like (one/two) ticket(s) to …, please.
¿Qué tipo de billete(s) quiere?	What kind of ticket(s) do you want?
un billete de ida	a single ticket
un billete de ida y vuelta	a return ticket
¿A qué hora sale/llega el tren?	(At) What time does the train leave/arrive?
El tren sale a las …	The train leaves at …
Llega a las …	It arrives at …
¿Es directo o hay que cambiar?	Is it direct or must you change?
Es directo.	It is direct.
Hay que cambiar.	You must change.

El trabajo antes, ahora … y mañana (pages 190–191):

¿Cómo va a ser el mundo del trabajo?	What is the world of work going to be like?
¿Cómo va a cambiar la sociedad?	How is society going to change?
En mi opinión, en los próximos (diez) años …	In my opinion, in the next (ten) years …
vamos a …	we are going to …
hacer menos trabajo	do less work
tener más tiempo libre	have more free time
viajar más/menos	travel more/less
la salud mental va a ser más importante	mental health is going to be more important
el mundo del trabajo va a ser muy distinto	the world of work is going to be very different
casi nadie va a trabajar en una oficina	almost no one is going to work in an office
vamos a pasar menos tiempo en el trabajo	we are going to spend less time at work

El futuro sin *límites (pages 192–193):

¿Estás de acuerdo con la *inteligencia artificial?	Do you agree with artificial intelligence?
Estoy a favor de …	I am for / in favour of …
Estoy de acuerdo con …	I agree with …
Estoy en contra de …	I am against …
la *inteligencia artificial porque / ya que es …	artificial intelligence because / as it is …
cara / necesaria	expensive / necessary
peligrosa / útil	dangerous / useful
segura	secure, safe
La IA …	AI …
reducirá el trabajo	will reduce work
costará mucho dinero	will cost a lot of money
podrá encontrar soluciones a problemas serios	will be able to find solutions to serious problems
ayudará a salvar vidas	will help to save lives
ayudará a los alumnos con los estudios	will help pupils with their studies
no comprenderá sentimientos como el cariño, el amor o el miedo	won't understand feelings like affection, love or fear
La IA hará …	AI will make …
el mundo más/menos seguro	the world safer / less safe
la vida más fácil / difícil	life easier / more difficult
También habrá …	There will also be …
cámaras con IA	cameras with AI
más/menos trabajos para …	more/fewer jobs for …
muchos riesgos/peligros	lots of risks/dangers

doscientos cinco

Módulos 1–8 Repaso de gramática

Articles and nouns (pages 10, 133, 139, 186 and 193)

1 For each family member, write a sentence in Spanish about their job.

Example: 1 La madre es científica. / La madre trabaja como científica.

1. mum / scientist
2. dad / teacher
3. uncle / doctor
4. aunt / police officer
5. brother / model
6. sister / artist

2 Complete the sentences with the correct article (*un, una, unos, unas, el, la, los, las*).

1. Tengo ___ pelo negro y ___ ojos marrones.
2. Trabajamos en ___ supermercado en ___ sur del pueblo.
3. Todas ___ tiendas de mi barrio son muy aburridas pero hay ___ centro comercial en el centro.
4. En ___ futuro, me gustaría trabajar en ___ extranjero.
5. ___ riesgo de compartir información personal en ___ redes sociales es alto.

> When learning nouns, it is important to learn their gender. The following rules can help.
>
> **Masculine nouns**
> Most nouns ending in **-o, -r, -l**
> Common exceptions: *la flor*
>
> **Feminine nouns**
> Nouns ending in **-dad**
> Nouns ending in **-ción, -sión**
> Most nouns ending in **-a, -z**
> Common exceptions: *el pez, el arroz, el lápiz*
>
> Some nouns relating to people are different, as they can have masculine and feminine versions, without changing their endings.
> *el/la modelo   el/la turista   el/la policía*

Different types of adjectives (pages 57, 115 and 136)

3 Read the sentences and select the correct Spanish adjective. Then translate each sentence into English.

1. Cádiz es una ciudad muy **bonito** / **bonita** / **bonitos** / **bonitas**.
2. Me encanta porque tiene unas calles **antiguo** / **antigua** / **antiguos** / **antiguas**.
3. Es muy popular entre los turistas porque tiene muchos edificios **histórico** / **histórica** / **históricos** / **históricas**.
4. Para mí, vivir en una ciudad abierta y segura es **importante** / **importantes**.
5. Me llamo María y mis padres dicen que soy muy **trabajador** / **trabajadora** / **trabajadores** / **trabajadoras**.

4 Complete each sentence by replacing the possessive adjectives (my, her, etc.) or demonstrative adjectives (this, that, etc.) in English with the correct Spanish version from the box. There are more words than gaps.

1. Tiene una familia grande y his abuelos viven en his casa.
2. En mi pueblo these tiendas son mejores que those tiendas.
3. El racismo es un problema serio para our hijos y para our sociedad.
4. Admiro a muchas personas famosas pero my modelo de conducta es our madre.
5. Those zapatos cuestan más que your móvil.

| mi | mis | tu | tus | su | sus | nuestros |
| nuestra | estos | estas | esos | esas | | |

> Try to learn these key rules about adjectival agreement:
> - If they end in an **-o**, they follow this pattern: **-o/-a/-os/-as**.
> - If they end in an **-e**, they follow this pattern: **-e/-e/-es/-es**.
> - If they end in a consonant, they add **-es** in the plural (e.g. *azul/azul/azul**es**/azul**es***)
> - If they end in **-or** they follow this pattern: **-or/-ora/-ores/-oras**.
> - Nationalities ending in consonants are irregular. This is an example of one pattern: *inglés/ingles**a**/ingles**es**/ingles**as***.

206 *doscientos seis*

Repaso de gramática — Módulos 1–8

Using suffixes (pages 105 and 114)

Escribir 5 Rewrite each sentence and add the suffix *-ísimo/a* (which means 'very' or 'extremely') to the adjective in bold. Then translate each sentence into English.

Example: Mi trabajo en la tienda es **facilísimo**. – My job in the shop is extremely easy.

1. Mi trabajo en la tienda es **fácil**.
2. En el norte del país tenemos una costa **bella**.
3. Mi amiga vive en un piso **moderno**.
4. Creo que la educación es **importante**.
5. Hay muchas fiestas **famosas** en América Latina.
6. Algunas redes sociales son **peligrosas**.
7. En mi opinión, este sitio es **fácil** de visitar en silla de ruedas.
8. No me gustan las matemáticas porque son **duras**.

> Remember that adjectives with the suffix *-ísimo/a* work like any other adjective. If the original adjective ends in a vowel, remove it before adding *-ísimo/a*. The ending will change depending on the noun it agrees with. For example:
> Ayer fuimos a <u>un palacio</u> grand**e**. →
> Ayer fuimos a <u>un palacio</u> grandísim**o**.

Leer 6 The suffix *-mente* can be added to (feminine) adjectives to create adverbs. Someone has translated this text, but they have forgotten to translate the adverbs. Create the adverbs, using the feminine adjectives from the box.

On Saturdays, I normally work in a clothes shop in the centre of Madrid. It is difficult, as I don't speak much Spanish. Generally, the people in the shop speak slowly. Naturally, if I have a problem, I can talk to my boss who can help me. I think I am going to learn Spanish quickly.

Los sábados, __1__ trabajo en una tienda de ropa en el centro de Madrid. Es difícil porque no hablo mucho español. __2__ , la gente en la tienda habla __3__ . __4__ , si tengo un problema, puedo hablar con mi jefe, que me puede ayudar. Creo que voy a aprender el español __5__ .

lenta
rápida
normal
general
natural

> Other suffixes in Spanish include *-able* and *-ito*:
> *-able* is added to a verb to create an adjective: *amar* (to love) → *amable* (nice).
> *-ito* is added to a noun and must agree with the noun (*-ito/a/os/as*). It is called a diminutive, as it describes something as being small. It can also be used to show that something is precious or loved.
> *mi perrito blanco* my dear/little white dog

Escribir 7 Change each adjective into a noun by adding the suffix *-idad* and use the nouns to complete the sentences. Then translate the sentences into English.

Example: 1 nacionalidad b – What nationality are you?

1. nacional
2. personal
3. real
4. activo
5. seguro

a. Me gusta mucho la ▭ de mi mejor amigo.
b. ¿De qué ▭ eres?
c. En mi pueblo, la ▭ es importante para todos.
d. Para mucha gente pobre su ▭ es muy triste.
e. Mi ▭ favorita es el fútbol.

> With the suffix *-idad*, if the adjective ends in a vowel, you need to remove it.
> *positivo* → *positividad* (positivity)

Módulos 1–8 Repaso de gramática

Verbs and phrases followed by infinitives (pages 32, 34, 66, 89, 111 and 164)

 1 Match the sentence halves and write out the sentences in full. Then translate each sentence into English.

Example: Siempre debes ayudar a otras personas si puedes.
You should always help other people if you can.

1 Siempre debes ayudar a …   **A** porque es más rápido.
2 Hay que visitar las …   **B** otras personas si puedes.
3 Se puede viajar en tren …   **C** a la cama temprano.
4 Tienes que aprender …   **D** otras lenguas.
5 Debes descansar e ir …   **E** menos productos de plástico.
6 Se debería usar …   **F** tiendas independientes en la plaza.

 2 Read the email from Alba about her city and translate it into English.

> Vivo en el sur de España, en una ciudad que se llama Cádiz. Hay muchas cosas que hay que hacer aquí. Siempre se puede disfrutar del buen clima y por eso hay que ir a la playa para nadar en el mar o tomar el sol. También hay que visitar el mercado central para comer algo típico de la región. Cádiz es una ciudad muy bonita donde se puede sacar muchas fotos de los edificios antiguos.

 3 Fill in the gaps with the correct infinitives from the box.

1 Hay que ▬ mucho si quieres tener éxito en los exámenes.
2 Necesitamos ▬ el medioambiente.
3 Se debería ▬ la temperatura del planeta.
4 Tienes que ▬ dinero para causas importantes.
5 Para encontrar un trabajo tienes que ▬ un buen CV.
6 Para tener un mundo mejor para todos se debería ▬ por la igualdad.

> reducir
> estudiar
> escribir
> proteger
> luchar
> dar

 4 Rewrite your completed sentences from exercise 3, using different infinitive phrases.

Example: 1 <u>Debes</u> estudiar mucho si quieres tener éxito en los exámenes.

 5 Translate each sentence giving advice about learning different languages, into Spanish. Use infinitive phrases and remember to use two different ways of saying 'you have to'.

1 **You can't** find a job abroad without learning the language.
2 **You should** travel to Spain after school.
3 **You must** visit other countries and meet other people.
4 **You have to** learn other languages because it is fun.
5 **You have to** study a lot and listen in class.

> *Se debería* is the impersonal conditional form of the verb *deber*. It is used to give advice and means 'you should' or 'one should'.
> *Se debería* reciclar.   You/One should recycle.
> To translate 'you must', use the present tense of **deber** in the 'you' (singular) form, or use the present tense phrase **se debe**.
> **Debes** coger el autobús.   You must catch the bus.
> **Se debe** beber más agua.   You/One must drink more water.

Repaso de gramática — Módulos 1–8

Talking about the past (pages 38, 86, 134, 137, 159 and 166)

 6 Match the Spanish and English sentences. Then identify the past tense used in each: perfect, imperfect or preterite)

1 Me llevaba bien con mi hermana.
2 Vimos muchos monumentos históricos.
3 He comprado un regalo para mi novia.
4 Hice mucho deporte ayer.
5 Había más espacios verdes.

a We saw lots of historic monuments.
b I did lots of sport yesterday.
c I used to get on well with my sister.
d There were more green spaces.
e I have bought a present for my girlfriend.

 7 Read the sentences and note down the past tense of each verb highlighted in bold (perfect, imperfect, preterite or imperfect continuous).

Example: 1 *vivía (imperfect), viajaba (imperfect)*

1 Cuando **vivía** en el campo siempre **viajaba** en coche, pero ahora no.
2 Antes la ciudad **tenía** más espacios verdes y **era** más tranquila.
3 **Estábamos viendo** la televisión cuando **empezó** a nevar.
4 Todavía **no he visitado** el museo, pero mis padres y yo ya **hemos visto** los monumentos históricos.
5 El mes pasado, **participé** en un proyecto de protección del medioambiente que **fue** muy interesante.
6 **Ayudé** a limpiar las calles de mi barrio y lo **hice** porque **había** demasiado plástico por todas partes.

> The **imperfect continuous tense** is used to describe what people were doing in the past. To form this tense, use the imperfect of *estar* and the *present participle* (**-ando** or **-iendo**). See Módulo 7, Unit 2 to revise this past tense.

 8 Translate each sentence from exercise 7 into English.

 9 Complete these sentences by replacing the highlighted <u>infinitives</u> with the correct past tense verbs.

1 Antes <u>estudiar</u> ciencias, pero ahora estudio lenguas.
2 El sábado pasado mis padres y yo <u>ir</u> al palacio y luego <u>cenar</u> en un restaurante argentino.
3 Todavía no <u>visitar</u> todos los sitios turísticos de mi ciudad.
4 Ayer mis amigos y yo <u>hacer</u> un vídeo sobre el uso del plástico para nuestro proyecto escolar.
5 El verano pasado <u>trabajar</u> en un supermercado con mi prima en el centro de la ciudad.
6 El fin de semana pasado <u>organizar</u> un evento para mi comunidad.

 10 Rewrite the following text in the past. Change all the present tense verbs into the preterite or imperfect tense.

> **Voy** al cine para trabajar. **Limpio** las sillas y también **paso** tiempo en la caja. Luego mi amiga y yo **vamos** al centro comercial para tomar algo. La cafetería **es** bastante grande y **hay** mucha gente allí. **Vuelvo** a casa y **leo**. Después **hago** mis deberes y **escucho** música.

> Remember to use the imperfect tense for descriptions in the past, but the preterite tense for completed actions in the past.

doscientos nueve **209**

Módulos 1–8 Repaso de gramática

Giving opinions (pages 109 and 157)

Leer 1 Use different opinion phrases and the phrases below to give opinions about how to help your community. Then translate each opinion into English.

Example: Es importante ser responsable. → It's important to be responsible.

- Me importa …
- Es importante …
- Pienso que se debería …
- Me interesa …
- Creo que debemos …
- En mi opinión, hay que …

1 ayudar a los ancianos
2 proteger a los animales
3 ser responsable
4 dar dinero a buenas causas
5 llevar alimentos a los bancos de comida
6 luchar contra el racismo
7 proteger los derechos de las personas transgénero

Try to learn these opinion phrases so that you can use them in your speaking and writing answers. These will add complexity and, if used correctly, may enable you to score more highly.

Leer 2 Read these young people's opinions. Fill in the gaps using the words from the box.

1 En mi zona, creo ▢ el peor problema es la polución de los parques.
2 Hay muchos problemas en mi barrio, pero ▢ que la violencia en las calles es terrible.
3 Para mí, es ▢ proteger a los animales porque muchos están en peligro.
4 Me ▢ las lenguas porque te ayudan a conocer otras culturas y hacer nuevos amigos.
5 En mi ▢, la violencia contra las mujeres existe porque mucha gente todavía no acepta la igualdad.
6 Intento proteger el medioambiente porque me ▢ mucho el futuro de nuestro planeta.

interesan
importante
pienso
importa
que
opinión

Escribir 3 Can you write <u>four</u> opinions of your own? Use the sentences in exercises 1 and 2 as models.

Combining tenses (pages 40, 91, 159, 162 and 182)

Leer 4 Complete the sentences by selecting the correct verb in brackets.

1 Mi familia y yo ▢ (*vivimos / vivo*) en un pueblo pequeño en el norte de nuestro país pero antes ▢ (*vivimos / vivíamos*) en un piso moderno en la capital.
2 Hace dos años ▢ (*cambiamos / cambias*) de casa porque en ese tiempo ▢ (*hay / había*) mucha violencia en los barrios.
3 Ahora yo ▢ (*vivo / viví*) en el campo porque ▢ (*era / es*) un sitio seguro y tranquilo.
4 El mes pasado ▢ (*tengo / tuve*) la oportunidad de ir a un concierto en la capital y ▢ (*fue / es*) una experiencia emocionante.
5 En el futuro ▢ (*vivo / viviré*) en un pueblo y me ▢ (*gustaría / gusta*) comprar una casa bonita.

It is important to invest time in learning verbs and endings for different tenses.
- Write out the verb conjugations on flashcards or a computer.
- Focus on the tenses that you find trickier or know less well.
- Practise using the verbs in different sentences to help memorise them.
- Remember to test yourself – or ask someone to test you – regularly, to see if you are retaining the knowledge in your long-term memory.

Repaso de gramática — Módulos 1–8

5 For each question, note down the tense used. Then write your own answers to the questions, using the correct tense(s).

Example: 1 present – Normalmente juego al fútbol con mis amigos en el parque o voy al centro comercial para comer algo.

1 ¿Qué haces durante las vacaciones?
2 ¿Qué has hecho en tu zona recientemente?
3 En tu opinión, ¿cómo es un buen amigo?
4 ¿Qué haces en casa para cuidar el medioambiente?
5 ¿Cómo era tu zona antes?
6 ¿Qué hiciste para mejorar tu salud la semana pasada?
7 ¿Cómo cambiarías tu instituto?
8 ¿Cómo será el mundo del trabajo en el futuro?

> Use the words in the question to help you formulate the start of your answer each time. However, be careful with the verb endings and pronouns.

6 Translate the following text into Spanish.

> Take care with the word 'have' in this past tense phrase.

> I think that **I have learned** a lot at school and **I am looking forward to** finishing my exams. **I am going to continue** with my studies, but **I am going to work** on Saturdays as well. **Last summer,** I earned money in a restaurant and it was fun.

> Can you remember the expression with *tener* for this? It is followed by an infinitive!

> Is the phrase 'going to' translated by using the near future or the simple future tense?

> Which tense will you need after this time reference?

Talking about other people (pages 56, 57, 58, 59, 60 and 61)

7 Match the Spanish sentences with their English translations.

1 Muchas personas tienen hambre.
2 Siempre usa el transporte público.
3 Perdió el autobús y llegó tarde a la entrevista.
4 Me hicieron reír mucho.
5 Hoy han comido mucha comida buena.
6 Ayer perdiste tu móvil.

A He always uses pubic transport.
B Yesterday you lost your phone.
C They made me laugh a lot.
D She missed the bus and arrived late to the interview.
E Today they have eaten lots of good food.
F Lots of people are hungry.

8 This text has been translated, but the verbs are missing. Change the <u>infinitives</u> into the correct tense and person of the verb.

> Normally, Juan goes swimming, but today he played basketball. Tomorrow Juan and Nadia are going to travel by train to see some friends who live on the coast. Juan wants to swim in the sea, but Nadia is keen to visit the famous castle.

> Normalmente, Juan <u>hacer</u> natación, pero hoy <u>jugar</u> al baloncesto. Mañana Juan y Nadia <u>ir</u> a viajar en tren para ver a unos amigos que <u>vivir</u> en la costa. Juan <u>querer</u> nadar en el mar, pero Nadia <u>tener</u> ganas de visitar el castillo famoso.

doscientos once 211

Módulo 1 ¡A repasar!

Refresh your memory! Look back through Módulo 1 and note down <u>three</u> more nouns under each of these categories. Then write a sentence for each noun identified.

Example: el fútbol ⟶ *Soy aficionado al fútbol porque es divertido.*
- Los deportes: el fútbol, …
- Los pasatiempos: la música, …
- Películas y programas de televisión: las comedias, …

Refresh your memory! Listen to Ana describing her hobbies. Complete the sentences by selecting the correct letter. (1–4)

1 Ana's favourite hobby is …
   A reading.   B sport.   C singing.
2 She swims on …
   A Fridays.   B Sundays.   C Saturdays.
3 She sometimes …
   A chats online. B plays video games. C sends emails.
4 With her sister she …
   A went to the beach. B went to the cinema. C watched TV.

Refresh your memory! Translate these sentences about the advantages and disadvantages of using mobile phones **into English**.

a Muchas aplicaciones no son privadas.
b Siempre busco información en Internet porque es rápido.
c Mi móvil es útil y me gusta leer noticias.
d Muchas personas juegan demasiado a los videojuegos.
e Es fácil pasar muchas horas delante de la tele.
f Uso muchas aplicaciones para estar en contacto con mi familia.

Listen to a young person talking about his phone. What does he use it for? Write down the letter (A–F) for each of the <u>three</u> correct statements.

A	messaging
B	music
C	video games
D	online shopping
E	social media
F	photos

Listen to the whole recording before choosing your answers, and pay attention to the detail in each sentence. You may hear the word *compras* mentioned, but does this mean that D is one of the correct choices?

Escuchar 5 You are going to hear someone talking about their hobbies. Sentences 1–3: write down the missing words for each gap. For each gap, you will write one word **in Spanish**. (1–3)

1 Me ___ practicar ___.
2 Las redes ___ son ___.
3 Siempre ___ las películas ___.

Sentences 4–6, write down the full sentences that you hear in Spanish. (4–6)

Use your knowledge of the vowel sounds to help you transcribe words correctly. Remember that each vowel sound is always pronounced the same way and usually each vowel is pronounced separately. Practise saying these words:
asoci**a**ción r**e**ci**e**nt**e** comp**e**t**i**ción p**e**ri**ó**dic**o** m**u**ltic**u**lt**u**ral

These dictation tasks are worth 10 marks and you will need to write 19–20 words correctly to score this top mark.

Leer 6 Read Luis's review of a music concert. Complete the gap in each sentence by writing a word from the box below.

El mes pasado compré tres entradas en línea para ver a mi banda favorita, y finalmente ayer mis amigos y yo fuimos al concierto.

Normalmente prefiero escuchar música en mi casa. Hace dos meses fui al estadio a ver a un cantante famoso y fue terrible.

Ayer la banda comenzó con una canción nueva y toda la gente en el parque cantó. Mañana, en el colegio, voy a mostrar las fotos que hice de la banda.

mostrar   to show

a Luis and his friends went to a concert ___.
b Luis was not impressed by the singer at the ___.
c Everyone sang in the ___.

last week   last month   yesterday
house   stadium   park   school

Leer 7 Translate the following sentences **into English**.

a Me gusta tener pasatiempos interesantes.
b Juego en mi videoconsola cada día.
c A veces uso aplicaciones en mi móvil.
d Ayer vi una película de aventura en casa.
e Mañana mis amigos y yo queremos comprar libros nuevos.

Escribir 8 Prepare your description of the photo. Write <u>four</u> short sentences **in Spanish**.

When describing a photo, think about what you know how to say. You can comment on location, people and activity:
• say where the family is (*Hay una familia en el …*)
• say how many people there are (*Hay… personas*)
• say what they are doing (*La familia juega al…*).

doscientos trece

Módulo 2 ¡A repasar!

1 **Refresh your memory!** Copy and complete these sentences with a word from the box, and then translate them **into English**.

Example: Prefiero viajar en <u>tren</u> porque es más barato.
I prefer to travel by train because it is cheaper.

1 ¿Adónde te ▢ ir de vacaciones?
2 Quisiera una ▢ para cinco personas, por favor.
3 Me quedé en un hotel y estaba muy ▢.
4 En ▢ voy a la playa con mi familia.
5 Cuando fui a Valencia ▢ de los monumentos.
6 El año próximo voy a ir al extranjero con mi ▢.

> disfruté   mesa   novia
> verano   limpio   gustaría

2 **Refresh your memory!** Listen to Karima talking about a recent holiday. What does she say about the campsite? Note down:

★★★ <u>three</u> facilities at the campsite
★★ <u>two</u> points about the location
★ <u>one</u> problem she had

3 **Refresh your memory!** Divide your page into <u>four</u> different sections with the following verb tense headings. Find at least <u>four</u> phrases for each tense and write them in the relevant section. Look back at Módulo 2 to help you.

- Present tense (pages 30–31)
  Hay una playa.
  Es tranquila.

- Preterite tense (pages 36–37)
  Fui a Vigo.
  Tuve un accidente.

- Imperfect tense (pages 38–39)
  El hotel era barato.
  La ventana estaba rota.

- Near future tense (pages 40–41)
  Voy a ir a Málaga.
  Voy a viajar en avión.

4 Indra, Miguel and Jorge are talking about holidays. What do they say? Listen to the recording and write A, B or C for each question.

a On holiday, Indra stayed in a hotel ...
   A on the coast.   **B** in the town.   **C** in the countryside.

b On Miguel's outing, the ...
   A weather was bad.   **B** weather was good.   **C** beach was dirty.

c Jorge wants to visit ...
   A the city.   **B** the coast.   **C** the mountains.

> Think about key vocabulary you will need to listen out for to identify the correct answer. You would expect to hear *la costa, la playa* or *el mar* for the first option of question 1.

5 Read Antonio's description of the Day of the Dead festival and write down the three correct letters.

Ayer mi familia celebró el Día de los Muertos. Mi padre y yo pusimos muchas flores en las tumbas y luego bailamos en las calles. Me encanta porque es un festival mexicano pero también es popular en muchos otros países. A mi familia le encanta la comida tradicional de ese día.

las tumbas — graves

Antonio ...

A celebrated with his friends.	D does not like dancing.
B went with his dad to lay flowers.	E says it is a festival popular in lots of places.
C did not enjoy the festival.	F and his family love the traditional food.

6 Look at the role-play card and prepare what you are going to say.

Setting: At a campsite

Scenario:
- You are at a campsite in Spain and you speak to an employee.
- The teacher will play the part of the employee and will speak first.
- The teacher will ask questions **in Spanish** and you must answer **in Spanish**.
- Say a few words or a short phrase/sentence for each prompt. One-word answers are not sufficient to gain full marks.

Task:
1. Say for how long you want to stay.
2. Say how many people.
3. Say an activity you want to do.
4. Give your opinion about the area.
5. Ask a question about facilities.

For the fifth part of the role play, you can ask about a specific facility **or** you can ask about what there is in the campsite. Look at the example questions below. Write down two other questions you could ask. You will have preparation time before your speaking exam where you can note down the questions you want to ask during the role play task.

¿El camping tiene piscina?
¿Qué hay en el camping?

7 Practise what you have prepared. Then, using your notes, listen and respond to the teacher.

8 Paula, your friend, has contributed to a blog about Spanish New Year. Read out the text below. Then listen and check your pronunciation.

La Nochevieja es maravillosa.
Generalmente como muchos platos típicos.
Cada año salimos a las calles con energía.
Es relajante volver a casa para tomar un chocolate caliente.
Pero muchos jóvenes prefieren disfrutar de la fiesta en un restaurante.

Remember:
- **ll** makes a 'y' sound as in 'canyon'
- **j**, **ge** and **gi** sound like a stronger version of the English 'h'.

Pay attention to these words in the task:
Nochevie**j**a, mara**vill**osa, **ge**neralmente, ca**ll**es, ener**gí**a, rela**j**ante, **j**óvenes.

9 Translate the following sentences **into Spanish**.

a In August I visit different places.
b Normally, we don't stay in a hotel.
c The train is safer than the boat.
d She rests at the beach and takes photos.
e Two years ago we went to the museum.

Módulo 3 ¡A repasar!

1 *Refresh your memory!* Listen to <u>five</u> people describing themselves. Copy and complete the table. (1–5)

	Hair and eyes	Physical description	Character
1	blue eyes, short hair		

2 *Refresh your memory!* Match the questions to the answers and translate them **into English**.

1 ¿Cómo eres?
2 ¿Cómo es tu familia?
3 ¿Quién es tu modelo de conducta?
4 ¿Cómo te llevas con tus amigos?
5 ¿Cómo es tu mejor amigo?
6 ¿A quién sigues?

a Es simpático y es una persona positiva.
b Mi modelo de conducta es Marcus Rashford porque ayuda a otras personas.
c Me llevo bien porque son divertidos y siempre estamos juntos.
d Sigo a la cantante Olivia Rodrigo en las redes porque me gusta su música.
e Es bastante grande y multicultural.
f Soy baja y morena, tengo el pelo largo y soy como mi madre.

3 *Refresh your memory!* Write your own answers to the questions in exercise 2. Look back at Módulo 3 for ideas.

> When revising, build up a bank of questions on each theme. Questions are very important for your speaking assessment. You will need to ask a question as part of your role play task, and for the picture task you will need to answer <u>two</u> unprepared questions and then participate in a conversation.

4 Lola is talking about social media. What does she say? Listen to the recording and write down the word for the gap in each sentence, using a word from the box. There are more words than gaps.

a Lola thinks social media is ▯.
b It is useful for finding out about ▯.
c She likes to follow ▯.

> dangerous   safe   boring
> role-models   artists   singers   friends

5 You are going to hear someone talking about their relationships. Sentences 1–3: write down the missing words for each gap. For each gap, you will write one word **in Spanish**. (1–3)

1 Mi ▯ amigo es ▯.
2 Me ▯ y siempre me ▯.
3 Siempre ▯ actividades ▯.

Sentences 4–6: write down the full sentences that you hear **in Spanish**. (4–6)

> Remember that **ga**, **go** and **gu** are hard 'g' sounds, but **j**, **ge** and **gi** are soft. Watch out for these sounds in dictation tasks.

Leer 6 Read this article on mental health and write the correct letter, A, B or C, for each question.

Algunos jóvenes tienen problemas de salud mental. Siempre están en su cuarto con el móvil y no sacan buenas notas en el colegio. Estos jóvenes deben hablar con un amigo e intentar no pasar tantas horas solos en línea para no sentirse tan *aislados*.

a Some young people have difficulties with …
  A teachers.
  B bullying.
  C their grades.

b These youngsters should aim to …
  A make more friends.
  B spend less time online.
  C talk to their parents.

c Which of these is the best translation for the word *aislados*?
  A excited.
  B isolated.
  C relaxed.

To infer the meaning of an unknown word, make sure you look carefully at the sentence where it appears. Try saying the Spanish word aloud or in your head to see if it sounds similar to an English word.

Leer 7 Translate the following sentences **into English**.

a Soy responsable y muy trabajador.
b Me importa mucho mi identidad.
c Nos llevamos bien y siempre estamos juntos.
d Mi sueño es vivir en un mundo mejor.
e Conocí a mi mejor amigo en el colegio el año pasado.

Escribir 8 Write a blog about friendship. You **must** include the following points:
- a description of a good friend
- your opinion on friends
- what you will do with friends next week.

Write your answer **in Spanish**. Aim to write between 40 and 50 words.

To answer the second bullet point, look back at Unit 3 of Módulo 3. You could start your answer by saying how well you get on with your friends. Then give a reason why and say what you do with your friends.

Módulo 4 ¡A repasar!

1 *Refresh your memory!* Put the following sentences describing healthy or unhealthy habits into a table with the column headings *Costumbres sanas* and *Costumbres malsanas*.

Como verduras, pescado y arroz.

Como carne roja todos los días.

Hago ejercicio antes de dormir.

Me encantan las bebidas con azúcar.

Después de levantarme voy a la piscina.

Para el desayuno como huevos o fruta.

No tomo mucho azúcar.

Si tengo sed, siempre bebo agua.

Si tengo hambre, siempre como chocolate.

Como muchos pasteles.

2 *Refresh your memory!* Create a short paragraph about your own healthy or unhealthy habits by copying or amending the sentences from exercise 1. Use the following time phrases to add detail to each statement.

- ✓ Siempre / todos los días
- ✓ Los fines de semana
- ✓ Todas las tardes / noches
- ✓ Algunos días / fines de semana
- ✓ Algunas tardes / noches
- ✓ Nunca / casi nunca

3 *Refresh your memory!* Listen to these people talking about their meals. For each person, note down (a) the time they eat and (b) what they usually eat (<u>one</u> or <u>two</u> items). Use the words from the box. (1–5)

6.30 a.m.	eggs
1 p.m.	chips
3 p.m.	pasta
6.45 p.m.	fruit
8.30 p.m.	meat
	vegetables

When listening for times, remember the word order is different: listen out for the hour first and then for **y** (minutes past) or **menos** (minutes to).

4 Danny is talking about healthy habits. What does he say? Listen to the recording and answer **in English** under the following headings. You do not need to write in full sentences.

a When he exercises
b How he looks after his mental health
c What he eats

Read these comments from a social media site. Answer the questions by writing the correct name.

Mónika:	Soy vegetariana y tengo una dieta bastante sana, pero a veces como comida malsana, como pasteles.
Vicente	A veces, para el almuerzo como carne o pescado y me gusta la comida tradicional.
Leya	Para la cena como tortilla o carne con verduras ricas pero odio los postres. No me gustan nada los pasteles.

Who …
a eats meat for dinner?
b does not eat meat?
c eats fish for lunch?
d sometimes eats cakes?
e likes vegetables?
f eats omelettes?

Alejandro, your Venezuelan friend, has contributed to a blog about well-being. Read out the text below. Then listen and check your pronunciation.

Casi nunca como pescado.
Bebo demasiadas bebidas con azúcar.
Verdaderamente estoy cansado todo el tiempo.
Para mejorar mi salud física me acuesto temprano cada día.
Después del desayuno y antes de lavarme me gusta correr o hacer deporte.

Remember that **ce** and **ci** are pronounced like 'th' in 'thing' in most of Spain but **ca** is a hard 'k' sound. Pay attention to these letter combinations when reading aloud the text in exercise 6.

Now answer these two questions related to Alejandro's well-being blog.

- ¿Cómo es tu dieta?
- ¿Qué haces para llevar una vida sana?

Prepare this picture task and perform it on your own or with a partner or your teacher.

Prepare your description of the photo.
Your description must cover:

- people
- location
- activity

When you have finished your description, you will be asked **two questions** relating to the picture. Say a short **phrase/sentence** in response to each question. One-word answers will not be sufficient to gain full marks.

Translate the following sentences into Spanish.

a I have a healthy diet.
b I am always hungry.
c I wake up early and have breakfast.
d My friend eats a lot of cakes.
e Last week, I broke my leg in the park.

If you have time during the preparation time, think about what two follow-up questions you might be asked. What questions might be asked about family meals? Look back through Módulo 4 for ideas.

doscientos diecinueve

Módulo 5 ¡A repasar!

1 **Refresh your memory!** Use these sentence starters to write <u>six</u> sentences about your school life. Look back through Módulo 5, and the vocabulary pages, for ideas.

a Para ir al instituto llevo ▭.
b Normalmente voy al instituto ▭ porque ▭.
c Mis clases comienzan ▭ y terminan ▭.
d En la hora de comer como ▭ o ▭.
e Mi asignatura favorita es ▭ porque ▭.
f Después del insti ▭ porque ▭.

2 **Refresh your memory!** Write down the word for the gap in each sentence, using a verb from the box. Then match each question to your answers for exercise 1.

Example: 1 *vas b*

1 ¿Cómo ▭ al colegio?
2 ¿Qué ropa ▭ en el insti?
3 ¿Qué asignaturas te ▭?
4 ¿A qué hora ▭ las clases?
5 ¿Qué ▭ en la hora de comer?
6 ¿Qué actividades ▭ después del instituto?

> gustan
> haces
> comienzan
> comes
> llevas
> vas

3 **Refresh your memory!** Listen to these people talking about their school. For each person, note down (a) what they like and (b) what they don't like about it. (1–5)

4 Alba is talking about her school. What does she say? Listen and write A, B or C for each question.

a Alba does not like the …
A rules.
B uniform.
C teachers.

b She would like to have more teachers …
A in class.
B in the playground.
C for older pupils.

c She would also …
A change the bad uniform.
B serve chips each day.
C improve the food.

d She liked the school trip due to the …
A weather.
B price.
C food.

> To help prepare for multiple choice tasks in the exam, before the audio starts, note down next to each answer option, the key Spanish vocabulary you might hear.
>
> Remember that there will be distractors, so you will need to understand full sentences, rather than pick out single words.

Escuchar 5 You are going to hear someone talking about their life at school. Sentences 1–3: write down the missing words for each gap. For each gap, you will write one word **in Spanish**. (1–3)

1 Siempre ▢ de casa ▢.
2 Las ▢ terminan a las ▢.
3 Cuando ▢ voy al ▢ a pie.

Sentences 4–6: write down the full sentences that you hear in Spanish. (4–6)

> Remember that the **ce**, **ci** and **z** are pronounced like 'th' in 'thing' in Spain, and like an English 's' in Latin America. Be careful to transcribe some of these sounds in exercise 5.

Leer 6 Read Amira's blog about exams. What does she say about exams? Write down the correct letter (A–F) for each of the <u>three</u> correct statements.

El blog de Amira

Mis amigas siempre tienen éxito en los exámenes pero para mí son muy difíciles.

Comprendo que son necesarios y sé que es importante repasar. Siempre paso mucho tiempo estudiando e intento dormir bien antes de un examen.

El mes próximo tengo un examen de ciencias. Voy a aprender de mis errores y estudiar más porque quiero mejorar mi nivel para aprobar.

repasar   to revise

A Her friends are good at exams.	D The next exam is next month.
B She always scores highly.	E To improve she will learn from her mistakes.
C She does not always make a lot of effort.	F She plans to study on a laptop.

Leer 7 Translate the following sentences **into English**.

a Mi asignatura favorita es el español.
b Me encanta la música porque es emocionante.
c El profesor de lenguas me escucha.
d Queremos aprobar el examen de tecnología.
e En noviembre participé en una competición de dibujo.

> When translating, remember to read the whole sentence first before you start, as you will often not need to translate every single word. For example, you will often need to leave out articles ('a', 'the', 'some') as English does not use them as much as Spanish.

Escribir 8 Write an email to your friend in Venezuela about your school. You **must** include the following points:

- what your school is like
- your opinion of a teacher with reasons
- a school trip you went on last year
- what you will do to prepare for exams.

Write your answer **in Spanish**. Aim to write between 80 and 90 words.

> To help answer the final bullet in the near future tense, go back and look at Unit 2 of Módulo 5 for some useful phrases you could use.

Módulo 6 ¡A repasar!

1 *Refresh your memory!* Where is …? Listen to the directions and use the map to write down the name of the place. (1–5)

Example: 1 *El museo*

Directions are often included in lists with prepositions, as they are key to saying where something is located. You use the **imperative** to give directions:

Está a la izquierda.	It's on the left.
Toma *la segunda calle a la derecha.*	**Take** the second street on the right.
Pasa *el puente.*	**Pass** by the bridge.
Cruza *la plaza.*	**Cross** the square.

la fuente — fountain

2 *Refresh your memory!* Translate these perfect tense sentences about a visit to Barcelona.

1 ¿Has visitado Barcelona?
2 Muchas calles han cerrado a los coches en varios barrios.
3 Han abierto muchas tiendas de ropa nuevas.
4 Ya he visto muchos edificios modernos.
5 Mi familia y yo hemos visitado dos museos.
6 Todavía no he viajado en metro.

3 *Refresh your memory!* In pairs, choose <u>two</u> of the following questions and create a vocabulary mind map for each one. Make sure your mind map contains at least <u>eight</u> words or phrases.

- ¿Qué hay en tu región?
- ¿Te gusta ir de compras?
- ¿Dónde prefieres vivir?
- ¿Cómo era tu zona antes y cómo es ahora?
- ¿Qué hiciste ayer en tu región?

¿Qué hay en tu región?
- Hay dos ríos hermosos.
- No hay montañas.
- Es una región con mucha naturaleza.
- En mi pueblo tenemos tres parques enormes.

4 Gaby is talking about their local area. What do they say? Listen to the recording and write A, B or C for each question.

a The shopping centre is quite …
   A modern.   B small.   C expensive.

b Tourists come to visit …
   A new museums.   B clothes shops.   C the castle.

c In the park you can …
   A see the castle.   B have a coffee.   C take exercise.

Módulo 6

5 Read this article about the singer Juanes. Choose the correct letter for each sentence.

Juanes es un cantante colombiano que canta sobre el amor y ha luchado por la paz en Colombia. Mucha gente dice que es un artista muy importante de América Latina. Ahora Juanes vive en Miami, pero le encanta Medellín. En el pasado, había más violencia y menos seguridad, pero ha cambiado mucho y ahora es un lugar **alucinante** con mucha tecnología moderna.

la paz peace

a Juanes sings about ...
  A love.
  B peace.
  C happiness.

b Medellín used to have less ...
  A crime.
  B street drugs.
  C security.

c Which of these is the best translation for **alucinante**?
  A dangerous
  B amazing
  C old-fashioned

6 Marta, your Colombian friend, has contributed to a blog about Medellín. Read out the text below. Then listen and check your pronunciation.

Vivo en las montañas.
Ahora las carreteras son mejores.
Allí arriba hay unas calles maravillosas.
En mi barrio tenemos más posibilidades de trabajo.
Todas las tiendas pequeñas de mi pueblo se encuentran en el sur.

Remember to pronounce **ll** like 'y' in English and to roll the 'r' when you pronounce **rr**. Practise saying the words *carreteras* and *maravillosas* to make sure you are saying each sound correctly.

7 Look at the role-play card and prepare what you are going to say.

Setting: In town

Scenario:
- You are in a town in Spain and ask a passer-by for information.
- The teacher will play the part of the passer-by and will speak first.
- The teacher will ask questions **in Spanish** and you must answer **in Spanish**.
- Say a few words or a short phrase/sentence for each prompt. One-word answers are not sufficient to gain full marks.

Task:
1 Say why you are in the town.
2 Give your opinion of the town.
3 Say what you want to do in the town.
4 Say when you want to do it.
5 Ask for directions for a place in the town.

For the first bullet, you can say that you live in the town (*vivo en...*), that you live near (*vivo cerca de...*) or that you are on holiday (*estoy de...*).

For the question about directions, start with 'Where is...?' and then add a place.

8 Practise what you have prepared. Then, using your notes, listen and respond to the teacher.

9 Translate the following sentences **into Spanish**.

a I live in a beautiful region.
b My town is far from the coast.
c My neighbourhood has lots of shops.
d The library is comfortable and has incredible views.
e Before, there used to be a lot of pollution from the big buses.

doscientos veintitrés

Módulo 7 ¡A repasar!

1 *Refresh your memory!* Complete the slogan with a verb from the box. Then translate each one into English.

1 ¡___ contra el racismo!
2 ¡___ dinero para buenas causas!
3 ¡___ en proyectos contra el cambio climático!
4 ¡___ igualdad para las personas con discapacidad!
5 ¡___ los derechos de las mujeres!
6 ¡___ el transporte público!

Usa
Pide
Ayuda
Respeta
Lucha
Da

2 *Refresh your memory!* Copy and complete these sentences about how you protect the environment at home and at school.

1 Intento no usar …
2 Reciclo …
3 Viajo en … porque …
4 Participo en …
5 Ayudo a …
6 En el colegio apagamos …

3 *Refresh your memory!* Listen to these young people talking about different issues. (1–5) For each person, note down (a) <u>one</u> problem they mention and (b) something that they say should be done about it.

4 Listen to Álex, Fátima and Julia talking about the environment. Listen to the recording and answer the questions below **in English**. You do not need to write in full sentences.

a Álex is talking about environmental issues. What does he say?
  (i) What does Álex believe is the worst environmental problem?
  (ii) Why is it happening? (Give <u>one</u> detail.)
b Fátima and Julia are talking about helping the environment. What do they like and dislike about it?
  (i) Fátima Likes: _____ Dislikes: _____
  (ii) Julia Likes: _____ Dislikes: _____

5 You are going to hear someone talking about environmental and social issues. Sentences 1–3: write down the missing words for each gap. For each gap, you will write one word **in Spanish**. (1–3)

1 Hay mucha ___ en las ___.
2 Ayudo con las ___ de ___.
3 Es importante ___ los ___.

Sentences 4–6: write down the full sentences that you hear **in Spanish**. (4–6)

> Remember that the sound **v** is pronounced the same as **b** in Spanish. Therefore, for dictation tasks with words containing these letters, you need to think carefully about their spelling.

Leer 6 Natalia and Diego are friends who care about environmental issues. Read their comments in a blog. Write your answers **in English**. You do not need to write in full sentences.

> **Natalia:**
> Hago mucho para ayudar en mi comunidad. Llevo comida a los bancos de comida y compro ropa de segunda mano.
>
> También siempre pienso en el medioambiente e intento no usar plástico.

a Natalia
  (i) One activity she does to help her community
  (ii) One way she helps the environment

> **Diego:**
> Mi colegio piensa que es esencial hacer algo. Nunca tiramos nada si se puede reciclar y siempre reciclamos el papel.
>
> En mi opinión, se debería proteger la naturaleza de mi zona y limpiar las playas.

b Diego
  (i) One action Diego's school takes
  (ii) One thing that should be done

Leer 7 Translate the following sentences **into English**.

a Siempre hace buen tiempo.
b Nunca tiramos comida buena.
c Ayudamos a limpiar los parques sucios.
d Luchar contra el racismo es esencial.
e El mes pasado mi hermano participó en un nuevo proyecto.

> When translating, accents on verbs are important, as they can help identify a preterite tense verb. Remember that verbs ending in **-o** are in the 'I' form of the present tense, but **-ó** at the end of a verb is the 'he/she' form of the preterite tense.

Hablar 8 Prepare this picture task and perform it on your own or with a partner or your teacher.

> Prepare your own description of the photo.
> Your description must cover:
> • people   • location   • activity.
>
> When you have finished your description, you will be asked **two questions** relating to the picture. Say a short **phrase/sentence** in response to each question. One-word answers will not be sufficient to gain full marks.

> Try not to use the preparation time for speaking tasks to translate whole phrases word for word, but instead start by thinking of what you **can** say. For this photo, as a starting point, write down all the words and phrases that come to mind about volunteering in a food bank.

Módulo 8 ¡A repasar!

 1 **Refresh your memory!** Listen to the interview for a summer job. Note down, **in English**, the candidate's replies to each different interview question. (1–4)

 2 **Refresh your memory!** Look back at Módulo 8, then write out and complete these sentences about studying, work and the future.

1 En el futuro me gustaría …
2 También tengo ganas de …
3 El año próximo voy a …
4 Si apruebo mis exámenes, quiero …
5 Si tengo bastante dinero, iré a …
6 Aprender otras lenguas te ayuda a …

 3 **Refresh your memory!** With a partner, read aloud your sentences from exercise 2 to each other. Then translate your partner's sentences **into English**.

 4 Pilar, Lin and Omar are talking about their future plans. What do they say? Listen and write A, B or C for each question.

a Pilar wants to …
 A keep studying.
 B work with animals.
 C earn a good salary.

b Pilar would like to live in …
 A the city.
 B the countryside.
 C a town.

c If he is successful, Omar plans to …
 A study languages.
 B get a job.
 C go to university nearby.

d Lin is going abroad to …
 A work.
 B study.
 C travel.

In this task, you need to listen carefully to the meaning of the <u>whole</u> sentence before choosing an answer. Before starting, use the answer options to help you think about the key vocabulary you need to listen out for.

 5 Javier, your Colombian friend, has written about jobs. Read out the text below. Then listen and check your pronunciation.

Trabajo en un hospital.
Mi jefa española es organizada.
Es importante tener un trabajo variado.
Para tener éxito, hay que prepararse bien.
He trabajado en una tienda y aprendí mucho.

Look out for consonants which are pronounced differently in Spanish. Pay particular attention to letters such as **h, j, ñ** and **z**. See pages 230–231 for more information.

6 Read this article about jobs in Spain.

Desafortunadamente, ahora muchos jóvenes se preparan bien y pasan mucho tiempo buscando empleo, pero no es fácil tener éxito. Más de veinticinco por ciento de los jóvenes españoles no trabajan. Estos jóvenes ganarán salarios más bajos y algunos no tendrán las mismas oportunidades, como viajar al extranjero.

Paula, una joven que vive en Madrid, dice:

Mi pasión es la cocina y he trabajado en varios restaurantes durante las vacaciones de verano. Saqué buenas notas en los exámenes, pero ahora no encuentro nada. Mi sueño es trabajar en una oficina o para una compañía de moda.

el empleo employment

a Complete the gap in each sentence by choosing a word from the box. There are more words than gaps.
- (i) Young people find job hunting ___.
- (ii) More than 25% of Spanish young people do not ___.
- (iii) Some will not be able to ___.

> boring   easy   difficult
> work   keep studying   travel   get married

b Write the correct letter.
- (i) Paula loves to ...
  - A cook.
  - B sunbathe.
  - C study.
- (ii) She has worked in lots of ...
  - A countries.
  - B restaurants.
  - C offices.

c Answer the questions **in English**. You do not need to write in full sentences.
- (i) How did she do in her exams?
- (ii) What does she want to do? (Give <u>one</u> detail.)

7 Translate the following sentences **into Spanish**.

- a I work outside.
- b She is a practical and hard-working person.
- c He gets on well with my boss in the café.
- d I would like to be a police officer as I am responsible.
- e I am against new technologies because they are dangerous.

8 Write a letter to your friend about your future plans. You **must** include the following points:
- what type of person you are
- your opinion of working from home
- what you did last year to earn money
- what you are going to do next year.

Write your answer **in Spanish**. Aim to write between 80 and 90 words.

> Look back at Unit 4 of Módulo 8. Remember that you do not need to be truthful. For the third bullet, you can say you worked somewhere even if you did not!

doscientos veintisiete

Conversation questions

You can use these questions to help you prepare for two different sections of the speaking exam:
- the questions which follow on from the **read aloud task**
- the questions that you will be asked during the **picture task**.

In the **read aloud task** there are two follow-up questions. For each of these, a few words or a short phrase/sentence is required in answer to questions about likes, dislikes, preferences and opinions.

In the **picture task** there are follow-up questions relating to the theme of the picture, followed by a more general conversation in which you have the opportunity to show the examiner that you know a range of structures and tenses in Spanish.

Módulo 1 (pages 6–29)

Thematic context: Media and technology
1. ¿Qué haces en tu móvil normalmente?
2. ¿Cuánto tiempo pasas en tu móvil/ordenador/portátil?
3. ¿Qué aplicaciones usas?

Thematic context: My personal world
4. ¿Qué actividades te gustan o no te gustan?
5. ¿Qué deportes/actividades haces en tu tiempo libre?
6. ¿Eres miembro de un club o equipo?
7. ¿Qué te gusta hacer en tu tiempo libre?
8. ¿Qué vas a hacer el fin de semana próximo?
9. ¿Qué hiciste el fin de semana pasado?
10. Describe un día fatal. ¿Qué pasó?

Módulo 2 (pages 30–53)

Thematic context: Travel and tourism
1. ¿Adónde te gustaría ir de vacaciones?
2. ¿Qué te gustaría hacer allí?
3. ¿Cómo te gustaría viajar? ¿Por qué?
4. ¿Qué fiesta (española) recomiendas? Describe la fiesta.
5. ¿Qué haces en verano normalmente?
6. ¿Adónde fuiste de vacaciones el año pasado?
7. ¿Qué hiciste el primer día / el último día?
8. ¿Dónde te quedaste?
9. ¿Cómo era el hotel / el camping?
10. ¿Adónde vas a ir de vacaciones el año próximo?

Módulo 3 (pages 56–79)

Thematic context: Media and technology
1. ¿Qué haces en las redes sociales? ¿Por qué te gustan?
2. ¿A quién sigues en las redes sociales?
3. ¿Qué piensas de las redes sociales?

Thematic context: My personal world
4. ¿Cómo eres?
5. ¿De qué color tienes los ojos? ¿Cómo tienes el pelo?
6. ¿Cómo es tu familia?
7. ¿Cómo te llevas con tus amigos? ¿Por qué te gustan?
8. ¿Cómo es la personalidad de tu mejor amigo/a?
9. ¿Qué hiciste con tus amigos el fin de semana pasado?
10. ¿Qué vas a hacer con tus amigos el fin de semana próximo?

Módulo 4 (pages 80–103)

Thematic context: Lifestyle and wellbeing
1. ¿Qué comida de España o Latinoamérica te gustaría comer? ¿Por qué?
2. ¿Qué haces en un día normal durante la semana? ¿Y los fines de semana?
3. ¿Prefieres los días normales o los fines de semana? ¿Por qué?
4. ¿Qué tomas para el desayuno / la comida / la cena?
5. ¿Cómo es tu dieta?
6. ¿Cómo era tu día normal cuando tenías [seis] años?
7. ¿Qué te gustaba comer y beber cuando eras niño/a?
8. ¿Cómo era tu estilo de vida antes?
9. ¿Qué harás para tener buena salud física y mental en el futuro?
10. ¿Qué beberás y comerás para tener una dieta sana en el futuro?

Speaking exam revision

How to prepare:
- Read through the questions to check you understand them. Focus on the question words (like ¿Qué? ¿Cómo? ¿Dónde? etc.).
- Check the verbs and time phrases to understand which time frame the question is about.
- Then practise answering the questions using full sentences.
- Think about how you could extend your answers by giving a reason, or a variety of time frames, particularly for answering questions during the **picture task** conversation.

Ways to extend your answers:
- Join together ideas with connectives: *y, pero, también* ...
- Add in opinions and justify them: *me gusta / odio ... porque* ...
- Add in examples of recent activities in the past tenses.
- Add in examples of future plans using a future tense.

Módulo 5 (pages 104–127)

Thematic context: Studying and my future
1. ¿Cómo es tu instituto?
2. ¿Qué ropa llevas en el insti?
3. ¿Cómo vas al instituto?
4. ¿Qué actividades extraescolares haces?
5. ¿Qué hiciste recientemente con el club/equipo?
6. ¿Qué asignaturas te gustan o no te gustan? ¿Por qué?
7. ¿Qué vas a hacer para mejorar en el futuro?
8. ¿Cómo cambiarías tu instituto?
9. ¿Cómo sería tu profesor(a) perfecto/a?
10. ¿Adónde fuiste con tu insti el año pasado? ¿Qué hiciste?

Módulo 6 (pages 132–155)

Thematic context: My neighbourhood
1. ¿Qué hay en tu región/zona?
2. ¿Cómo es tu pueblo/ciudad? ¿Qué cambiarías?
3. ¿Te gusta [tu zona]? ¿Por qué (no)?
4. ¿Prefieres ir al centro comercial o a las tiendas de tu barrio? ¿Por qué?
5. ¿Qué cosas te gusta comprar por Internet y por qué?
6. ¿Qué haces con tus amigos en [tu zona] normalmente?
7. ¿Qué hiciste en [tu zona] ayer?
8. ¿Cómo era [tu zona] antes?
9. ¿Qué vas a hacer en [tu zona] el fin de semana próximo?
10. ¿Qué cambiarías en [tu zona]?

Módulo 7 (pages 156–179)

Thematic context: My neighbourhood
1. ¿Qué haces para ayudar en tu comunidad o en la sociedad? ¿Por qué lo haces?
2. ¿Qué hiciste en el pasado para ayudar a otras personas?
3. ¿Qué tiempo hace normalmente en tu ciudad en verano?
4. ¿Qué tiempo hizo en tu región el invierno pasado?
5. ¿Qué haces para ayudar al medioambiente en casa?
6. ¿Qué cosas hacéis en tu colegio para ayudar (al medioambiente)?
7. ¿Y en el pasado? ¿Qué hiciste para ayudar?
8. ¿Y en el futuro? ¿Qué vas a hacer para proteger el planeta?
9. ¿Qué problema del mundo/planeta es peor? ¿Por qué?
10. ¿Qué se debería hacer?

Módulo 8 (pages 180–205)

Thematic context: Studying and my future
1. ¿Qué planes tienes para el año próximo?
2. ¿Qué vas a hacer después?
3. ¿Qué haces para ganar dinero?
4. ¿Qué otra experiencia de trabajo tienes?
5. ¿Qué tipo de persona eres?
6. ¿Dónde quieres trabajar?
7. ¿Qué lenguas hablas?
8. ¿Por qué es importante aprender otras lenguas?
9. En tu opinión, ¿qué vamos a hacer en los próximos diez años?
10. ¿Cuál es tu opinión de la inteligencia artificial?

doscientos veintinueve **229**

Spanish phonics

Here is a list of all the sounds that you need to understand and produce. The **SSCs** (Sound Symbol Correspondences) will be assessed in the **read aloud** and **dictation** tasks.

The **read aloud** task will be the first task in your speaking exam. You will have **14** minutes' preparation time for the whole speaking exam, including this task and a further minute in the exam room. The task will contain **five** sentences (35–40 words) from a specific thematic context.

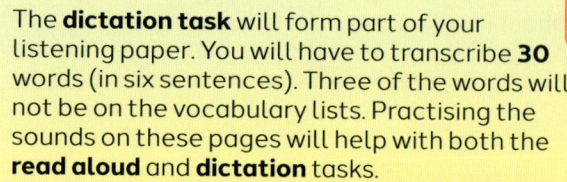

The **dictation task** will form part of your listening paper. You will have to transcribe **30** words (in six sentences). Three of the words will not be on the vocabulary lists. Practising the sounds on these pages will help with both the **read aloud** and **dictation** tasks.

Sounds	Key words and other examples	Pages with a focus on this sound	Further examples to practise
a	n**a**d**a** **a**mig**a**	page 7 page 183 page 213	Me gust**a** l**a** n**a**t**a**ción **a**l **a**ire libre. Soy **a**lt**a** y simp**á**tic**a** y llevo g**a**f**a**s. ¿H**a**s **a**pag**a**do l**a**s luces?
o	n**o** d**o**s	page 7 page 183 page 213	Est**o**s muse**o**s s**o**n m**o**dern**o**s. Es**o**s peri**ó**dic**o**s s**o**n buen**o**s. N**o** aguant**o** l**o**s siti**o**s peligr**o**s**o**s.
e	**e**st**e** **e**spañol**e**s	page 7 page 183 page 213	**E**s una s**e**ri**e e**urop**e**a y dif**e**r**e**nt**e**. **E**s h**e**t**e**rosexual y vive **e**n Sudam**é**rica. H**e**mos c**e**l**e**brado una c**e**na **e**sp**e**cial.
i	d**i**vert**i**do **i**nteresante	page 7 page 183 page 213	Es una trad**i**c**i**ón h**i**stór**i**ca e **i**ncre**í**ble. M**i** libro t**i**ene c**i**ento d**i**ec**i**s**i**ete pág**i**nas. Rec**i**b**í** m**i** pr**i**mer mensaje de m**i** t**í**o.
u	**u**no instit**u**to	page 7 page 113 page 183 page 213	Disfr**u**to m**u**cho de la m**ú**sica pop**u**lar. Alg**u**nos est**u**diantes disc**u**ten m**u**cho. L**u**cho por **u**n m**u**ndo j**u**sto y c**u**lt**u**ral.
ll	**ll**evar ca**ll**e	page 35 page 223	Es una si**ll**a amari**ll**a. El casti**ll**o tiene deta**ll**es bonitos. Los caba**ll**os **ll**egan a las ca**ll**es.
ch	escu**ch**ar **ch**icos	page 14 page 81	Como **ch**ocolate y bebo le**ch**e por la no**ch**e. Estas **ch**icas lu**ch**an por sus dere**ch**os. Escu**ch**amos canciones y **ch**ateamos.
ca	**ca**sa **ca**ra	page 14 page 89 page 157 page 219	**Ca**da día tomo un **ca**fé en el **ca**mpo. En la **ca**ja puedes **ca**mbiar la **ca**misa. **Ca**rca del **ca**mping había un **ca**stillo.
co	**co**mo **co**che	page 14 page 89 page 157	**Co**mo **co**mida rica en el **co**legio. Fui a un **co**ncierto clási**co** en la **co**sta. Puedes **co**ntar **co**n tus amigos simpáti**co**s.
cu	**cu**ltura pelí**cu**la	page 14 page 89 page 157	Para mi **cu**mpleaños voy de ex**cu**rsión. Me encanta des**cu**brir pelí**cu**las **cu**banas. Me preo**cu**po si no es**cu**cho en clase.
cu + vowel	**cua**ndo re**cue**rdo	page 14 page 89	¿**Cuá**ntos **cua**rtos hay en tu casa? Estoy de a**cue**rdo con **cua**renta personas. La comida **cue**sta cin**cue**nta y **cua**tro euros.
ce	**ce**ntro **ce**rca	page 14 page 104 page 219 page 221	A ve**ce**s hay que **ce**lebrar o ha**ce**r una fiesta. Las tiendas **ce**rcanas están **ce**rradas. Enton**ce**s tomamos la **ce**na en el **ce**ntro.
ci	gra**ci**as con**ci**erto	page 14 page 104 page 219 page 221	En la ofi**ci**na fue fá**ci**l re**ci**clar todo. Los edifi**ci**os en la **ci**udad están su**ci**os. No es difí**ci**l encontrar el **ci**ne en la **ci**udad.

doscientos treinta

Speaking exam revision

Sounds	Key words and other examples	Pages with a focus on this sound	Further examples to practise
z	cabeza zona	page 104 page 221	Me duelen la cabeza y el brazo. En mi zona hay una plaza. Soy feliz porque compré zapatos azules.
que	porque quedar	page 39	¿Quedamos en el bosque pequeño? ¿Por qué quedas a las dos? Queremos comer queso porque es rico.
qui	equipo tranquilo	page 39	Aquí hay quince equipos. Quiero vivir en una esquina tranquila. ¿Quién quiere alquilar un coche?
ga	ganar llegar	page 187 page 216	Mi amiga, que es vegana, llega ahora. Pueden jugar en este lugar. Mi madre va a llegar con el regalo.
go	tengo luego	page 187 page 216	El domingo hago algo con mi familia. Luego juego a los videojuegos. En agosto los días son más largos.
gu	alguno gustar	page 187 page 216	Me gusta tu casa antigua y segura. Las preguntas no son iguales. Gustavo responde a algunas preguntas.
ge	gente imagen	page 36 page 57 page 187 page 215–216	Es transgénero como mucha gente. Generalmente subo imágenes. Vamos a escoger platos vegetarianos.
gi	región colegio	page 36 page 57 page 187 page 215–216	En mi región somos religiosos. La tecnología ahorra energía. Estudié religión en el colegio.
gue	hamburguesa jugué	page 187	Jugué con Miguel. Apagué el ordenador. Pagué mucho por una hamburguesa.
gui	alguien seguir	page 187	Seguimos a alguien famoso. ¿Tienes muchos seguidores?
j	mujer trabajo	page 36 page 57 page 215	En julio más jóvenes trabajan juntos. Es pelirrojo, bajo y con ojos azules. Durante el viaje jugaron con sus hijos.
ñ	montaña español	page 113	Mañana vamos a España. El gato del señor es pequeño. Al niño le gustaría tomar un baño.
v	vida verdad	page 157 page 224	Prefiero las vacaciones de primavera. Los huevos y las verduras son sanos. Vamos a visitar a nuestros vecinos.
-r- / -r	pero pensar	page 81 page 109	Leer y pronunciar las palabras es duro. Normalmente recuerdo ir a los correos. Quiero reservar una mesa para tres.
rr / r- / -r- (after n, l or s)	cerrar sonreír	page 81 page 109 page 223	El ruido en mi barrio era terrible. Mi perro me hace sonreír. En el restaurante el arroz está rico.
silent h	hola hacer	page 57	Mis hermanos tienen hambre. He hecho una tortilla con ocho huevos. Hemos hablado y hemos comido helados.

1 Listen to and repeat each sound, example word and practice phrase. Make a list of the sounds or words you find most challenging and keep practising them. Then find other words for each sound to test your pronunciation.

Role-play skills

What do I need to know about the role play?
- It is the second part of the speaking exam (after **read aloud**).
- It is worth **ten** marks.
- There are **ten** possible settings.
- The teacher speaks first.
- You will say something for each of the **five** numbered items.
- Speak in the present tense or use a conditional like *me gustaría* (where appropriate).
- You will need to ask **one** question.
- You do not need to use *usted*. You can use the informal *tú* (you) form to ask your question.

Settings

There are **ten** possible role-play settings. You will find examples of role plays in core modules, exam practice pages and the revision module.

Setting
Cinema / theatre / concert hall
Café or restaurant
Hotel
Campsite
Doctor's surgery / hospital
In town
Tourist office
Sport / leisure centre
Shop / market / shopping centre
Train station

Although there are **ten** different settings, many of them require similar vocabulary. Use some of the preparation time to carefully look at each numbered item and work out what you know you can say. Look at the example below and a suggested answer.

Setting: At the campsite

1 Give your opinion about the weather in Spain. →

You might think of a reply in English, such as 'I think the weather in Spain is usually good'. However, you might not remember how to say 'I think' or 'usually', or you might not remember how to use the correct word order. Therefore, keep it simple.

Give an opinion and a weather expression:
Me gusta porque hace sol.

Useful words and phrases

In the speaking exam, make sure you engage with your teacher by greeting them and saying goodbye.
Hola	Hello
Adiós	Goodbye
Gracias	Thank you
¡Hasta luego/pronto!	See you later/soon!

If you don't understand what your teacher is asking, you can ask them to repeat the question.
¿Puedes repetir la pregunta, por favor?
Can you repeat the question, please?

Remember these key phrases when answering questions:
Me gustaría / Quisiera …	I would like …
Quiero …	I want …

Filler words give you time to think (and stop you saying the English filler 'um'). They also make you sound more Spanish!

pues	well/um
bueno	well/um

- Remember to try and stay as calm as possible during this first part of your speaking exam, even though it can feel like a challenging situation.
- Take some deep breaths, check your card as you go through and remember to try and say something for all 5 task points.
- Keep it simple and don't expand your answers once you have answered each task point in full.

Questions

These are a key part of role plays. You will need to ask **one** question. When it comes to the numbered item telling you to ask a question, your teacher will say: *¿Tiene una pregunta?*

Here are some example role-play questions.

> Learn these key question words and phrases:
>
> | | | | |
> |---|---|---|---|
> | *¿A qué hora?* | At what time? | *¿Qué?* | What? |
> | *¿Cómo?* | How? | *¿Quién?* | Who? |
> | *¿Cómo es …?* | What is … like? | *¿Cuál?* | Which? |
> | *¿Cuándo?* | When? | *¿Cuánto …?* | How much …? |
> | *¿Dónde?* | Where? | *¿Por qué?* | Why? |

Settings	Role play example bullet points	Example questions
Tourist office	Ask a question about public transport	¿**Dónde** está la estación de metro? ¿**A qué hora** salen los trenes?
Town	Ask a question about hotels	¿**Hay** un hotel aquí? ¿**Dónde** está el hotel?
Train station	Ask a question about a café	¿**Dónde** está el café? ¿**Qué** comida hay en el café?
Market	Ask a question about the cost	¿**Cuánto** cuesta? ¿**Cuánto** es?
Doctor's surgery	Ask a question about opening times	¿**A qué hora** abre? ¿**A qué hora** cierra?
Campsite	Ask about things to do at the campsite	¿**Hay** una piscina / un gimnasio? ¿**Es posible** jugar al tenis aquí?

Example role play

Setting: At the cinema

Scenario:
- You are at the cinema.
- Your teacher will play the part of the employee and will speak first.
- Your teacher will ask questions **in Spanish**, and you must answer **in Spanish**.
- You are expected to say a few words or a short phrase/sentence in response to each prompt. One-word answers will not be sufficient to gain full marks.

Task:
1 Say how many tickets you want.
2 Say what day you want to see the film.
3 Say where you want to sit.
4 Give your opinion about films.
5 Ask a question about cost.

Teacher: ¿En qué puedo servirle?
Student: Quisiera cuatro entradas.
Teacher: ¿Cuándo quiere ver la película?
Student: Quiero ver la película el domingo.
Teacher: ¿Dónde quiere sentarse?
Student: A la derecha.
Teacher: Vale. ¿Te gustan las películas?
Student: Me encantan las películas de aventura.
Teacher: ¿Tiene una pregunta?
Student: ¿Cuánto es?
Teacher: Son treinta y cinco euros.

doscientos treinta y tres

Picture task with conversation

The **picture task** is the final part of your speaking exam and is made up of **three** parts. Before your speaking assessment, you will select **one** thematic context from a choice of two of the six thematic contexts.

Thematic contexts:
- My personal world
- Lifestyle and wellbeing
- My neighbourhood
- Media and technology
- Studying and my future
- Travel and tourism

1 Picture description → **2 Two unprepared follow-up questions** relating to the photo → **3 A broader conversation** (between 3 and 3½ minutes) covering the wider thematic context

Picture description

During your preparation time, **PLAN** how you are going to describe the picture you have selected.

People — Who can you see?
Location — Where are they?
Activity — What are they doing?
Now check your accuracy carefully.

Check:
- verbs
  - regular or irregular?
  - 'he/she' or 'they'?
  - *ser* or *estar*?
- indefinite articles (**un**/**una**/**unos**/**unas**)
- definite articles (**el**/**la**/**los**/**las**)
- adjective agreements.

En la foto En primer plano En segundo plano En el centro Al fondo A la derecha A la izquierda	hay	un chico / una chica. un hombre / una mujer. una persona con discapacidad. tres [personas/jóvenes/mujeres]. much**a** gente. much**os** [niños/alumnos/adultos]. much**as** [niñas/mujeres].
Creo que es		una familia / un grupo de [amigos]. el padre / la madre.
[El hombre] [La chica]		es [alt**o**/**a**] y tiene el pelo … → page 59 lleva [una camiseta negr**a**] y… → page 126

Creo que Pienso que En mi opinión,	está están	en	casa/clase. el campo/instituto/trabajo. la calle/playa. un parque / centro comercial. una oficina/tienda.
			al aire libre / de vacaciones.
			es verano/invierno porque [hace sol]. → page 30

El [chico] La [profesora]	está	aprendiendo … comiendo … escuchando …	jugando … leyendo … trabajando …
Los [dos clientes] Las [tres personas]	están	haciendo … hablando.	sonriendo. paseando.

 To say what people are doing, use the **present tense** or the **present continuous** (*estar* + present participle).
bail**a(n)** → est**á(n)** bail**ando**
beb**e(n)** → est**á(n)** beb**iendo**

 You will gain marks for developing your ideas and for accurately using a wide range of relevant vocabulary and grammatical structures.

Speaking exam revision

Example picture task (Thematic context: Travel and tourism)

Picture 1

Picture 2

Describe **ONE** of these pictures. Your description must cover:
- people
- location
- activity.

When you have finished your description, your teacher will ask you **two questions** relating to your chosen picture. You are expected to say a **few words** or a **short phrase/sentence** in response to each question. One-word answers will not be sufficient to gain full marks.

You will then move on to a **conversation** on the broader thematic context of **Travel and tourism**.

During the conversation, your teacher will ask you questions in the present, past and future tenses. Your responses should be as **full and detailed** as possible.

Follow-up questions

Keep answers **simple** for this part of the exam. There are no marks for using complex language or extended answers. Your priority is to produce **accurate** language. Pay attention to question words and keep your answers short and simple.

The follow-up questions are usually in the **present tense**.
What do these questions mean? How would you begin your answer?
¿Qué haces [con tu familia en verano]?
¿Qué [comes para estar sano/a]?
¿Cuánto tiempo [pasas con tus amigos]?
¿Para qué usas [tu móvil]?
¿Cómo [vas al instituto]?
¿Con quién [haces deporte]?

At least one of the follow-up questions asks for your opinion. Sometimes this uses the phrase ¿**te gustaría ...?** ('would you like ...?')
What do these questions mean? How would you begin your answer?
¿Qué piensas de [la natación]?
¿Cuál es tu opinión sobre [los exámenes]?
¿Qué prefieres [beber]?
¿Dónde te gusta [ir de compras]?
¿Adónde **te gustaría** [ir de vacaciones]?
¿**Te gustaría** [trabajar en una tienda]?

Conversation

How can I do my best in the conversation?

Your teacher will start by asking you about a topic relating to the picture.

Listen to the questions and take care with how you start each answer. Are you using the correct tense?

If you make a mistake, just correct yourself. If you want your teacher to repeat a question, ask ¿Puede repetir, por favor?

Use the example questions on pages 228–229 to practise answers to questions you might be asked.

Examples of complex language include:
- a wide range of tenses
- connectives (to link different phrases)
- negatives (e.g. *no, nunca*)
- comparatives (e.g. *más ... que*)
- verbs followed by the infinitive (e.g. *hay que ...*)
- *si* clauses.

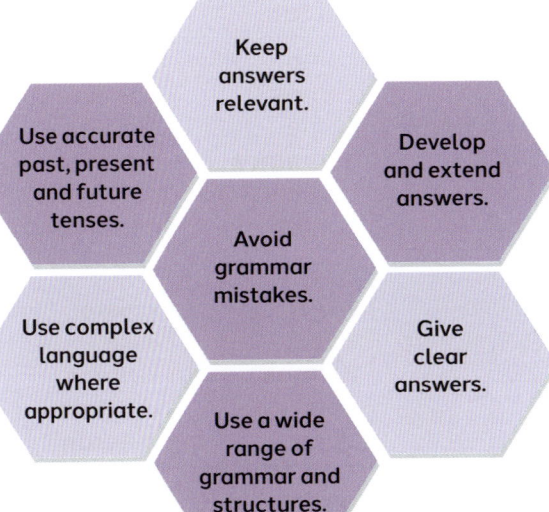

- Keep answers relevant.
- Develop and extend answers.
- Use accurate past, present and future tenses.
- Avoid grammar mistakes.
- Give clear answers.
- Use complex language where appropriate.
- Use a wide range of grammar and structures.

doscientos treinta y cinco

Verb tables

Tenses

See the following pages for more details of each tense:

- **the present tense** → page 18
- **the preterite tense** → pages 21 and 44
- **the imperfect tense** → pages 45 and 86
- **the simple future tense** → page 90
- **the conditional tense** → page 117

To form the **near future tense**, use the present tense of *ir* + *a* + infinitive. → page 20

> **Subject pronouns** are normally only used for emphasis in Spanish, because the verb ending usually shows who is doing the action:
>
> | | |
> |---|---|
> | yo | I |
> | tú | you |
> | él/ella/usted | he/she/you (polite singular) |
> | nosotros/as | we |
> | vosotros/as | you (plural) |
> | ellos/ellas/ustedes | they/you (polite plural) |

Other verb forms

The **present participle** is used:
- after the present tense of *estar* to form the **present continuous tense** → page 58
- after the imperfect tense of *estar* to form the **imperfect continuous tense** → page 169

The **past participle** is used after the verb *haber* to form the **perfect tense** → page 134

See page 168 for details on the **imperative** (for giving instructions).

> **Key:**
> **red** = this is the regular set of verb endings which can be used with almost all **regular verbs**.
> **blue** = this verb form will appear in the **higher exams only**

Regular verbs

Infinitive	Present tense	Preterite tense	Imperfect tense	Simple future tense	Conditional tense	Present participle / Past participle
hablar to speak (regular **-ar** verb)	hablo hablas habla hablamos habláis hablan	hablé hablaste habló hablamos hablasteis hablaron	hablaba hablabas hablaba hablábamos hablabais hablaban	hablaré hablarás hablará hablaremos hablaréis hablarán	hablaría hablarías hablaría hablaríamos hablaríais hablarían	(e.g. estoy) hablando (e.g. he) hablado
comer to eat (regular **-er** verb)	como comes come comemos coméis comen	comí comiste comió comimos comisteis comieron	comía comías comía comíamos comíais comían	comeré comerás comerá comeremos comeréis comerán	comería comerías comería comeríamos comeríais comerían	(e.g. estoy) comiendo (e.g. he) comido
vivir to live (regular **-ir** verb)	vivo vives vive vivimos vivís viven	viví viviste vivió vivimos vivisteis vivieron	vivía vivías vivía vivíamos vivíais vivían	viviré vivirás vivirá viviremos viviréis vivirán	viviría vivirías viviría viviríamos viviríais vivirían	(e.g. estoy) viviendo (e.g. he) vivido

Verb tables

Irregular verbs / Verbs with spelling changes

Key:
bold = this verb form **does not follow the regular pattern**
blue = this verb form will appear in the higher exams only

Infinitive	Present tense	Preterite tense	Imperfect tense	Simple future tense	Conditional tense	Present participle / Past participle
dar *to give*	**doy** / das / da / damos / dais / dan	**di** / **diste** / **dio** / **dimos** / **disteis** / **dieron**	daba / dabas / daba / dábamos / dabais / daban	daré / darás / dará / daremos / daréis / darán	daría / darías / daría / daríamos / daríais / darían	(e.g. estoy) dando / (e.g. he) dado
decir *to say*	**digo** / **dices** / **dice** / decimos / decís / **dicen**	**dije** / **dijiste** / **dijo** / **dijimos** / **dijisteis** / **dijeron**	decía / decías / decía / decíamos / decíais / decían	**diré** / **dirás** / **dirá** / **diremos** / **diréis** / **dirán**	**diría** / **dirías** / **diría** / **diríamos** / **diríais** / **dirían**	(e.g. estoy) diciendo / (e.g. he) **dicho**
estar *to be*	**estoy** / **estás** / **está** / estamos / estáis / **están**	**estuve** / **estuviste** / **estuvo** / **estuvimos** / **estuvisteis** / **estuvieron**	estaba / estabas / estaba / estábamos / estabais / estaban	estaré / estarás / estará / estaremos / estaréis / estarán	estaría / estarías / estaría / estaríamos / estaríais / estarían	(e.g. estoy) estando / (e.g. he) estado
hacer *to do/make*	**hago** / haces / hace / hacemos / hacéis / hacen	**hice** / **hiciste** / **hizo** / **hicimos** / **hicisteis** / **hicieron**	hacía / hacías / hacía / hacíamos / hacíais / hacían	**haré** / **harás** / **hará** / **haremos** / **haréis** / **harán**	**haría** / **harías** / **haría** / **haríamos** / **haríais** / **harían**	(e.g. estoy) haciendo / (e.g. he) **hecho**
ir *to go*	**voy** / **vas** / **va** / **vamos** / **vais** / **van**	**fui** / **fuiste** / **fue** / **fuimos** / **fuisteis** / **fueron**	**iba** / **ibas** / **iba** / **íbamos** / **ibais** / **iban**	iré / irás / irá / iremos / iréis / irán	iría / irías / iría / iríamos / iríais / irían	(e.g. estoy) **yendo** / (e.g. he) **ido**

doscientos treinta y siete 237

Verb tables

Key:
bold = this verb form **does not follow the regular pattern**
blue = this verb form will appear in the higher exams only

Infinitive	Present tense	Preterite tense	Imperfect tense	Simple future tense	Conditional tense	Present participle / Past participle
pedir to ask for / order	**pido** **pides** **pide** pedimos pedís **piden**	pedí pediste **pidió** pedimos pedisteis **pidieron**	pedía pedías pedía pedíamos pedíais pedían	pediré pedirás pedirá pediremos pediréis pedirán	pediría pedirías pediría pediríamos pediríais pedirían	(e.g. estoy) **pidiendo** (e.g. he) pedido
poder to be able (can)	**puedo** **puedes** **puede** podemos podéis **pueden**	**pude** **pudiste** **pudo** **pudimos** **pudisteis** **pudieron**	podía podías podía podíamos podíais podían	**podré** **podrás** **podrá** **podremos** **podréis** **podrán**	**podría** **podrías** **podría** **podríamos** **podríais** **podrían**	(e.g. estoy) **pudiendo** (e.g. he) podido
poner to put	**pongo** pones pone ponemos ponéis ponen	**puse** **pusiste** **puso** **pusimos** **pusisteis** **pusieron**	ponía ponías ponía poníamos poníais ponían	**pondré** **pondrás** **pondrá** **pondremos** **pondréis** **pondrán**	**pondría** **pondrías** **pondría** **pondríamos** **pondríais** **pondrían**	(e.g. estoy) poniendo (e.g. he) **puesto**
querer to want / love	**quiero** **quieres** **quiere** queremos queréis **quieren**	**quise** **quisiste** **quiso** **quisimos** **quisisteis** **quisieron**	quería querías quería queríamos queríais querían	**querré** **querrás** **querrá** **querremos** **querréis** **querrán**	**querría** **querrías** **querría** **querríamos** **querríais** **querrían**	(e.g. estoy) queriendo (e.g. he) querido
salir to go out / leave	**salgo** sales sale salimos salís salen	salí saliste salió salimos salisteis salieron	salía salías salía salíamos salíais salían	**saldré** **saldrás** **saldrá** **saldremos** **saldréis** **saldrán**	**saldría** **saldrías** **saldría** **saldríamos** **saldríais** **saldrían**	(e.g. estoy) saliendo (e.g. he) salido

Verb tables

Key:
bold = this verb form **does not follow the regular pattern**
blue = this verb form will appear in the higher exams only

Infinitive	Present tense	Preterite tense	Imperfect tense	Simple future tense	Conditional tense	Present participle / Past participle
ser *to be*	**soy** **eres** **es** **somos** **sois** **son**	**fui** **fuiste** **fue** **fuimos** **fuisteis** **fueron**	**era** **eras** **era** **éramos** **erais** **eran**	seré serás será seremos seréis serán	sería serías sería seríamos seríais serían	(e.g. estoy) siendo (e.g. he) sido
tener *to have*	**tengo** **tienes** **tiene** tenemos tenéis **tienen**	**tuve** **tuviste** **tuvo** **tuvimos** **tuvisteis** **tuvieron**	tenía tenías tenía teníamos teníais tenían	**tendré** **tendrás** **tendrá** **tendremos** **tendréis** **tendrán**	**tendría** **tendrías** **tendría** **tendríamos** **tendríais** **tendrían**	(e.g. estoy) teniendo (e.g. he) tenido
traer *to bring*	**traigo** traes trae traemos traéis traen	**traje** **trajiste** **trajo** **trajimos** **trajisteis** **trajeron**	traía traías traía traíamos traíais traían	traeré traerás traerá traeremos traeréis traerán	traería traerías traería traeríamos traeríais traerían	(e.g. estoy) **trayendo** (e.g. he) **traído**
venir *to come*	**vengo** **vienes** **viene** venimos venís **vienen**	**vine** **viniste** **vino** **vinimos** **vinisteis** **vinieron**	venía venías venía veníamos veníais venían	**vendré** **vendrás** **vendrá** **vendremos** **vendréis** **vendrán**	**vendría** **vendrías** **vendría** **vendríamos** **vendríais** **vendrían**	(e.g. estoy) **viniendo** (e.g. he) venido
ver *to see / watch*	**veo** ves ve vemos veis ven	vi viste **vio** vimos visteis vieron	**veía** **veías** **veía** **veíamos** **veíais** **veían**	veré verás verá veremos veréis verán	vería verías vería veríamos veríais verían	(e.g. estoy) viendo (e.g. he) **visto**